U0639168

中国矿业大学（北京）"越崎青年学者"
（800015Z11A29）的阶段性成果

改革开放以来

中国工业结构转型升级研究

郭旭红 ◎ 著

天津出版传媒集团

天津人民出版社

图书在版编目（CIP）数据

改革开放以来中国工业结构转型升级研究 / 郭旭红
著. -- 天津 : 天津人民出版社, 2023.4
ISBN 978-7-201-19285-7

Ⅰ.①改… Ⅱ.①郭… Ⅲ.①工业经济结构—转型经
济—研究—中国 Ⅳ.①F424

中国国家版本馆 CIP 数据核字(2023)第 060836 号

改革开放以来中国工业结构转型升级研究
GAIGE KAIFANG YILAI ZHONGGUO GONGYE JIEGOU ZHUANXING SHENGJI YANJIU

出　　版	天津人民出版社
出 版 人	刘　庆
地　　址	天津市和平区西康路35号康岳大厦
邮政编码	300051
邮购电话	（022）23332469
电子信箱	reader@tjrmcbs.com
责任编辑	佐　拉
装帧设计	汤　磊
印　　刷	天津新华印务有限公司
经　　销	新华书店
开　　本	710毫米×1000毫米　1/16
印　　张	18.75
插　　页	2
字　　数	300千字
版次印次	2023年4月第1版　2023年4月第1次印刷
定　　价	89.00元

前　言

　　站在开启全面建设社会主义现代化国家新征程的起点上，中国经济进入高质量发展的新阶段，工业结构优化升级是实现高质量发展的关键。本书按照中国工业结构本身演变的特征，将改革开放以来工业结构变迁历程划分为四个阶段，探讨不同时期工业结构转型升级的重要特征、动因机制及取得的主要成效，并横向比较不同大国工业化与工业结构升级的内在关系，为中国由工业大国到工业强国的转变、全面建成社会主义现代化强国、实现中华民族伟大复兴提供理论基础与实践借鉴意义。

　　第一阶段：1979—1997 年，以改革开放为基础，工业结构的合理化调整。回顾改革开放前 30 年优先发展重工业的工业结构，为社会主义工业化建设奠定了初步基础。分析重工业优先发展战略下工业结构失衡的原因：实行中央集权控制的计划经济体制，以抑制消费和以农补工、以轻（工业）补重（工业）的强制性积累方式等。这为改革开放后纠正失衡和均衡发展的工业结构提供了理论与实践基础。改革开放以来工业结构的合理化调整分为两个小阶段：工业结构的"拨乱反正"阶段（1978—1984 年），以消费升级驱动的轻工业为主导阶段（1985—1997 年）。工业结构初步升级的内在动因：现代化发展"三步走"战略下工业建设指导方针的调整，即由片面发展重工业向产业结构协调发展模式转变——国有经济减少、非公有制经济壮大的工业所有制结构，全方位发展开放型的工业化战略，在开放中加快技术引进和消化吸收。

这一阶段工业竞争优势初步形成。

第二阶段:1998—2012年,随着市场经济体制的确立,内外需扩大和结构升级,工业结构再次重型化。其主要特征表现在:基本形成以重工业为主导的工业增长格局,产业组织结构不断优化,工业技术水平和自主创新能力稳步提升,产业结构呈现高级化发展态势。工业结构再次重型化的主要因素:消费结构升级和投资强劲增长,加入世界贸易组织使中国制造业规模优势得以释放,从现代企业制度的产权改革到混合所有制改革,"引进来"和"走出去"同时并举的开放战略,科技体制改革激发创新潜力。重化工业重启下工业结构的成效:整体经济实力显著增强,成为世界工业大国、全球贸易第一大国和全球投资大国,人民生活水平显著改善。然而重化工业重启也造成工业发展方式转换、工业增长动力亟待转型等问题。

第三阶段:2012—2021年,经济高质量发展下的工业结构。在分析国际、国内环境的机遇和挑战基础上,研究工业结构优化升级的特征:工业化和信息化融合发展,工业绿色低碳转型发展,制造业质量竞争力显著增强,创新型国家建设取得决定性成就。工业结构优化调整的动因:实施创新驱动发展战略,科技体制改革迈出坚实步伐,深化国有企业混合所有制改革,对外贸易高质量发展,"双向"投资高质量发展。工业结构优化取得的辉煌成就:从制造大国迈向制造强国,工业增长动能持续转换,数字中国建设取得显著成就,人民生活质量和社会共享水平全方位跃升。亟待解决的主要问题:存在"过早去工业化"趋势,数量型人口红利逐渐减弱冲击制造业基石,研发经费投入占比有待提高,创新支撑力不足等。

第四阶段:2021年以来,开启全面建设社会主义现代化国家新征程下的工业结构。外部环境和内部基础:全球价值链深度调整和重构,科技创新成为大国竞争的重中之重,改革进入深水区,全面开放难度增大,迈向工业强国进程中的不平衡不充分问题,工业结构加速优化调整,科技自立自强筑牢国家强盛的根基。重大战略任务：实现由高速度工业向高质量工业化的转变，建立结构合理的制造业产业体系，建立区域经济和就业协调发展的现代化工业体系，建立创新引领的工业技术体系，建立开放共享的全球价值链支撑体系，建立资源节约、环境友好的制造业体系。

目录
CONTENTS

第一章　工业结构的合理化调整
（1978—1997年）

党的十一届三中全会在提出从以阶级斗争为纲转向以经济建设为中心的同时,作出了改革开放的战略决策,开始了中国社会主义工业化的历史大变革,改革开放成为中国工业化发展的根本途径和强大驱动力,为工业结构的合理化调整提供了根本遵循。[1]

第一节　优先快速发展重工业下的工业结构
（1949—1978 年）

1949 年新中国成立,标志着中国的现代化和经济发展进入快车道。然而彻底的民主革命尽管为中国现代化扫除了帝国主义、封建主义和官僚资本主义三大障碍,却不能扫除掉中国的贫穷落后、人均资源短缺和经济发展不

[1]　高伯文:《中国共产党与和中国特色工业化道路》,中央编译出版社,2008 年,第 239 页。

平衡等不利因素。为了尽快实现从落后的农业国向先进的工业国的转变,中国经历了从以国有经济为主导、多种经济成分共同发展向单一公有制的转变,确立了优先发展重工业战略,借鉴了苏联社会主义工业化道路模式,社会主义工业化建设取得了初步成效,也导致了工业结构从相对均衡到"畸重畸轻"的矛盾。

一、工业结构由基本均衡到严重失衡

这一阶段可以分为两个小阶段,分别是 1949 年 10 月—1957 年国民经济恢复和"一五"计划时期,产业结构基本协调;1958—1978 年,产业结构趋向严重不协调。[①]

(一)1949年10月—1957年:工业结构趋向均衡

新中国成立初期,中国工农业生产受到严重破坏、通货膨胀严重、城乡交流近乎停滞,国内战争刚刚结束朝鲜战争又接踵而来,但是仅用三年时间,国民经济基本恢复,工业结构发生了显著的变化,呈现基本协调的态势。[②] 1949—1952 年,第一、二、三产业占国民收入的比重由 68:13:19 变为 58:23:19,农业占比下降了 10 个百分点,相应地,工业提升了 10 个百分点[③];1952 年,在工业内部轻工业与重工业的比值关系为 27:15,重工业与轻工业相比,过于薄弱[④]。在"一五"计划时期,1953 年,农业产值占工农业总产值的 53.1%,1957 年为 43.3%;在整个工业总产值中,1953 年轻工业占比

① 郭旭红,武力:《新中国产业结构演变述论(1949—2016)》,《中国经济史研究》,2018 年第 1 期。
② 武力:《中华人民共和国经济史》(增订版),中国时代经济出版社,2010 年,第 133 页。
③ 巫宝三:《中国国民所得》(上),中华书局,1947 年,第 12 页。
④ 国家统计局社会统计司:《中国劳动工资统计资料(1949—1985)》,中国统计出版社,1987 年,第 229 页。

为62.7%,1957年为55%,轻工业占比偏高,重工业占比偏低,成为工业发展的"瓶颈"(表1-1)。

表1-1 1949—1957年中国工业结构变化　　　　　　　　(单位:%)

年份	占工农业总产值				占工业总产值	
	农业	工业	轻工业	重工业	轻工业	重工业
1949	70	30	22.1	7.9	73.6	26.4
1950	66.8	33.2	23.5	9.7	70.7	29.3
1951	61.4	38.6	26.2	12.4	67.8	32.2
1952	56.9	43.1	27.8	15.3	64.5	35.5
1953	53.1	46.9	29.4	17.5	62.7	37.3
1954	50.9	49.1	30.2	18.9	61.6	38.4
1955	51.8	48.2	28.5	19.7	59.2	40.8
1956	48.7	51.3	29.6	21.7	57.6	42.4
1957	43.3	56.7	31.2	25.5	55	45

资料来源:国家统计局:《中国统计年鉴1983》,中国统计出版社,1983年,第20页。

从整体上看,1949—1957年,产业结构和工业结构都实现了优化升级,体现了世界工业化进程中产业结构演变的一般规律。这在一定程度上改变了旧中国不仅工业化水平低,产业结构严重失衡的状态。1950—1957年,国民收入实现了年均11.5%的增长率,其中农业6.8%、工业22.9%、建筑业68.5%、运输业16.2%和商业14.0%的增长率。[1]这些数据表明:国民经济恢复和"一五"计划时期,农业恢复和发展得非常快,但是工业的恢复和发展更快,工业的恢复和发展带动了城市的发展和人民生活的改善,这又带动了运输业和商业的发展,这就是1949—1957年产业结构优化升级的运行轨迹,说明国民经济基本处于良性循环的轨道。[2]在这个阶段,通过自己的实践和借鉴苏

---

[1]　国家统计局:《中国统计年鉴1983》,中国统计出版社,1983年,第13页。

[2]　干春晖、郑若谷:《改革开放以来产业结构演进与生产率增长研究》,《中国工业经济》,2009年第2期;刘伟、张辉:《中国经济增长中的产业结构变迁和技术进步》,《经济研究》,2008年第11期。

联的经验教训，中国共产党的领导集体基本形成了在优先发展重工业战略下对农、轻、重关系的正确认识，这集中体现在 1956 年毛泽东发表的《论十大关系》和党的八大会议的政治报告、关于"二五"计划的建议以及会议代表的发言中。

(二)1958—1978年：工业结构严重不协调

随着单一公有制下的经济管制愈演愈烈和"备战"氛围日益浓厚，虽然中共中央在国民经济调整时期提出了"以农业为基础，以工业为主导"的国民经济发展方针，但是实际上农业、轻工业、重工业关系的失衡在 1958—1978 年期间更加严重了。这段时期，三次产业比重关系由 34:37:29 变为 28:48:24；在工农业总产值中，农业、工业的占比由 34.3:65.7 变为 27.8:72.2；在工业总产值中，1978 年重工业占比为 57%，轻工业占比为 43%（表 1-2）；这段时期，三次产业结构中工业比重偏高，工业内部结构中重工业比重偏高。1958—1978 年，从整体上看，产业结构表现为农业和商业发展严重滞后，工业发展则"重重轻轻"，即重工业过重，轻工业过轻。①

---

① 武力：《1949 年以来中国工业化的"轻、重"之辨》，《经济研究》，2006 年第 9 期；熊映梧、吴国华等：《论产业结构优化的适度经济增长》，《经济研究》，1990 年第 4 期，1979 年中国霍夫曼比值为 0.62，高于同期日本 0.60 的水平。日本具有高度发达的工业生产力，其工业结构与欧美发达国家基本相同。可见，1979 年中国工业结构的重工业化程度不低于发达国家 20 世纪 70 年代的水平。

表1-2 1958—1978年中国工业结构变化 　　　　(单位:%)

年份	占工农业总产值				占工业总产值	
	农业	工业	轻工业	重工业	轻工业	重工业
1958	34.3	65.7	30.5	35.2	46.5	53.5
1959	25.1	74.9	31.1	43.8	41.5	58.5
1960	21.8	78.2	26.1	52.1	33.4	66.6
1961	34.5	65.5	27.8	37.7	42.5	57.5
1962	38.8	61.2	28.9	32.3	47.2	52.8
1963	39.3	60.7	27.2	33.5	44.8	55.2
1964	38.2	61.8	27.4	34.4	44.3	55.7
1965	37.3	62.7	32.3	30.4	51.6	48.4
1966	35.9	64.1	31.4	32.7	49	51
1967	40.1	59.9	31.8	28.1	53	47
1968	41.9	58.1	31.2	26.9	53.7	46.3
1969	36.3	63.7	32	31.7	50.3	49.7
1970	33.7	66.3	30.6	35.7	46.2	53.8
1971	31.8	68.2	29.3	38.9	43	57
1972	30.9	69.1	29.6	39.5	42.9	57.1
1973	30.9	69.1	30	39.1	43.4	56.6
1974	31.9	68.1	30.3	37.8	44.4	55.6
1975	30.1	69.9	30.8	39.1	44.1	55.9
1976	30.4	69.6	30.7	38.9	44.2	55.8
1977	28.1	71.9	31.6	40.3	44	56
1978	27.8	72.2	31.1	41.1	43.1	56.9

资料来源:国家统计局:《中国统计年鉴1983》,中国统计出版社,1983年,第16、18、20页。

二、国有工业所有制结构

新中国成立以来的近30年,中国工业经济长期处于成长和探索阶段,国家通过没收官僚资本主义工业企业、改造民族资本主义工商业和手工业,以及大规模工业化建设,国有工业经济在国民经济发展中占据了主体地位,加速推进了国有工业化进程,同时也导致重化工业化的工业结构的形成。

(一)1949—1957年,社会主义改造阶段

新中国成立后,经过三年国民经济的恢复,在过渡时期"总路线"指导下,我国实现了国家社会主义工业化与对生产资料私有制的社会主义改造,再加上大量国有企业的设立,使整个社会的所有制关系发生了根本性的变化,全民所有制占据了国民经济中的绝对主导地位,国有企业构成了中国工业经济的主体。

这一阶段,工业所有制结构调整主要表现在,国有工业企业和集体企业产值增加,其他成分工业企业产值减少,我国工业经济中,国有企业产值比重由1949年的不足30%跃升至1978年的70%以上。1949年,我国工业总产值中,国有企业、集体企业的占比分别为26.3%、0.5%,其他经济类型企业的占比为73.2%,也就是说,公有制经济占比不足30%,非公有制经济占比超过70%。经过"一化三改",1957年国有企业、集体企业的占比分别为53.8%、19%,其他经济类型企业占比为27.2%,公有制经济的比重超过70%(表1-3)。国有企业不仅是推动社会主义工业化的主要形式,而且保证了所有制改造的方向。

表1-3 1949—1957年工业总产值所有制构成

年份	工业总产值	国有企业		集体企业		其他经济类型	
		产值(亿元)	占比(%)	产值(亿元)	占比(%)	产值(亿元)	占比(%)
1949	140	36.8	26.3	0.7	0.5	102.6	73.2
1950	191	62.4	32.7	1.5	0.8	127.1	66.5
1951	264	91.0	34.5	3.4	1.3	169.6	64.2
1952	349	145.0	41.5	11.4	3.3	192.7	55.2
1953	450	193.7	43.0	17.4	3.9	238.9	53.1
1954	515	242.7	47.1	27.5	5.3	244.9	47.6
1955	534	273.9	51.3	40.5	7.6	219.7	41.1

续表

年份	工业总产值	国有企业		集体企业		其他经济类型	
		产值 (亿元)	占比(%)	产值 (亿元)	占比(%)	产值 (亿元)	占比(%)
1956	642	350.2	54.5	109.6	17.1	182.2	28.4
1957	704	378.5	53.8	134.0	19.0	191.5	27.2

资料来源:国家统计局国民经济综合统计司编:《新中国六十年统计资料汇编》,中国统计出版社,2010年。

工业所有制结构演变主要通过四个途径来实现。一是将解放区公营企业直接转换成国有企业。1949年前,由于紧迫的战争形势发展需要,中国共产党在解放区创办了一批公营企业,以兵工厂、机械厂、棉纺厂、煤油厂、钢铁厂等工矿企业为主。这些公营企业随着解放战争形势的发展而不断壮大,新中国成立后,解放区的公营企业成为工业经济的重要组成部分。[①]二是将官僚资本主义企业通过民主改革的方式转变为国有企业。根据1949年的统计,中国官僚资本约占全国工业资本的2/3左右,占全国工矿、交通运输业固定资产的80%,掌握全国90%的铁路、67%左右的电力以及全部石油和有色金属的生产,控制了全国金融机构,占有全部铁路、公路、航空运输及44%的轮船吨位。[②]这些现代性经济虽然仅占国民经济的10%左右,却十分集中。没收这些工业企业归国家所有,就成为"人民共和国发展生产、繁荣经济的主要物质基础和整个社会经济的领导力量"[③]。三是将敌伪工业企业转变为国有企业。新中国成立以前,敌伪政权创办的矿山、工厂就有相当的规模和基础,随着人民战争的胜利推进,敌伪工业企业逐渐被没收为国有企业。四是

---

① 中国社会科学院工业经济研究所:《2019中国工业发展报告–新中国工业70年》,经济管理出版社,2019年,第68页。

② 中央工商行政管理局:《中国资本主义工商业的社会主义改造》,人民出版社,1962年,第11页。

③ 《中国人民政治协商会议共同纲领》(1949.9.29),《建国以来重要文献选编》(第1册),中央文献出版社,1992年,第7、8页。

将民族资本主义工商业企业改造为国有企业。根据 1949 年的统计，全国私人资本主义工业企业生产总值为 68.3 亿元，占全国工业总产值的 48.7%。[1]由于中国工业落后的状况，同时基于对私人资本主义与新生产力相联系的经济成分的深刻认识，《共同纲领》规定：在新中国经济建设和工业化过程中，"凡有利于国计民生的私营经济事业，人民政府应鼓励其经营的积极性，并扶助其发展"[2]。从 1953 年起，通过和平赎买政策，国家对民族资本主义企业进行社会主义改革，其实质是将私有制转化为国有制。

（二）1958—1978 年，高度集中的所有制阶段

经过前期的社会主义改造，1958—1978 年，中国工业经济呈现出公有制经济一统天下的格局，即高度集中的单一公有制的所有制结构。中国工业所有制结构调整在公有制内部实现，集中体现为国有企业和集体企业的数量和产值变动。

从企业数量上看，1958—1965 年，国有工业企业数量由 11.9 万个减至 4.59 万个，集体工业企业从 14.4 万个减至 11.18 万个；国有工业企业数量比重由 45.2%减至 29.1%，集体工业企业数量比重从 54.8%增至 70.9%；1970—1978 年，国有工业企业从 5.74 万个增至 8.37 万个，集体工业企业则由 13.77 万个增至 26.47 万个，国有工业数量比重由 29.4%减至 24%，集体企业数量比重由 70.6%增至 76%（表 1-4）。

---

① 国家统计局：《中国统计年鉴 1984》，中国统计出版社，1984 年，第 194 页。
② 《中国人民政治协商会议共同纲领》(1949.9.29)，《建国以来重要文献选编》（第 1 册），中央文献出版社，1992 年，第 8 页。

表1-4　1958—1978年中国工业企业数量所有制构成

年份	全部工业	国有企业		集体企业	
		数量（万个）	占比（％）	数量（万个）	占比（％）
1958	26.30	11.90	45.2	14.40	54.8
1959	31.84	9.88	31.0	21.96	69.0
1960	25.40	9.60	37.8	15.80	62.2
1961	21.71	7.06	32.5	14.65	67.5
1962	19.74	5.30	26.8	14.44	73.2
1963	17.02	4.73	27.8	12.29	72.2
1964	16.11	4.51	28.0	11.60	72.0
1965	15.77	4.59	29.1	11.18	70.9
1966	——	——	——	——	——
1967	——	——	——	——	——
1968	——	——	——	——	——
1969	——	——	——	——	——
1970	19.51	5.74	29.4	13.77	70.6
1971	21.04	6.42	30.5	14.62	69.5
1972	21.96	6.80	31.0	15.16	69.0
1973	23.08	6.94	30.1	16.14	69.9
1974	24.11	7.16	29.7	16.95	70.3
1975	26.29	7.50	28.5	18.79	71.5
1976	29.36	7.83	26.7	21.53	73.3
1977	32.27	8.21	25.4	24.06	74.6
1978	34.84	8.37	24.0	26.47	76.0

资料来源：国家统计局国民经济综合统计司编：《新中国六十年统计资料汇编》，中国出版社，2010年，第40页。

从工业总产值来看，国有工业企业都是绝对中坚力量，产值占比均在77%以上，个别年份高达90%。从趋势上看，国有工业企业比重呈下降态势，由1958年的89.2%减至1978年的77.6%（表1-5）。总体来看，中国工业经济体现在数量不足30%的国有工业企业实现了超过70%的工业总产值，国有经济在中国工业经济中占据主导地位。

表 1-5　1958—1978 年中国工业总产值所有制构成

年份	全部工业	国有企业		集体企业	
		产值（亿元）	占比（%）	产值（亿元）	占比（%）
1958	1083	965.7	89.2	117.3	10.8
1959	1483	1313.2	88.6	169.8	11.4
1960	1637	1483.1	90.6	153.9	9.4
1961	1062	940.0	88.5	122.0	11.5
1962	920	807.8	87.8	112.2	12.2
1963	993	887.1	89.3	106.0	10.7
1964	1164	1042.3	89.5	121.8	10.5
1965	1402	1262.8	90.1	139.2	9.9
1966	1624	1461.5	90.0	159.5	9.8
1967	1382	1222.5	88.5	159.5	11.5
1968	1285	1136.2	88.4	148.8	11.6
1969	1665	1477.0	88.7	188.0	11.3
1970	2117	1854.7	87.6	262.3	12.4
1971	2414	2073.9	85.9	340.1	14.1
1972	2565	2177.2	84.9	387.8	15.1
1973	2794	2347.5	84.0	446.5	16.0
1974	2792	2300.9	82.4	491.1	17.6
1975	3207	2600.6	81.1	606.4	18.9
1976	3278	2567.7	78.3	710.3	21.7
1977	3725	2869.4	77.0	855.6	23.0
1978	4237	3289.2	77.6	947.8	22.4

资料来源:国家统计局国民经济综合统计司编:《新中国六十年统计资料汇编》,中国出版社,2010 年,第 40 页。

三、工业行业门类比较齐全的工业体系

新中国成立初期,工业结构偏向轻型化,1952 年食品工业和纺织工业占工业总产值比重为 51.6%,是绝对的主导行业。紧随其后的是冶金工业、森林工业和机械工业,这五个行业合计占工业总产值比重为 75.4%。1953 年,随

着重工业优先发展战略的实施和大规模经济建设的展开，工业行业结构发生了巨大变化（表 1-6）。

第一，轻工业部门行业比重全面萎缩。食品工业、纺织工业、缝纫工业、森林工业等轻工业部门行业占比大幅降低。1952—1960 年，食品工业和纺织工业比重分别降低了 13.6 个和 15.2 个百分点，四大行业合计占比降低了 33.9 个百分点。1960—1965 年国民经济结构调整，促使轻工业部门行业的占比呈现短暂回升，1960—1965 年四大行业合计占比提高 5.4 个百分点。1966 年后，这些工业部门的投资再次被压缩，到 1978 年，四大行业合计占比为 27.5%，较新中国成立初期降低约 35 个百分点。

第二，冶金工业从急剧扩张到缓慢下降。1952 年冶金工业占工业总产值的比重仅为 5.9%，"一五"计划时期冶金工业迅猛增长，1957 年提高到 9.3%。1957—1960 年，冶金工业成为投资的重中之重，我国生铁、粗钢、成品钢材产量的年均增长率分别为 71.5%、52.5% 和 39.4%，1960 年生铁、粗钢和成品钢材产量分别是 1957 年的 4.6 倍、3.5 倍和 2.7 倍，在工业总产值中冶金工业的占比达到历史峰值水平 12.4%，此后这一比重缓慢下滑，1978 年降低为 8.7%。[①]

第三，机械工业迅速上升为工业主导行业。1952 年机械工业是工业经济的第三大行业，占工业总产值比重仅为 11.4%，发展水平较低。为了迅速建立独立完整的工业体系，快速实现工业化，机械工业得到党中央的高度重视。"一五"计划期间 156 项重大建设项目中绝大多数属于机械工业，1957 年机械工业占工业总产值比重攀升至 18.2%。1957—1960 年的短短三年，机械工业攀升幅度甚至超过煤炭工业和冶金工业，机械工业占工业总产值的比重提高了 11.7 个百分点，成为工业中的第一大行业，到 1978 年这一比重为 27.3%。

第四，电力工业、石油工业和化学工业占比稳步提高。1952 年，这三大行

---

① 国家统计局工业交通物资统计司编：《中国工业经济统计资料（1949—1984）》，中国统计出版社，1985 年，第 61 页。

业占工业总产值的比重分别为 1.3%、0.5%、4.8%,在工业中的地位并不突出。此后,它们保持了比较稳定的增长态势,电力工业在工业总产值中的占比从 20 世纪 50 年代的 1%~2% 增长到 70 年代的 3%~4%;在大庆油田、胜利油田、辽河油田等的拉动下,1952—1978 年石油工业占工业增加值的比重迅速提高,从 0.5% 提高到 5.5%;化学工业实现了快速发展,占比从 4.8% 跃升至 12.4%,成为与纺织工业并驾齐驱的工业支柱。

总体而言,经过近 30 年的社会主义工业化建设,我国形成了行业门类比较齐全的工业体系,化学、冶金、机械等工业行业进步显著,其他部分工业产品产量大幅提高,工业化取得了初步成效。

表 1-6 1952—1978 年主要年份我国工业总产值行业结构变化 (单位:%)

项目	1952年	1957年	1960年	1965年	1970年	1975年	1978年	变化
冶金工业	5.9	9.3	12.4	10.7	9.4	9	8.7	2.8
电力工业	1.3	1.4	2.3	3.1	3.1	3.9	3.8	2.5
煤炭及炼焦工业	2.4	2.3	3.9	2.6	2.3	2.8	2.8	0.4
石油工业	0.5	0.9	1.4	3.2	4.3	5.6	5.5	5
化学工业	4.8	8.2	8.6	12.9	16.5	11.3	12.4	7.6
机械工业	11.4	18.2	29.9	22.3	26.8	27.7	27.3	15.9
建筑材料工业	3	3.3	4.7	2.8	2.6	3.1	3.6	0.6
森林工业	6.5	5.4	3.7	2.9	1.5	1.9	1.8	-4.7
食品工业	24.1	19.6	10.5	12.6	8.2	12	11.1	-13
纺织工业	27.5	18.2	12.3	15.8	13.4	12.3	12.5	-15
缝纫工业	4.4	3.9	2.1	2.7	2.4	2.3	2.1	-2.3
皮革工业	1.4	1.1	1.1	0.7	0.8	0.8	0.8	-0.6
造纸工业	2.2	2.3	1.8	1.8	1.2	1.3	1.3	-0.9
文教艺术用品工业	2	2.2	2.1	2.1	1.8	1.9	2	0
其他工业	2.6	3.7	3.2	3.8	5.7	4.1	4.3	1.7

资料来源:国家统计局工业交通物资统计司编:《中国工业经济统计资料(1949—1984)》,中国统计出版社,1985 年,第 108、109 页。

四、放任减排的能源工业结构

中华人民共和国成立初期,恢复发展国民经济、解决人民生活温饱问题才是重中之重。因此,在一切活动以生产建设为中心的背景下,把重工业发展放在首位,工业碳排放基本处于放任自流、无人监管的阶段。以巨大的化石能源消耗为依托,集中力量支持工业发展,而未经任何工序处理的废气直接排放到空气中,碳排放量迅速增长。实际上,这一阶段又可以细分为两个时期。

第一,1949—1957 年,工业碳排放量微小。新中国成立以后,在人口众多、贫困落后的基础上开启了中国社会主义建设伟大征程。国民经济处于恢复时期,投资趋于枯竭,工业生产力水平极其低下,1949 年原煤、原油、发电量、钢、生铁、水泥等主要工业产品量仅为历史最高产量的 51.6%、37.5%、71.7%、17.1%、13.9%、28.8%。[1]而且,这一阶段工业发展缓慢,1952—1957 年,工业生产总值仅从 115 亿元增长到 257 亿元,[2]生产规模较小,相应的碳排放量也并不大。因此,工业低碳发展也并没有受到政府部门和社会公众应有的重视。

第二,1958—1978 年,工业碳排放量突增。随着工业的大规模发展,经历了"一五"计划胜利完成,特别是 1958 年的"大炼钢铁",主要工业产品产量大幅度提高,全国工业总产值达到 401 亿元,比上年增长了 56%。[3]经过 60 年代国民经济调整,经济综合实力已有显著提高,工业占国民收入的比重由 1952 年的 19.5%提高至 1978 年的 46.8%,[4]具有一定规模的基础工业体系已经初步形成。然而正是由于长期推行重工业优先发展战略,加之碳减排观念的缺失,工业碳排放量明显增加,1953—1978 年,中国能源消费结构以煤炭、

---

① 国家统计局:《中国统计年鉴 1984》,中国统计出版社,1983 年,第 220~229、249 页。

② 国家统计局:《中国统计年鉴 1983》,中国统计出版社,1983 年,第 22 页。

③ 国家统计局:《中国统计年鉴 1983》,中国统计出版社,1983 年,第 22 页。

④ 国家统计局:《中国统计年鉴 1983》,中国统计出版社,1983 年,第 22 页。

石油为主,1978 年煤炭、石油占能源消费总量的比重分别为 70.67%和22.73%,高达 93.4%(表 1-7),清洁能源天然气、水电占比不足 10%,这种放任碳排放的能源工业结构对生态环境与全球气候变化的影响开始显现。

表 1-7　1953—1978 年中国能源消费构成　　　　　(单位:%)

年份	占能源消费总量的比重			
	煤炭	石油	天然气	水电
1953	94.33	3.81	0.02	1.84
1954	93.45	4.33	0.02	2.2
1955	92.94	4.91	0.03	2.12
1956	92.73	4.83	0.03	2.41
1957	92.32	4.59	0.08	3.01
1958	94.62	3.92	0.06	1.4
1959	94.68	4.05	0.14	1.13
1960	93.9	4.11	0.45	1.54
1961	91.31	5.47	0.94	2.28
1962	89.23	6.61	0.93	3.23
1963	88.93	7.2	0.81	3.06
1964	87.97	8.04	0.73	3.26
1965	86.45	10.27	0.63	2.65
1966	86.24	10.17	0.67	2.92
1967	84.77	10.89	0.84	3.5
1968	83.79	12.09	0.76	3.36
1969	81.93	13.76	0.82	3.49
1970	80.89	14.67	0.92	3.52
1971	79.19	16	1.44	3.37
1972	77.51	17.17	1.73	3.59
1973	74.84	18.58	2.03	4.55
1974	72.14	20.72	2.49	4.65
1975	71.85	21.07	2.51	4.57
1976	69.91	23	2.81	4.28
1977	70.25	22.61	3.08	4.06
1978	70.67	22.73	3.2	3.4

资料来源:国家统计局工业交通物资统计司编:《中国工业经济统计资料(1949—1984)》,中国统计出版社,1985 年,第 121 页。

五、工业结构由基本均衡到严重失衡的主要因素

1949—1978年，工业结构由基本均衡转变为严重失衡是由多种因素综合造成的。

(一)严峻的国际环境和苏联大规模援助

第二次世界大战结束后,世界局势急剧变化,形成了资本主义和社会主义相互对峙的两大阵营,以美国为首的西方国家对新中国采取对视、封锁和孤立政策。严峻的国际形势,使向来非常重视中国主权独立、领土完整的中国共产党人迫切希望建立起门类齐全的比较独立完整的工业体系,而重工业则是其中的关键。早在1951年底,毛泽东就认为,完成工业化,虽然必须发展农业,必须建设一切必要的轻工业,但是首先重要并能带动轻工业和农业向前发展的是建设重工业和国防工业。

在这种特定的历史条件下,毛泽东以重工业为重点进行工业化建设的主张为全党所接受,成为过渡时期总路线的主要内容。1953年9月11日,周恩来在全国政协第49次扩大常务委员会议上的总结发言中,通过对国内外形势的分析,阐明了实现以重工业为重点的国家工业化的紧迫性。他引用毛泽东的话说:"我们的国家在政治上已经独立,但要做到完全的独立,还必须实现国家工业化。如果工业不发达,国家甚至还有可能变成人家的附庸。"他针对有些人过分依赖苏联,认为由苏联搞重工业和国防工业,中国搞轻工业的想法,指出:"我国是一个近六亿人口的大国,地下资源很丰富,如果不努力建设自己的工业,特别是建设重工业,那就不能立足于世界。"他还引用孙中山的话说:"我们要迎头赶上。现在我们有机会,要加紧赶,不赶就要全盘皆输,就站不住脚。"我们必须在发展重工业的同时建设国防工业,这是不能

推迟的。[①]关于这方面的紧迫性,过渡时期总路线学习和宣传提纲强调指出:"因为我国过去重工业的基础极为薄弱,经济上不能独立,国防不能巩固,帝国主义国家都来欺侮我们,这种痛苦我们中国人民已经受够了。如果现在我们还不建立重工业,帝国主义是一定还要来欺侮我们的。"[②]

作为一个落后的农业国,要以较快的速度实现工业化,需要较好的国际市场环境,通过国际经济交往,引进国外的资金、先进的技术、设备、专业人才、借鉴先进的经济管理经验。但是美国组织、策动西方国家在政治上孤立中国的同时,还对新中国实行全面的经济封锁和禁运。正常的国际经济交往被西方切断之后,新中国只能主要从社会主义国家特别是苏联获得工业化发展所需的资金、技术和机器设备,其中苏联政府提供贷款和成套设备帮助中国建设的 156 个大型工业项目,对新中国社会主义工业化的顺利启动起着举足轻重的作用。苏联工业化道路是赶超战略的成功典范,并为第二次世界大战苏联卫国战争的胜利所证明,受到世界瞩目。这对于同是共产党领导的、同样要建立社会主义制度、同样要实施赶超战略的中国来说,苏联经验具有极大的吸引力。在经济建设方面向苏联学习,走苏联创造的社会主义工业化道路,是新中国成立初期党和政府坚定不移的信念和政策。

在当时严峻的国际环境下,得到苏联的支持和援助,是中国共产党人和中国人民选择优先发展重工业,尽快建立独立的工业体系,以便加强国防力量建设,维护国家主权安全和领土完整。

---

① 周恩来:《社会主义改造与国家资本主义》(1953 年 9 月 11 日),《周恩来经济文选》,人民出版社,1993 年,第 151、152 页。

② 《为动员一切力量把我国建设成为一个伟大的社会主义国家而斗争》(1953 年 12 月),《建国以来重要文献选编》(第 4 册),中央文献出版社,1993 年,第 705 页。

（二）新中国成立初期极端落后和薄弱的工业基础与建立社会主义物质基础的矛盾

第一，现代工业尤其是重工业在整个国民经济中的比重很低。1949年工业总产值为140亿元，轻工业产值为103亿元，占比为73.6%，重工业产值为37亿元，占比仅为26.4%。在比重很低的重工业中，采矿业占了很大比重，机器制造业的产值所占无几。[①] 1952年，使用机器的现代工业产值，仅约占工农业生产总值的28%左右，不及1/3。[②]中国在国民经济发展水平上，还是贫穷落后的农业国，还不能自己制造汽车、拖拉机、飞机，不能自己制造重型和精密的机器，是一个没有现代国防工业的国家。1954年，毛泽东在中央人民政府委员会第30次会议上谈到发展重工业的必要性和重要性时，形象地说："现在我们能造什么？能造桌子椅子，能造茶碗茶壶，能种粮食，还能磨成面粉，还能造纸，但是，一辆汽车、一架飞机、一辆坦克、一辆拖拉机都不能造。"[③]不久又说："中国是个庞然大国，但工业不如荷兰、比利时，汽车制造不如丹麦。"[④]与其他相同发展阶段的社会主义国家的工业水平相比，发展差距也很大。1952年中国现代大工业在工农业总产值中的比重不足30%，这一比值低于苏联"一五"计划前1928年的45.2%、波兰"一五"计划1949年前65%、捷克斯洛伐克1948年75%的水平。[⑤]从人均工业品产量来看，新中国成立初期的工业基础更加落后。1952年，世界主要国家和地区人均工业产品产

[①]　曾培炎主编：《新中国经济50年》，中国计划出版社，1999年，第265页。

[②]　《为动员一切力量把我国建设成为一个伟大的社会主义国家而奋斗》(1953年12月)，《建国以来重要文献选编》(第4册)，中央文献出版社，1993年，第703、704页。

[③]　毛泽东：《关于中华人民共和国宪法草案》(1954年6月14日)，《毛泽东文集》(第六卷)，人民出版社，1999年，第329页。

[④]　毛泽东：《在国防委员会第一次会议上的讲话》(1954年10月18日)，《毛泽东文集》(第六卷)，人民出版社，1999年，第329页。

[⑤]　邓力群、马洪、武衡主编：《当代中国经济》，中国社会科学出版社，1987年，第307页。

量为:钢 82 公斤,煤 724 公斤,原油 242 公斤,电 448 度;而同期我国的人均产量为:钢 2 公斤,煤 115 公斤,原油 0.8 公斤,电 13 度。[①]

第二,现代工业中资本主义工业占很大比重,1949 年国营工业仅占工业总产值的 34%左右,私营工业则占 63%左右(合作社经营的和公私合营的工业约占 3%)。1952 年,国营工业在工业总产值中提高到 51%左右,已经占据优势,资本主义工业仅占 40%左右(合作社经营的和公私合营的工业约占 9%),仍占有相当大的比重。

这种极端落后和薄弱的工业基础与建立社会主义物质基础的矛盾,是导致 1953 年中国工业化道路转轨、工业结构"畸重畸轻"的根本原因。过渡时期总路线学习和宣传提纲引用列宁的话说:"如果没有高度发达的大工业,那就根本谈不上社会主义,而对于一个农民国家来说就更谈不上社会主义了"。[②]要在我国建设社会主义,就必须实现以重工业为中心的社会主义工业化,"使我国有强大的重工业可以自己制造各种必要的工业装备,使现代化工业能够完全领导整个国民经济而在工农业生产总值中占据绝对优势"[③],才能建立起社会主义社会的物质技术基础。

(三)新民主主义经济体制向单一公有制、计划经济体制的转变

1949 年 3 月,党的七届二中全会确认了新民主主义社会的经济成分,并正式确立为新民主主义社会基本经济制度。会议指出:"国营经济是社会主义性质的,合作社经济是半社会主义性质的,加上私人资本主义经济,加上个体经济,加上国家和私人合作的国家资本主义经济,这就是人民共和国的

---

① 国家统计局编:《奋进的四十年:1949—1989》,中国统计出版社,1989 年,第 470 页。

② 列宁:《俄共(布)第十次全国代表大会》(1921 年 5 月),《列宁全集》(第 32 卷),人民出版社,1985 年,第 399 页。

③ 《为动员一切力量把我国建设成为一个伟大的社会主义国家而奋斗》(1953 年 12 月),《建国以来重要文献选编》(第 4 册),中央文献出版社,1993 年,第 704 页。

几种主要的经济形态,这就是新民主主义的经济形态。"[1]这一新民主主义经济制度被载入了《中国人民政治协商会议共同纲领》。以国有经济为领导、多种所有制经济共同发展的新民主主义基本经济制度的确立,为新中国的经济建设提供了制度保证,成为推动产业结构均衡发展的有效形式。

国民经济恢复以后,依靠国家整体的力量开展以重工业为中心的工业化建设,为新民主主义经济体制向传统计划经济体制的转变创造了前提和条件。一是"一五"期间,国家运用政权的力量,动员集中全国财力、物力和技术力量,以156项为中心的国民经济骨干企业和重点工程的兴建,在短期内初步形成了社会主义独立工业体系的基础。1957年现代工业产值占工业总产值的比重达到70.9%,主要生产资料的重工业在全部工业中的比重达到45%。[2]苏联援建的156项重点工程基本上全都是重工业,主要包括鞍山钢铁、武汉钢铁、包头钢铁三个大型钢铁联合企业,长春第一汽车制造厂、武汉重型机床厂、哈尔滨汽轮机厂、兰州炼油化工设备厂、洛阳第一拖拉机制造厂等机械工业企业以及其他工业行业中的重要企业,这些都是大型国有企业。"一五"计划总体执行情况较好,1957年我国工业领域中国有企业已经达到4.96万户,户数占全国16.95万家工业企业的29.3%,但国有工业企业的工业总产值已达378.5亿元,占当年全国工业总产值的53.8%,远高于户数占比。[3]二是形成了巨额的全民所有制资产。1952—1956年,国有单位的固定资产投资额实际完成588亿元,其中国家投资493亿元,超过原计划的15.3%,形成了数以亿计的社会主义全民所有制资产。到1957年底,新增固定资产492亿元,相当于1952年全国拥有固定资产的1.9倍。社会主义工业总产值占全国工农业总产值的比重,由1952年的41.5%上升到1957年的

①　毛泽东:《在中国共产党第七届中央委员会的第二次全体会议上的报告》(1949年3月5日),《毛泽东选集》(第四卷),人民出版社,1991年,第1433页。

②　国家统计局:《中国统计年鉴(1984)》,中国统计出版社,1984年,第27页。

③　国家统计局国民经济综合统计司:《新中国六十年统计年鉴汇编》,2010年,第40页。

53.8%。1953—1957 年,国家财政收入增加的 96.8 亿元中,全民所有制经济占比高达 74.4%。[①]这就是说,依靠国家整体力量开展以重工业为中心的工业化建设,意味着社会主义国有企业的迅速发展和国有制经济比重的大幅度增值,奠定了社会主义物质基础,为推进非公有制经济制度变革创造了有利条件。

单一公有制、计划经济体制有一个很大的优点,就是能够充分利用国家所具有的强大动员和整合能力,将极为有限的经济社会资源集中起来,用于国民经济发展中的重点项目、薄弱环节和经济落后地区,从而比较迅速地形成新的生产力,有利于克服国民经济各个部门之间和各个地区之间的发展不平衡状态。历史经验已经证明,这种制度安排,正好适应了"一五"计划以重工业为中心的工业化发展战略的需要,保证了国家能够集中有限资源配置的实现。对这种计划经济体制的积极作用,一些外国学者也给予肯定,如 20 世纪 60 年代初期,南斯拉夫经济学家威·泽科维奇指出:"唯有这样才能为社会主义的经济建设创造必要的物质基础,唯有这样才能动员现有的一切资金并有计划地使用它们。通过这种管理国家经济的方式,确保了社会主义扩大再生产的进行,从而为消除技术和经济的落后打下了基础,并为全国经济过渡到新的社会主义的管理形式创造了条件。"[②]实际上,1953 年党的过渡时期总路线提出了实现国家社会主义工业化与对生产资料私有制社会主义改造的双重任务。过渡时期总路线学习和宣传提纲指出:"在集中力量发展重工业的同时,必须相应地、有计划地发展交通运输业、轻工业、农业、商业和文化教育事业。如果没有这些事业的相应发展,不但人民的生活不能够改善,人民的许多需要不能够满足,就是重工业的发展和工业化的实现也是

---

① 董志凯:《国营企业对我国工业化资金积累作出的贡献和牺牲》,《当代中国史研究》,1998 年第 1 期。

② 转引自胡代光等:《现代外国经济思潮评论讲座》,军事译文出版社,1985 年,第 347 页。

不可能的。"①单一公有制和计划经济体制在当时保证了"一五"计划时期经济的高增长和重工业的迅速发展，但是其消极后果也是很严重的。一方面，造成了全面"短缺"和经济紧张运行，使工业化缺乏后劲和引发周期性的波动；另一方面，从长期来看，不利于调动各方面的积极性，不利于国民经济的全面健康发展，导致工业结构"畸重畸轻"。

（四）自力更生导向工业创新体系的开创

新中国成立以后，面临科技创新基础薄弱、创新机制缺乏、创新主体单一等问题，毛泽东和党中央发出了"向科学进军"的伟大口号，提出"自力更生为主，争取外援为辅"的科技发展方针、建设"四个现代化"的宏伟目标，②新中国开启了自力更生导向的工业创新体系建设的艰苦探索，经历了三个阶段，即 1949 年 10 月—1959 年以引进"156 项工程"为主的高潮期，1960—1971 年从日本、西德和英国等西方国家引进中小型成套设备为主的低潮期，1972—1978 年以"四三"方案为标志的引进大规模成套设备的第二个高潮期的演变历程，③是工业结构呈现重化工业化的关键因素。

1.第一阶段，以引进成套设备为主的高潮期（1949 年 10 月—1959 年）：重工业企业先行，奠定工业基础

20 世纪 50 年代，中国工业企业技术引进主要围绕发展重工业的思路展开，引进技术主要来源于苏联和部分东欧社会主义国家，"156 项工程"成为技术引进的重要内容，引进重点基本集中于能源、原材料和机电（包括军事工业）等基础工业，尤其是电力、冶金、机电工业更是重中之重，填补了许多

　　①　《为动员一切力量把我国建设成为一个伟大的社会主义国家而奋斗》（1953.12），《建国以来重要文献选编》（第 4 册），中央文献出版社，1993 年，第 707 页。

　　②　毛泽东文集（第七卷），人民出版社，1999 年，第 278 页。

　　③　郭旭红等：《试论中国共产党对社会主义工业化的认识与实践》，《毛泽东邓小平理论研究》，2021 年第 7 期。

技术与重工业生产领域的空白。

通过大规模的产业移植和全面学习,我国迅速建立起一批矿山机械、重型机械、采油设备、机床、化工、炼油等制造企业,建立起一批铝电解加工、铜冶炼加工、硬质合金加工、钢铁企业。通过大规模技术引进,中国工业企业钢材和机械设备自给率得到提高,技术能力得到了较快积累,为新中国建立基本完整工业体系奠定了基础,与此同时,大批国外专家来华,一批留学欧美的人才回来报效祖国,是这个时期我国工业技术创新能力和创新体系形成的重要来源。

2.第二阶段,以引进中小型成套设备为主的低潮期(1960—1971 年):以引进轻工业企业技术为主

1960 年中苏关系破裂,苏联单方面撕毁了合同,撤走在华专家,停止了重要设备的供应。与此同时,中国与西方国家的贸易有了一定程度的发展。这就促使我国揭开了从西方国家引进技术的新篇章。这一阶段,我国主要从日本、西德、英国、法国、意大利等国家引进技术,主要集中于化学工业、纺织工业、冶金工业等部门。

20 世纪 60 年代初期的经济调整工作,促使技术引进部门结构比 50 年代有较大的调整,从以重工业技术引进为主转向以轻工业技术引进为主。为了解决"吃穿用"问题,纺织工业和化学工业受到较大重视。以填补技术空白为主要目标,在技术选择上具有先进性并适合国情。纺织工业技术引进的中心任务是建立多品种的合成纤维生产能力。化学工业引进了以合成材料和石油化工为中心的一系列技术。

由于 60 年代处于新中国与西方国家进行技术贸易的初始阶段,党中央对技术引进方案的制定持谨慎态度,并进行了严格的审查和集中管理,在确定总体引进规模与各项技术的具体规模上充分考虑了量力而行的原则。因此,避免了重复引进,引进技术绝大部分用于原有企业技术改造,成套设备或生产线基本上属于中小型规模。

**3.第三个阶段:以大规模成套设备引进为主的高潮期(1972—1978 年),
"轻""重"并举,仍以大规模成套设备引进为主**

1971 年底,我国国民经济出现了"三个突破"的严重问题,职工人数、工资总额和粮食销售额增长过快,导致市场供应紧张,人民生活水平进一步下降。调整农轻重比例关系,支援农业和改善人民基本生活资料的供应状况的任务再次被放在了突出位置。当时中国石油化工技术基础薄弱,发展石油化工尚需依靠从国外引进技术。因此,70 年代初,被"文化大革命"中断的引进外国先进技术的工作重新被提到议事日程上来。在 1972 年引进项目的基础上,1973 年,国家计委向国务院提交《关于增加设备进口、扩大经济交流的请示报告》,报告建议在今后三五年内引进 43 亿美元成套设备,这个方案被称为"四三方案"。1972—1978 年是继 20 世纪 50 年代"156 项"引进项目后的第二个大规模技术引进高潮时期。这段时期,技术引进主要来源于日本、西欧、美国等西方国家,突出石油化工和合成材料工业的技术引进,我国实际支付引进技术外汇 33.5 亿美元,相当于 1950 年以来累计金额的 50%。美国对华技术转让的规模仍远低于日本和联邦德国。按照合同金额计算,1973—1978 年中国引进技术的来源国别结构如下:日本占 51.3%、西欧占 44%、北美占 4.7%。[1]

这一次大规模的技术引进,基本上体现了 60 年代以来国际上技术革新的主要发展方向,如大力发展石油化工和合成材料、设备的大型化、自动化和使用计算机对生产进行动态控制等。使有关行业在原料路线和生产领域、生产单系列能力和效率,以及生产、质量管理与控制体系的精准度等许多方面都出现了结构性与技术阶段性的变化。通过引进项目的投产对上、下游的

---

[1] 陈慧琴:《技术引进与技术进步研究》,经济管理出版社,1997 年,第48 页。

相关行业、生产配套企业以及设计、施工、科研、设备制造等工作均起到一定的技术推动作用,对同类产品企业也起到了一定的示范效应。

通过"按单点菜"、配套设计方式引进技术,基本上完成当时国民经济亟待解决的中心任务方面取得了较大的成绩。尤其是一批大型石油化工项目的引进与建设,既为从数量与质量两方面解决人民"吃穿用"问题起到重要作用,也为工业现代化建设、调整产业结构、提高经济效率与效益打下了重要的基础。同时,"四三方案"的制定与实施,在一定程度上冲破了闭关锁国的束缚,打击了否定技术进步的严重倾向。然而这次技术引进的主目标仍突出地放在进口拥有现代技术装备的"生产能力"上,没有高度重视"设计与设备制造能力",尚未系统考虑如何消化吸收引进技术的问题。

新中国成立以来,通过举国体制,党领导人民实现了从技术引进和仿制向自主开发的转变,建立起了以国防军工和重工业为核心的现代科学技术体系,取得了以"两弹一星"为代表的一批重大科技成果,在核武器、空间武器等国防尖端技术领域进入世界先进国家行列,有效地维护了国家独立、民族尊严,为建立完整的工业体系和国民经济体系提供了重要的技术保障,初步建立起来的工业体系和创新体系为改革开放后的技术加速发展奠定了重要组织和能力基础。[①]

六、优先发展重工业下工业结构的主要成效

新中国成立以来的前 30 年,在西方封锁、中苏交恶的国际环境中,我国实行中央集权控制的计划经济体制,通过抑制消费和以农补工、以轻补重的

---

① 参见郭旭红等:《试论中国共产党对社会主义工业化的认识与实践》,《毛泽东邓小平理论研究》,2021 年第 7 期。

强制性积累方式,推行重工业优先的发展战略,基本建立起相对独立完整的工业体系,尤其在国防工业、尖端科学方面取得了巨大成就,我国从一个工业化十分落后的农业国较快地步入了工业化国家行列,同时也导致了工业结构具有明显的超前特征或者说偏"重"的特征,即国民经济中工业比重和工业经济中重工业比重远远超过相同经济发展水平的国家。与其他发展中国家相比,中国重化工业化的工业结构具有明显的特殊性。

(一)在市场化落后的条件下高速推进的重化工业

市场经济国家在工业化开始时市场化已经得到较大程度的发展,第三产业的比重较高,随着工业化阶段的演进,市场化继续发展,第三产业的比重以低于工业化率的速度继续上升。而中国在工业化起点时市场化程度和第三产业比重相对较低,特别是在工业化迅速推进的过程中市场化没有得到相应发展,第三产业的比重没有逐步提高。新中国成立以来的近30年,国内生产总值结构中第二产业尤其是工业的比重大幅度上升,而第三产业的比重却有所下降,由1952年的28.6%下降为1978年的23.7%,降低了4.9个百分点(表1-8)。市场化远远滞后于工业化进程的状况,导致了改革初期产业结构中第二产业尤其是工业比重偏高而第三产业比重偏低的结构性偏差。这种结构性偏差在80年代有所好转,但90年代以后又趋于加深。[1]

工业在总体上保持了较高增长速度,然而效率较低。在长达30年的时间里,工业总产值平均每年增长15.2%。工业占国内生产总值的比例大幅度上升,从1952年到1978年,工业比重上升了26.7个百分点,第一产业所占比重则下降了22.4个百分点;同时,重工业产值占工业总产值的比重则由

---

[1] 中国社会科学院工业经济研究所编:《中国工业发展报告(2000)——中国的新世纪战略:从工业大国走向工业强国》,经济管理出版社,2000年,第18页。

35.6% 提高到 56.9%（表 1-8）。特别值得提出的是，在较短时期内机械工业得到了比较充分的发展，机械工业占制造业的比重与其他国家工业化中期水平的指标比较接近，在改革开放初期就达到 9.9% 的水平，以后又继续提高，达到了 21.7%，[①]而且机械工业内部结构的高级化趋势比较明显，交通设备制造业、电气设备制造业、电子工业所占比重都有较大的提高。然而这样快的工业化和重工业化速度，并没有带动生产力的迅速发展，反而导致结构严重失衡而破坏了经济发展的内在机制。全民所有制工业企业全员劳动生产率从 1949 年的 3016 元提高到 1978 年的 11130 元，平均为 7434.7 元，与工业发达国家相比，差距较大，而且 1952—1978 年全员劳动生产率的年均增速仅为 4.9%（图 1-1），波动起伏也较大，不利于持续提高全社会劳动生产率。60 年代初期（1961—1965 年）党中央决定对国民经济进行调整。此时的调整既有对总供给与总需求的调整，也有对供给结构和需求结构的调整。但是这次调整基本扭转了工业结构严重失调的状态，但是没有从根本上突破单一公有制和计划经济体制模式，也没有从根本上消除投资"饥渴症"和经济波动的现象。

---

① 中国社会科学院工业经济研究所编：《中国工业发展报告（2000）——中国的新世纪战略：从工业大国走向工业强国》，经济管理出版社，2000 年，第 32 页。

表 1-8　1952—1978年中国国内生产总值构成　　　（单位:%）

年份	第一产业	第二产业	工业	建筑业	第三产业	重工业占工业总产值比重
1952	50.5	20.9	17.6	3.2	28.6	35.5
1953	45.9	23.4	19.8	3.5	30.8	37.3
1954	45.6	24.6	21.5	3.1	29.7	38.4
1955	46.3	24.4	21	3.4	29.3	40.8
1956	43.2	27.3	21.9	5.4	29.5	42.4
1957	40.3	29.7	25.4	4.3	30.1	**45**
1958	34.1	37	31.7	5.3	28.9	53.5
1959	26.7	42.8	37.4	5.4	30.6	58.5
1960	23.4	44.5	39	5.5	32.1	66.6
1961	36.2	31.9	29.7	2.2	32	57.5
1962	39.4	31.3	28.3	2.9	29.3	52.8
1963	40.3	33	29.6	3.4	26.6	55.2
1964	38.4	35.3	31.7	3.6	26.2	55.7
1965	37.9	35.1	31.8	3.2	27	48.4
1966	37.6	38	34.7	3.3	24.4	51
1967	40.3	34	30.7	3.3	25.8	47
1968	42.2	31.2	28.5	2.7	26.7	46.3
1969	38	35.6	32.3	3.3	26.5	49.7
1970	35.2	40.5	36.8	3.7	24.3	53.8
1971	34.1	42.2	38.2	4	23.8	57
1972	32.9	43.1	39.3	3.7	24.1	57.1
1973	33.4	43.1	39.4	3.7	23.5	56.6
1974	33.9	42.7	38.8	3.9	23.4	55.6
1975	32.4	45.7	41.5	4.2	21.9	55.9
1976	32.8	45.4	40.9	4.5	21.7	55.8
1977	29.4	47.1	42.9	4.3	23.4	56
1978	28.1	48.2	44.3	3.8	23.7	56.9

　　资料来源:重工业占工业总产值比重数据来自国家统计局:《中国统计年鉴1983》,中国统计出版社,1983年,第20页;其他数据来自《中国统计年鉴1999》,中国统计出版社,1999年,第56页。

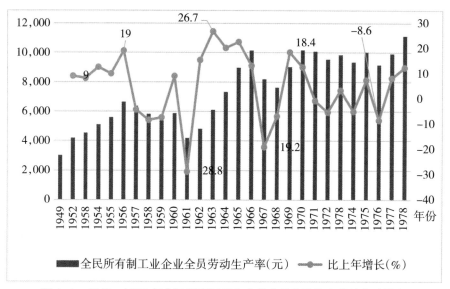

图1-1　1949—1978年全民所有制工业企业全员劳动生产率的变动情况

资料来源：国家统计局工业交通物资统计司编：《中国工业经济统计资料（1949—1984）》,中国统计出版社,1985年,第130页。

（二）在人均收入水平很低的条件下迅速推进的重化工业化

中国是一个人口众多的发展中国家，经济发展水平低和人口数量巨大使人均收入水平很低。1952年开始工业化时，中国的人均国内生产总值只有119元人民币,按当时平均汇率换算大体相当于50美元。在改革前的近30年中，中国的重化工业化一直是在人均收入水平很低的条件下推进的，工业比重的迅速上升几乎与人均收入水平的变动失去了联系。到1978年，中国的人均国内生产总值只为379元人民币（图1-2）,按平均汇率换算只有223美元，明显低于发达国家工业化起点的人均收入水平。而这一年中国工业在国内生产总值中的比重为44.3%，与1952年的17.6%相比上升了26.7个百分点（表1-8）。这个工业比重提高与人均收入水平上升相分离的特殊现象，所带来的影响一直持续到改革开放初期。①

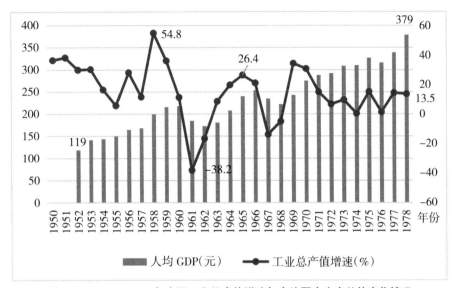

图 1-2　1950—1978 年中国工业总产值增速与人均国内生产总值变化情况
资料来源:国家统计局:《中国统计年鉴 1983》,中国统计出版社,1983 年,第 18、22 页。

(三)重化工业化在计划经济时期打下基础并留下了滞后影响

计划推动的工业化与市场推动的工业化的不同特点,是产出结构的变动与需求结构的变动相分离,人为因素导致了片面性,并阻碍了工业化过程中市场机制的形成和作用。这不仅表现在人均收入水平很低的条件下强制性高速推进工业化,以及工业比重片面提高而第三产业比重偏低的结构偏差,而且留下了以下几个方面的影响:一是工业化与城镇化脱节,在工业的产值比重很高的同时农业的就业比重仍居高不下,农业剩余劳动力不能转移出去。1952—1978 年,第一产业就业比重从 83.5%降至 70.5%,27 年仅仅降低了 13 个百分点(表 1-9),1978 年第二产业就业比重只有 17.3%。与高速

① 中国社会科学院工业经济研究所编:《中国工业发展报告 (2000)——中国的新世纪战略:从工业大国走向工业强国》,经济管理出版社,2000 年,第 18 页。

度的工业化进程相比,城镇化严重滞后于工业化。1949—1978 年城镇化率从 10.64%提高到 17.92%,近 30 年仅仅提高了 7.3 个百分点;[①]二是计划推动的工业化任务基本上由国有工业来承担,造成国有工业的产业分布很宽,而国有企业难以从衰退产业中退出,缺乏有效的淘汰和破产机制,则制约着工业结构的升级和工业化阶段的演进;三是计划推动的工业化与市场化进程的分割,以及计划经济的滞后影响,导致改革开放以后很长时间第三产业中的很多部门仍是国有企业居垄断地位,市场机制不能发挥有效的调节作用,使第三产业的发展不能与工业化的进程相协调。[②]与发达国家工业化一般规律相比,我国服务业的增长则非常缓慢。到 1978 年,服务业占国民经济生产总值的 23.7%,甚至比 1952 年下降了 4.9 个百分点。

表 1-9　1952—1978 年中国主要年份三次产业就业结构变化　（单位:%）

年份	第一产业	第二产业	第三产业
1952	83.5	7.4	9.1
1957	81.2	8.9	9.9
1962	82	7.8	10.1
1965	81.5	8.3	10.2
1970	80.7	10.1	9.2
1975	77.1	13.3	9.6
1978	70.5	17.3	12.2

资料来源:国家统计局:《中国统计年鉴 1999》,中国统计出版社,1999 年,第 134 页。

（四）封闭或半封闭的对外经济关系下推进的重化工业

新中国成立以来,在国民经济恢复时期,尽管由于西方国家对中国实行"封锁""禁运",但中国的对外贸易还是以相当快的速度恢复发展。1952 年中

---

① 国家统计局:《中国统计年鉴 1983》,中国统计出版社,1983 年,第 104 页。
② 中国社会科学院工业经济研究所编:《中国工业发展报告（2000）——中国的新世纪战略:从工业大国走向工业强国》,经济管理出版社,2000 年,第 18 页。

国出口额占世界的比重从 1950 年的 0.91%提升到 1.02%（表 1-10）。

表 1-10 1950—1952 年中国进出口贸易情况

年份	进出口增长情况（亿美元）			在世界贸易中所占比重（%）		
	进出口总额	出口额	进口额	进出口总额	出口额	进口额
1950	11.3	5.5	5.8	0.9	0.91	—
1951	19.6	7.6	12.0	1.2	0.92	—
1952	19.4	8.2	11.2	1.2	1.02	—

资料来源：国家统计局：《全国财贸统计资料（1949—1978）》，中国统计出版社，1979 年，第 289、295 页。

从进出口贸易的产品结构来看，新中国成立初期，我国是一个经济发展水平相当落后的农业国，在出口产品中，农副产品及其加工产品占相当大的比重，1950 年为 90.7%，1952 年仍为 82.2%（表 1-11）；在出口的工业品中，初级产品也占绝大部分。这种出口结构使我国在对外贸易中处于不利和软弱的地位。从进出口来看，统制贸易体制的好处远大于其弊病，一方面，它有助于突破西方的"封锁"和"禁运"，减少由其带来的不利地位和损失，扩大对外贸易；另一方面，它可以将有限的外汇用于急需恢复发展的重工业和国防工业建设方面。与此同时，还应看到，西方的经济封锁和由此导致的外汇紧张，对中国以后走上优先发展重工业道路和实行进口替代政策也起到了促成作用。

1972 年以后，中国对外关系进入新的活跃时期，但是对外经济交往受到"左"的思想的干扰破坏，以及经济体制和政策限制，未能充分有效利用国外资源和市场，工业经济发展受到限制。[①]

从 1972 年以后中国对外贸易有较大幅度增长，但是在世界贸易中所占份额还是很小的。1978 年我国进出口总额仅为 206.4 亿美元，其中进口 108.9 亿美元，出口 97.5 亿美元，仅占同期世界贸易总额的 0.8%，低于 1952

---

① 郭旭红、武力：《新中国产业结构演变述论（1949—2016）》，《中国经济史研究》，2018 年第 1 期。

年的 1.27%,1957 年的 1.50%,1965 年的 0.79%。[1]而同期美国的进口总额为
1827.87 亿美元,出口为 1411.54 亿美元;苏联进口为 505.5 亿美元,出口为
522.16 亿美元;日本进口为 787.31 亿美元,出口为 975.01 亿美元;印度进口
为 79.54 亿美元,出口为 80.48 亿美元;新加坡进口为 130.49 亿美元,出口为
100.93 亿美元(不包括与马来西亚的贸易);波兰进口为 160.89 亿美元,出口
为 141.14 亿美元;加拿大进口为 434.34 亿美元,出口为 460.65 亿美元;澳大
利亚进口为 138.85 亿美元,出口为 141.27 亿美元;巴西进口为 145.38 亿美
元,出口为 125.27 亿美元。[2]

再从进口结构来看,1978 年进口总额中生产资料占 81.4%,生活资料占
18.6%;从出口结构来看,工矿产品占 37.4%,农副产品加工品占 35%,农副
产品占 27.6%;在出口的工矿产品中,主要也是初级产品,例如原油即达1131.32
万吨,占当年全国原油产量的 10.87%(表 1-11)。[3]这样的进出口结构极易导
致重化工业化的工业结构。

表 1-11　1950—1978 年中国进出口贸易结构变化　　　　(单位:%)

年份	出口商品额构成(以出口总额为100)			进口商品额构成(以进口总额为100)	
	工矿产品	农副产品加工品	农副产品	生产资料	生活资料
1950	9.3	33.2	57.5	83.4	16.6
1951	14	31.4	54.6	81.3	18.7
1952	17.9	22.8	59.3	89.4	10.6
1953	18.4	25.9	55.7	92.1	7.9
1954	24	27.7	48.3	92.3	7.7
1955	25.5	28.4	46.1	93.8	6.2

---

[1] 中国对外贸易数字来源于国家统计局编:《中国统计年鉴(1983)》,中国统计出版社,1983 年,第 420 页;世界贸易总额数字来源于范慕韩编:《世界经济统计摘要》,人民出版社,1985 年,第 37 页。

[2] 中国社会科学院世界经济与政治研究所:《世界经济年鉴(1981)》,中国社会科学出版社,1982 年,第 964~967 页。

[3] 中国对外经济贸易年鉴编纂委员会:《中国对外经济贸易年鉴(1984)》,中国对外经济贸易出版社,1984 年。

年份	出口商品额构成(以出口总额为100)			进口商品额构成(以进口总额为100)	
	工矿产品	农副产品加工品	农副产品	生产资料	生活资料
1956	26.1	31.3	42.6	91.5	8.5
1957	28.4	31.5	40.1	92	8
1958	27.5	37	35.5	93.1	6.9
1959	23.7	38.7	37.6	95.7	4.3
1960	26.7	42.3	31	95.4	4.6
1961	33.4	45.9	20.7	61.9	38.1
1962	34.7	45.9	19.4	55.2	44.8
1963	32.9	42.9	24.2	56	44
1964	32.9	39.1	28	55.5	44.5
1965	30.9	36	33.1	66.5	33.5
1966	26.6	37.5	35.9	72.2	27.8
1967	24.4	36.3	39.3	76	24
1968	21.8	38.2	40	77.2	22.8
1969	23.5	39.1	37.4	82.4	17.6
1970	25.6	37.7	36.7	82.7	17.3
1971	28.9	34.9	36.2	83.9	16.1
1972	27.7	41	31.3	79.4	20.6
1973	24.7	39.5	35.8	76.4	23.6
1974	33.8	29.8	36.4	75.7	24.3
1975	39.3	31.1	29.6	85.4	14.6
1976	38.9	32.7	28.4	86.8	13.2
1977	38.5	33.9	27.6	76.1	23.9
1978	37.4	35	27.6	81.4	18.6

资料来源:国家统计局:《中国统计年鉴1981》,中国统计出版社,1981年,第354页。

(五)工业国际竞争优势尚未得到充分发挥

中国较长时间内处于计划经济时期,中国企业没有充分参与国际竞争的自主性,中国的对外出口规模不大,国际市场的占有率不高。1950年,中国进出口贸易的差额为-0.3亿美元,1978年为-11.5亿美元,1978年中国出口额占世界出口的比重不足1%,仅仅为0.8%,低于1960年的2.1%的水平(图1-3),说明中国工业国际竞争力十分薄弱。由于数据的原因,难以用各类竞争力指标计算改革开放前中国工业的竞争力,所以图1-3基于所有产品进出口数据计算的,既包括了工业制成品,也包括了农产品出口。以此指标判断,中国工业国际竞争力从20世纪50年代到改革开放前其变化十分有限。但这个数据,并不是中国工业国际竞争力的真实体现,原因在于当时的国际环境以及单一公有制、计划经济体制严重约束了中国工业企业参与国际市场的程度和范围。从工业产值占国民经济的比重不断提升加以推断,这个时期如果没有体制机制的束缚和国际环境的不公平因素的约束,中国工业的国际竞争力应是明显提高的。所以,总体而言,改革开放前近30年,中国工业的国际竞争优势并没有得到充分发挥。[①]

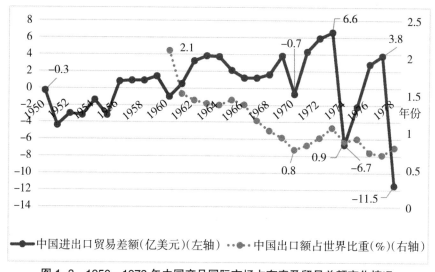

图1-3 1950—1978年中国产品国际市场占有率及贸易差额变化情况

资料来源:中国进出口贸易差额来源于国家统计局:《中国贸易外经统计年鉴2021》,第584页;中国出口占世界出口比重来源于世界银行数据库数据。

---

① 中国社会科学院工业经济研究所:《2019中国工业发展报告——新中国工业70年》,经济管理出版社,2019年,第22页。

第二节　纠正失衡和均衡发展的工业结构

1978年底党的十一届三中全会确定了对外实行开放、对内搞活经济的战略方针,在经济体制、发展目标和工业化战略等方面发生了较大的变化,并积极发挥比较优势参与国际分工,推动了国民经济的高速增长,与之相伴,工业结构也发生了较大变化。1978—2000年,工业结构的纠偏和均衡发展可以分为两个小阶段:一是1978—1984年工业结构的"拨乱反正"时期,二是1985—1997年以轻工业为主导的时期。

一、工业结构的"拨乱反正"阶段(1978—1984年)

改革开放到20世纪80年代中期,是我国工业结构的"拨乱反正"时期。[1]这一时期,一是扭转过去过分强调积累抑制消费所带来的弊端,补消费不足的课,即在1979年到1981年采取压缩基本建设、扶持轻工业发展的方针。二是在1982—1984年,侧重扭转重工业内部循环过程的弊端,调整和改造重工业,增强重工业为轻工业服务的功能,为轻工业提供装备的机械工业有较快发展。由此也带来了中国产业结构的非正常变化,即产业结构变化与一般工业化国家逆向变化,农业比重上升,第二产业主要是工业得到调整、比重下降,但仍然具有一定的工业化初期特征,即满足消费需求为主的轻工业有较快发展。

一是农村率先改革,农业得到较快发展。通过实行联产承包责任制和提高农产品价格,大大释放了农业潜力,农业生产走向全面、持续高涨。第一产业占国内生产总值的比重由1978年的28.2%上升到1984年的32%,1982

---

[1]　王岳平:《中国产业结构调整和转型升级研究》,安徽人民出版社,2013年,第3页。

年达到历史最高点,为33.3%;第三产业占比也略有提高,由23.7%上升到24.7%;而第二产业由48.2%降至43.3%(表1-12)。由于改革开放激活了农村劳动力的活力,农业劳动生产率得到较快提高,农业剩余劳动力也开始大规模向非农产业转移。第一产业就业比重由1978年的70.5%迅速下降到1984年的64.0%,第二、三产业就业比重得到相应提高(表1-12)。

表 1-12　1978—1984 年中国产业结构、就业结构变化 （单位:%）

年份	国内生产总值			就业结构		
	第一产业	第二产业	第三产业	第一产业	第二产业	第三产业
1978	28.1	48.2	23.7	70.5	17.3	12.2
1979	31.2	47.4	21.4	69.8	17.6	12.6
1980	30.1	48.5	21.4	68.7	18.2	13.1
1981	31.8	46.4	21.8	68.1	18.3	13.6
1982	33.3	45	21.7	68.1	18.4	13.5
1983	33	44.6	22.4	67.1	18.7	14.2
1984	32	43.3	24.7	64	19.9	16.1

资料来源:国内生产总值构成来自国家统计局:《中国统计年鉴1999》,中国统计出版社,1999年,第56页;就业结构数据来自国家统计局:《中国统计年鉴2021》,中国统计出版社,2021年,第120页。

二是在工业化战略上,扭转过去过分强调积累而抑制消费的重工业优先发展战略,着力补消费不足的课,形成了以满足基本生活需求驱动的以轻工业为主导的经济增长。一方面,改革开放初期,在"调整、改革、整顿、提高"八字方针的指导下,采取了压缩基本建设、扶持轻工业发展的策略。消费品工业的发展被放在重要地位,对轻纺工业实行了"六个优先"的倾斜政策,即在能源和原材料供应、挖潜和革新改造、基本建设、投资和贷款、外汇使用、交通运输六个方面优先保证轻工业生产的需要。另一方面,通过改革工业管理体制,调动各方主体的积极性。尤其是在坚持以社会主义国有经济为主导、公有经济为主体的条件下,积极发展多种经济形式和多种经营方式。无论是国有企业,还是其他企业,都从满足市场需求出发从事生产经营活动,从而促进了工业的快速发展和工业内部结构变动。国内生产总值中消费率由 1978 年的 63.5%,上升到 1980—1984 年平均 70.1%的水平(表 1-13),由此带动以满足基本生活需求为主的轻工业高速增长。1978—1984 年轻工业总产值增长速度为 12.2%,比重工业高出 3.5 个百分点(表 1-14)。其中,非国有企业的快速发展起到了重要作用。1978—1984 年,全国工业总产值按不变价计算年均增长 10.2%,其中国有及国有控股企业年均增长 8.1%,而集体企业年均增长 15.3%,个体企业和其他经济类型企业更是高速增长,在 1981—1984 年实现了年均增长 107.9%、37.5%的水平(表 1-13)。

表 1-13 1978—1984 年中国积累率、消费率以及工业总产值及构成增速变化(单位:%)

年份	国民收入消费和积累比例		工业总产值及其构成同比增长				
	消费率	积累率	工业总产值	国有及国有控股企业	集体企业	个体企业	其他经济类型企业
1978	63.5	36.5	13.55	14.44	10.58	–	–
1979	65.4	34.6	8.81	8.88	8.57	–	–
1980	68.5	31.5	9.27	5.61	19.24	–	–
1981	71.7	28.3	4.29	2.53	9.01	134.57	31.6
1982	71.2	28.8	7.82	7.05	9.54	78.95	27.73
1983	70.3	29.7	11.19	9.39	15.53	120.59	33.9
1984	68.8	31.2	16.28	8.92	34.85	97.47	56.81

资料来源:积累率和消费率来自国家统计局:《中国统计年鉴 1985》,中国统计出版社,1985 年,第 36 页;工业总产值及其构成增速来自国家统计局:《中国统计年鉴 2000》中国统计出版社,2000 年,第 409 页。

表 1-14 1978—1984 年轻重工业总产值增速变化 (单位:%)

年份	全部工业总产值	轻工业	重工业
1978	13.5	10.9	15.6
1979	8.8	10	8
1980	9.3	18.9	1.9
1981	4.3	14.3	−4.5
1982	7.8	5.8	9.9
1983	11.2	9.3	13.1
1984	16.3	16.1	16.5

资料来源:国家统计局工业交通统计司编:《中国工业经济统计年鉴 1998》,中国统计出版社,1998 年,第 21 页。

　　从工业内部来看,1978—1984 年,以满足吃穿等基本生活需求的以农产品为原料的轻工业增长为主导,其中以纺织、缝纫、服装为代表的轻纺工业增长最快,其次食品工业也有较快增长,轻工业总产值增长速度为 12.2%,比重工业高出 3.6 个百分点。工业总产值中轻工业所占比重由 1978 年的43.1%,提高到 1984 年的 47.4%,提高了 4.3 个百分点(表 1-14);工业经济增长中轻工业的贡献份额较高,其中,主要是以农产品为原料的轻工业,占到全部轻工业的 70%左右(表 1-15)。从具体产品来看,由于耐用消费品基数很低,家用洗衣机、收音机、家用电冰箱、电视机、电风扇、照相机、手表、自行车等"百元级"耐用消费品增长很快。

表 1-15　1978—1984 年我国工业总产值中轻、重工业结构变化　(单位:%)

项目	1978 年	1980 年	1982 年	1984 年
人均 GDP（元）	379	460	525	692
轻工业	43.1	47.2	50.2	47.4
以农产品为原料（轻工业 = 100）	68.4	68.5	70.0	70.7
以非农产品为原料（轻工业=100）	31.6	31.5	30.0	29.3
重工业	56.9	52.8	49.8	52.6
采掘工业（重工业=100）	12	11.3	14.3	12.7
原料工业（重工业=100）	35.5	37.8	39.3	36.4
制造工业（重工业=100）	52.5	50.9	46.4	50.9

　　资料来源:国家统计局:《中国统计年鉴 1999》,中国统计出版社,1999 年,第 55 页;国家统计局工业交通物资统计司编:《中国工业经济统计资料(1949—1984)》,中国统计出版社,1985 年,第 102 页;国家统计局工业交通物资统计司编:《中国工业经济统计年鉴2001》,中国统计出版社,2001 年,第 7 页。

　　三是在重工业内部采掘工业、原料工业与重制造工业之间的比例变化并不是很大,但主要是缩减了重工业内部循环。1982—1984 年,侧重扭转重工业内部循环过强的弊端,调整和改造重工业,增强重工业为轻工业服务的功能,为轻工业提供装备的机械工业有较快发展。在主要工业产品中,除了原盐、日用陶瓷外,增速最慢的都是重工业产品,尤其是金属切削机床、交流电动机等为重工业本身服务的产品。

四是满足消费需求驱动第三产业有较快增长，其中，1978—1984 年，第三产业增加值占 GDP 比重增加 1 个百分点，第三产业就业增加了 3.9 个百分点（表 1-12）。

1978—1984 年我国工业管理体制进行的改革探索和试验，是重工业与农业和轻工业的比例关系以及重工业内部的比例关系趋于协调的重要因素。首先，轻工业率先开始实施"转轨变型"，主要改革计划管理，逐步改变高度集中的传统计划管理模式，"以计划经济为主，市场调节为辅"，逐步增强市场机制的作用。轻工业从供销、定价、投资等多方面进行了探索和突破，逐步打破了计划经济体制下的僵化模式。其次，轻工业率先由封闭走向开放，大量引进先进装备、技术和管理经验。白色家电由无到有、由小到大，可谓是轻工业对外开放的一个缩影。

二、以消费升级驱动的轻工业为主导阶段（1985—1997年）

在前一阶段改革开放取得明显成效的基础上，1984 年党的十二届三中全会通过了《中共中央关于经济体制改革的决定》，明确提出："进一步贯彻执行对内搞活经济、对外实行开放的方针，加快以城市为重点的整个经济体制改革的步伐。"并明确提出了发展"有计划的商品经济"。由于改革开放激发了城乡集体企业和国有企业等相关主体的活力，生产水平提高，城乡居民收入水平也得到较快增长。并且国民经济增长仍然主要依赖消费拉动，消费对经济增长的贡献一直在 60% 以上。从产业结构变化来看，这是继续完成补消费的课、经济增长步入正常轨道后的时期。由于人们收入水平提高，在温饱问题得到基本解决以后，人们对用的需求增长较快，消费升级成为这一时期推动经济增长和产业结构变化的主要推动力，我国产业结构变化进入正常轨道。主要特征是：国内生产总值三次产业中，不同于前一阶段的第一产业比重提高,这一阶段第一产业比重快速下降,第二产业继续调整,第三产业比重大幅度上升。但这一阶段还可以进一步分为两个时期:第一个时期仍然是以满足温饱等基本消费的轻工业化时期(1985—1990年);第二个时期则是消费逐步升级,以用为主的耐用消费品增长迅速(1991—1997年)。

(一)立足基本消费的轻工业化时期(1985—1990)

经济体制改革的推进和有计划商品经济的提出,在一定程度上释放了企业的活力,并使得企业有可能根据市场的需求调节生产。1985—1990年,仍然以满足基本生活需求为主,城乡居民恩格尔系数平均都高达53.3%以上,其中,在城镇居民平均每人消费支出中食品衣着类消费的占比超过60%,农村居民的食品衣着消费占消费支出的比重也超过50%(表1-16)。

表1-16 1985—1990年中国城乡居民消费结构变化　　(单位:%)

项目	1985年	1990年
城镇居民家庭平均每人消费性支出构成		
食品类	52.25	54.25
衣着类	14.56	13.36
用品及其他	28.4	25.41
居住	4.79	6.98
农村居民家庭平均每人生活消费支出构成		
食品类	39.33	41.59
衣着类	15.48	11.75
用品及其他	23.20	25.00
居住	22.00	21.66

资料来源:中华人民共和国国家统计局编:《中国统计年鉴2001》,中国统计出版社,2001年,第305、326页。

基于当时的经济发展水平,这一时期产业结构仍然呈现出初步工业化的特征,主要表现在以下方面:三次产业在国内生产总值的占比中,第一产业占比下降,第二产业也有所调整,第三产业占比大幅度上升。第一产业占

GDP 比重从 1985 年的 27.9%，下降到 1990 年的 26.6%。与此同时，由于 80 年代中期，我国 GDP 比 1980 年翻了一番，农业和消费品工业得到快速发展，使人民生活基本解决了温饱问题。这时，就业压力和第三产业发展不足的矛盾日益突出，社会资源的配置逐步转向第三产业，促进了第三产业的发展。第三产业占 GDP 比重从 1985 年的 29.4% 提高到 1990 年的 32.4%，是改革开放以来我国第三产业比重上升最快的时期，尤其是金融业和房地产业增长更快。就业结构也得到改善，其中，第一产业就业比重 1990 年下降到 60.1%，比 1985 年下降了 2.3 个百分点；第二、三产业就业比重 1990 年分别达到 21.4% 和 18.5%，比 1985 年分别提高 0.6 个、1.7 个百分点（表 1–17）。

表 1–17　1985—1990 年中国产业结构、就业结构变化 （单位:%）

年份	国内生产总值			就业结构		
	第一产业	第二产业	第三产业	第一产业	第二产业	第三产业
1985	27.9	42.7	29.4	62.4	20.8	16.8
1986	26.6	43.5	29.8	60.9	21.9	17.2
1987	26.3	43.3	30.4	60	22.2	17.8
1988	25.2	43.5	31.2	59.3	22.4	18.3
1989	24.6	42.5	32.9	60.1	21.6	18.3
1990	26.6	41	32.4	60.1	21.4	18.5

资料来源:国内生产总值构成来自国家统计局编:《中国统计年鉴 2021》,中国统计出版社,2021 年,第 80 页;就业结构数据来自国家统计局编:《中国统计年鉴 2021》,中国统计出版社,2021 年,第 120 页。

尽管工业在国内生产总值中所占比重有所下降，但工业内部结构变动明显并且呈现结构升级的特征，主要是以轻工业增长为主导。这个时期工业经济的增长特点是：一是轻工业仍保持快速增长，比重有所提高。1985—1990 年轻工业的年均增长率为 15.7%，重工业的年均增长率为 13.6%，轻重工业之间的关系也比较协调，1985—1990 年两者的增长速度只差 2–3 个百分点，而不像改革前的高速增长时期两者相差 10 多个百分点。轻工业比重由 1985 年的 47.4% 提高到 1990 年的 49.4%（表 1–18）。

改革开放以来中国工业结构转型升级研究

表 1-18　1985—1990 年工业发展及结构变化　　　　　（单位:%）

年份	工业总产值构成		工业总产值中轻、重工业同比增长	
	轻工业	重工业	轻工业	重工业
1985	47.4	52.6	22.7	20.2
1986	47.6	52.4	13.1	10.2
1987	48.2	51.8	18.6	16.7
1988	49.3	50.7	22.1	19.4
1989	48.9	51.1	8.2	8.9
1990	49.4	50.6	9.2	6.2

资料来源:国家统计局工业交通统计司编:《中国工业经济统计年鉴1998》,中国统计出版社,1998 年,第 21 页。

二是工业内部结构升级加快。由于人民需求在满足温饱以后,重点转向对用的需求,比如城镇居民家庭人均消费支出中家庭设备用品及服务所占比重由 1985 年的 8.60%提高到 1990 年的 10.14%。①主要是彩色电视机、空调机、电冰箱等"千元级"产品普遍进入城镇居民家庭(表 1-19)。同时,针对基础工业发展滞后的矛盾比较突出,此时期,原材料工业比重的上升具有"补短"的特征。②

表 1-19　1985—1990 年中国城镇居民家庭平均每百户年底耐用消费品拥有量

项目	1985（年）	1990（年）
自行车（辆）	152.3	188.6
缝纫机（台）	70.8	70.1
电风扇（台）	73.9	135.5
洗衣机（台）	48.3	78.4
电冰箱（台）	6.6	42.3
彩色电视机（台）	17.2	59.0
录音机（台）	41.2	69.8
照相机（架）	8.5	19.2

资料来源:国家统计局编:《中国统计年鉴1999》,中国统计出版社,1999 年,第 322 页。

---

① 《中国统计年鉴2001》,中国统计出版社,2001 年,第 305 页。

② 国家发展改革委宏观经济研究院产业经济与技术经济研究所:《工业化:中国产业发展与结构变迁 40 年》,人民出版社,2018 年,第 12 页。

(二)消费结构升级成为经济增长的主导(1990—1997年)

20世纪90年代消费升级驱动下,机械电子等耐用消费品和服务消费成为经济增长的主导。[①]这个时期的产业结构变化是在新的环境变化下所发生的。首先,邓小平同志南方谈话和随后党的十四大关于社会主义市场经济体制的确定,无论是在经济体制改革,还是在吸引外资、参与国际市场竞争方面,都进入了一个新的时期,为我国经济持续增长形成了新的动力。其次,20世纪90年代初我国市场供求状况出现历史性变化,轻工业商品告别短缺时代,由卖方市场转为买方市场,对产业发展提出新的要求。从产业结构来看,20世纪90年代是一个由以轻工业为主向重工业转化的过渡时期,一方面,我国产业结构仍然具有鲜明的消费主导与消费升级特征,另一方面,以耐用消费品为主的高速增长带动了重加工业的发展。

相对于20世纪80年代,90年代的消费率虽然从改革开放初至80年代末的65%左右,下降到90年代平均59.4%,但仍然是经济增长的主导(表1-20)。

表 1-20　1978—1997 年投资率和消费率比较　　　　　(单位:%)

年份	资本形成率 (投资率)	最终消费率 (消费率)	对国内生产总值增长的贡献率		
			消费	资本形成	货物和服务净出口
1978	38	61.8	38.3	67	-5.3
1979	36.5	64.9	83.5	19.6	-3.1
1980	35.2	65.9	77.3	20.9	1.8
1981	32.5	68.1	89.4	-1.7	12.3
1982	33.2	68.7	56.1	23.5	20.4
1983	33.8	67.7	74.4	33.5	-7.9
1984	34.4	65.5	68.7	41.8	-10.5
1985	37.8	64.4	71.1	79.8	-50.9
1986	37.7	64.1	50.1	15.9	34
1987	36.1	62.3	41.2	26.3	32.5
1988	36.8	62.7	43.3	55.8	0.9

① 国家发展改革委宏观经济研究院产业经济与技术经济研究所:《工业化:中国产业发展与结构变迁40年》,人民出版社,2018年,第12页。

年份	资本形成率（投资率）	最终消费率（消费率）	对国内生产总值增长的贡献率		
			消费	资本形成	货物和服务净出口
1989	36	62.4	81.2	−2.4	21.2
1990	34.7	61.3	91.7	−74.6	82.9
1991	34.8	60.8	60.6	37.8	1.6
1992	36.2	59.9	56.1	53	−9.1
1993	43.3	58.3	57.4	55.7	−13.1
1994	41.2	57.3	34.8	34.3	30.9
1995	40.8	57.5	46.2	46.6	7.2
1996	39.6	58.9	61.7	34.5	3.8
1997	38.2	58.5	42.3	15.1	42.6

资料来源:中华人民共和国国家统计局编:《中国统计年鉴 2002》,中国统计出版社,2002年,第 63 页;中华人民共和国国家统计局编:《中国统计摘要 2018》,中国统计出版社,2018年,第 33 页。

从消费结构来看,随着人民生活水平的提高,消费升级特征也十分明显。具体表现在满足基本生活的食品和衣着需求在消费支出中所占比重,由1985—1990 年上升 0.8 个百分点,到 1990—1997 年间转为下降 8.75 个百分点;家庭设备用品及服务由前一阶段上升 1.54 个百分点,转为下降 2.57 个百分点;而交通通信、居住,以及医疗保健、教育文化娱乐则分别上升 4.36、1.59 和 1.88 个百分点(表 1−21)。

表 1−21　城镇居民家庭平均每人消费性支出构成　　　　　(单位:%)

项目	1985 年	1990 年	1995 年	1997 年
食品和衣着	66.81	67.61	63.47	58.86
家庭设备用品及服务	8.60	10.14	8.39	7.57
医疗保健、教育文化娱乐	10.65	13.13	11.95	15.01
交通通讯	2.14	1.20	4.83	5.56
居住	4.79	6.98	7.07	8.57

资料来源:国家统计局编:《中国统计年鉴 2001》,中国统计出版社,2001 年,第 305 页。

值得指出的是,在此期间,虽然城镇家庭彩色电视机、空调机、电冰箱得到普及,增速趋缓,消费新增长点转向住、行和服务,但彩色电视机、电冰箱等"千元级"商品开始大规模进入农村家庭,摩托车、电话机、洗衣机普及率也得到大幅度提高(表 1–22)。

表 1–22 农村居民家庭平均每百户年底耐用消费品拥有量

品名	1985 年	1990 年	1995 年	1997 年
洗衣机（台）	1.90	9.12	16.90	21.87
电风扇（台）	9.66	41.36	88.96	105.93
电冰箱（台）	0.06	1.22	5.15	8.49
空调机（台）	–	–	0.18	–
抽油烟机（台）	–	–	0.61	–
自行车（辆）	80.64	118.33	147.02	141.95
摩托车（辆）	–	0.89	4.91	10.89
电话机（部）	–	–	–	–
移动电话（部）	–	–	–	–
组合音响（台）	–	–	–	–
寻呼机（台）	–	–	–	–
黑白电视机（台）	10.94	39.72	63.81	65.12
彩色电视机（台）	0.80	4.72	16.92	27.32
录放像机（台）	–	–	–	–
收录机（台）	4.33	17.83	28.25	32.02
照相机（架）	–	0.70	1.42	2.06

资料来源:国家统计局编:《中国统计年鉴 2001》,中国统计出版社,2001 年,第 330 页。

　　需求结构的变动直接推动了产业结构的变化。第一产业比重持续下降,由 1985 年的 27.9%下降到 1990 年的 27.1%,1997 年进一步降到 17.9%;第二产业所占比重则由 1990 年的 41%,提高到 1997 年的 47.1%;在需求带动下第三产业比重也由 1990 年的 32.4%,提高到 1997 年的 35%(表 1–23)。

表 1–23 1978—1997 年中国产业结构变化 （单位:%）

年份	第一产业	第二产业	第三产业
1978	27.7	47.7	24.6
1979	30.7	47	22.3
1980	29.6	48.1	22.3
1981	31.3	46	22.7
1982	32.8	44.6	22.6
1983	32.6	44.2	23.2

年份	第一产业	第二产业	第三产业
1984	31.5	42.9	25.5
1985	27.9	42.7	29.4
1986	26.6	43.5	29.8
1987	26.3	43.3	30.4
1988	25.2	43.5	31.2
1989	24.6	42.5	32.9
1990	26.6	41	32.4
1991	24	41.5	34.5
1992	21.3	43.1	35.6
1993	19.3	46.2	34.5
1994	19.5	46.2	34.4
1995	19.6	46.8	33.7
1996	19.3	47.1	33.6
1997	17.9	47.1	35

资料来源:国家统计局编:《中国统计年鉴2021》,中国统计出版社,2021年,第80页。

在工业内部,虽然轻重工业之间比例变化不大,但实际上发生了显著的变化,主要是满足消费增长,尤其是满足消费升级的增长。在轻工业内部表现为以农产品为原料的轻工业增长速度减缓、比重下降,而以非农产品为原料的轻工业领先增长、比重上升的格局。1990—1997年,以农产品为原料的轻工业所占比重由70.1%下降到的66.2%,下降了3.9个百分点;以非农产品为原料的轻工业所占比重由1990年的29.9%上升到1997年的33.8%,上升了3.9个百分点(表1-24)。在重工业内部则是采掘工业、原料工业比重的下降,而加工程度较高的重制造工业比重显著上升,由1990年占重工业比重46.8%,提高到1997年的49.9%(表1-24)。

到20世纪90年代中后期,我国工业结构出现了历史性的变化,轻工业商品基本上由卖方市场转为买方市场,其需求增长速度放慢;而受投资需求的拉动,重工业呈现出快速增长势头。轻工业所占比重均趋于下降,而重工业所占比重转向上升,出现了再次重化工业与高加工度化的趋势。这主要是因为:随着市场化改革,指令性计划范围逐步缩小,指导性计划范围逐步扩大,企业产供销活动从以市场调节为主向依靠市场调节和自主经营转变,轻工业管理体制机制从部门管理向行业管理转变。从行业结构看,新兴产业和高技术产业逐渐成为工业经济发展新动能。在改革开放初期,轻纺、传统化工、传统冶金和低技术含量的机械加工在我国工业经济结构中占比较高,从20世纪90年代开始,通用设备制造业、交通运输设备制造业、电气机械及器材制造业、通信设备计算机及其他电子设备制造业等技术含量较高的新兴产业部门发展提速,成为带动工业经济增长的新动能。[①]

表 1-24   中国工业总产值中轻重工业结构变化   (单位:%)

年份	工业总产值中轻工业内部比例		工业总产值中重工业内部比例		
	以农产品为原料	以非农产品为原料	采掘工业	原料工业	制造工业
1978	68.4	31.6	12	35.5	52.5
1980	68.5	31.5	11.3	37.8	50.9
1985	70.7	29.3	12.7	36.8	50.5
1990	70.1	29.9	12.2	4	46.8
1995	65.4	34.6	8.5	32.9	58.6
1996	67.4	32.6	11.7	38.6	49.7
1997	66.2	33.8	12.1	38.0	49.9

资料来源:国家统计局工业交通统计司编:《中国工业经济统计年鉴2001》,中国统计出版社,2001年,第7页。

三、工业结构扭曲得以矫正

(一)背离比较优势的产业结构得到矫正

在资源可以自由流动的经济中,产业结构决定于资源比较优势,并随着

[①] 中国社会科学院经济研究所:《2018中国工业发展报告——改革开放40年》,经济管理出版社,2018年,第45页。

它的变动而变动。然而在推行重工业优先发展战略期间,产业结构却背离了资源比较优势,造成重工业太重、轻工业太轻,建筑业、运输业和服务业占国民收入的份额有的处于徘徊状态,有的处于下降态势等一系列问题。这种处处与经济发展规律相悖的产业结构转换,导致了数次经济负增长。1978 年实行经济改革以来,资源配置逐渐向劳动力较为密集的产业倾斜,较好地发挥了中国劳动力资源丰富的比较优势。[1]

在工业内部,1952—1978 年,重工业和轻工业分别增长了1844.4% 和 711.6%,前者是后者的 2.6 倍;1978—1997 年,它们分别增长了2950.4%和 2307.0%,前者是后者的 1.2 倍。[2]在农业内部也是如此,表现为劳动利用量小、单位土地面积产出相对较少的粮食播种面积稳中有降,从 1978 年的 80.3%降至 1997 年的 73.3%,而劳动利用量大、单位土地产出相对较多的经济作物播种面积快速增长, 从 1978 年的 19.7%增至 1997 年的 26.7%(图 1—4)。随着资源向效率更高的部门流动,建筑业、运输业和商业占国民收入的份额都有上升的趋势,背离比较优势的工业结构已得到初步矫正。

---

① 林毅夫、蔡昉、李周:《中国的奇迹——发展战略与经济改革》(增订版),格致出版社、上海三联出版社、上海人民出版社,2014 年,第 136 页。

② 根据国家统计局工业交通统计司编:《中国工业经济统计年鉴 2002》,中国统计出版社,2002年,第 28 页相关数据计算整理。

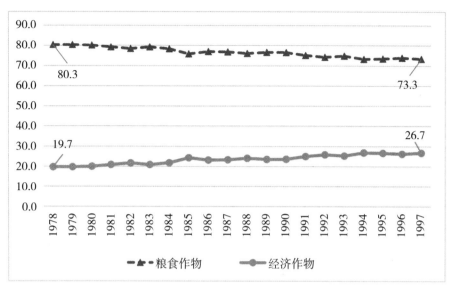

图 1-4　1978—1997 年中国主要农作物播种面积的变化　　（单位:%）

资料来源:根据中华人民共和国国家统计局编:《中国统计年鉴2001》,中国统计出版社,2001 年,第 375~377 页相关数据计算整理。

(二)严重滞后于产值结构转换的就业结构得到了矫正[①]

改革开放以来,随着家庭联产承包责任制改革、乡镇企业崛起和小城镇建设等政策的实施,农民依靠自己的努力进入了非农产业,为扭转就业结构转换严重滞后于产值结构转换的问题,作出了重大贡献。1978—1997 年间,乡镇企业劳动者从 2827 万人增加到 13050 万人,乡镇企业劳动者占总就业人员的比重从 7.0%增加到 18.8%(图 1-5)。如果再把农民在其他产业中从事非农活动(如独自进城当合同工、临时工、保姆,经商等)的数量考虑进去,劳动力转移的数量就更大了。

---

① 林毅夫、蔡昉、李周:《中国的奇迹——发展战略与经济改革》(增订版),格致出版社、上海三联出版社、上海人民出版社,2014 年,第 136 页。

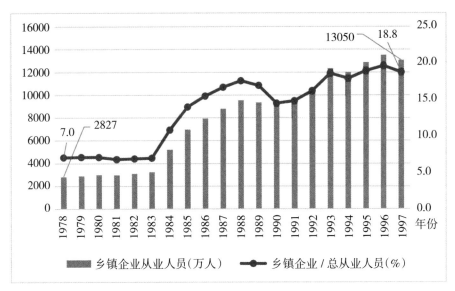

图 1-5　1978—1997 年乡镇企业就业人员情况
资料来源：中华人民共和国国家统计局编：《中国统计年鉴 2001》，中国统计出版社，2001 年，第 110~111 页相关数据计算整理。

城镇中集体经济和个体经济迅猛发展也创造了大量就业机会。1978—2000 年，在城镇集体经济和个体经济中就业的劳动者由 2063 万人增加到 3635.4 万人，增长了 76%。[1]这一变化为降低城镇就业人口的待业率，作出了重要贡献。此外，国有企业在扩大非农产业就业量方面也作出了积极贡献。

随着工业经济和第三产业的迅速发展，从事第一产业的劳动力占劳动力总数的份额已由 1978 年的 70.5% 下降到 1997 年的 49.9%，从事非农产业的劳动力占劳动力总数的份额则由 1978 年的 29.5% 提高到 1997 年的 50.1%，变化幅度高达 20.6 个百分点（表 1-25）。就业结构转换严重滞后于产值结构转换的问题得到初步矫正。

---

①　根据中华人民共和国国家统计局编：《中国统计年鉴 2001》，中国统计出版社，2001 年，第 110~111 页相关数据计算整理。

表1-25　1978—1997年三次产业就业结构情况　　(单位:%)

年份	第一产业	第二产业	第三产业
1978	70.5	17.3	12.2
1979	69.8	17.6	12.6
1980	68.7	18.2	13.1
1981	68.1	18.3	13.6
1982	68.1	18.4	13.5
1983	67.1	18.7	14.2
1984	64	19.9	16.1
1985	62.4	20.8	16.8
1986	60.9	21.9	17.2
1987	60	22.2	17.8
1988	59.3	22.4	18.3
1989	60.1	21.6	18.3
1990	60.1	21.4	18.5
1991	59.7	21.4	18.9
1992	58.5	21.7	19.8
1993	56.4	22.4	21.2
1994	54.3	22.7	23
1995	52.2	23	24.8
1996	50.5	23.5	26
1997	49.9	23.7	26.4

资料来源:国家统计局编:《中国统计年鉴2021》,中国统计出版社,2021年,第120页。

(三)内向型的国民经济结构得到了矫正[①]

改革开放以来最为显著的变化之一,就是中国正在从封闭、半封闭经济走向开放型经济。1979年,中央政府决定在广东、福建两省率先实行灵活政策、特殊措施、对外开放;1980年决定兴办深圳、珠海、汕头、厦门4个对外开放经济特区;1984年春开放沿海14个港口城市和海南岛;1985年春决定开放长江三角洲、珠江三角洲和闽南三角地区;1986年以来陆续开放山东半岛

---

① 林毅夫、蔡昉、李周:《中国的奇迹——发展战略与经济改革》(增订版),格致出版社、上海三联出版社、上海人民出版社,2014年,第137页。

和辽东半岛;1988年春决定建立海南省并将其作为最大的对外开放经济特区,在广东、福建建立范围更大的改革开放实验区;1991年又将沿海开放战略扩展为沿海、沿边、沿江开放战略,进而又实行了全方位开放;1992年,进一步实施上海浦东开发开放战略,以上海浦东为龙头,带动中国经济实力最强的长江流域的开发开放。在一系列措施的推动下,中国经济出现了两个重大变化。一是对外贸易迅速增长,1997年与1978年相比,进出口总额由206.4亿美元增加到3251.6亿美元,年均增长16.1%,其中出口总额由97.5亿美元增加到1827.9亿美元,年均增长17.2%,进口总额由108.9亿美元增加到1423.7亿美元,年均增长15.7%,[①]双双超过了国民生产总值年均增长率;中国经济的对外贸易依存度由1978年的9.7%提高到1997年的33.8%(表1-26)。

表1-26　1978—1997年中国进出口贸易情况

年份	贸易额（亿美元）			增速（按美元计算）（%）			对外贸易依存度（%）
	进出口	出口	进口	进出口	出口	进口	
1978	206.4	97.5	108.9	——	——	——	9.7
1979	293.3	136.6	156.8	42.1	40.1	43.9	11.1
1980	381.4	181.2	200.2	30.0	32.7	27.8	12.4
1981	440.2	220.1	220.2	15.4	21.5	10.0	14.9
1982	416.1	223.2	192.9	-5.5	1.4	-12.4	14.4
1983	436.2	222.3	213.9	4.8	-0.4	10.9	14.3
1984	535.5	261.4	274.1	22.8	17.6	28.1	16.5
1985	696	273.5	422.5	30.0	4.6	54.1	22.7
1986	738.5	309.4	429	6.1	13.1	1.6	24.9
1987	826.5	394.4	432.2	11.9	27.5	0.7	25.3
1988	1027.8	475.2	552.7	24.4	20.5	27.9	25.2
1989	1116.8	525.4	591.0	8.6	10.6	7.0	24.2
1990	1154.4	620.9	533.5	3.4	18.2	-9.8	29.5
1991	1356.3	718.4	637.9	17.6	15.7	19.6	32.8
1992	1655.3	849.4	805.9	22.0	18.2	26.3	33.5
1993	1957	917.4	1039.6	18.2	8.0	29.0	31.6

---

① 国家统计局贸易外经统计司编:《中国贸易外经统计年鉴2021》,中国统计出版社,2021年第584页。

年份	贸易额（亿美元）			增速（按美元计算）(%)			对外贸易依存度（%）
	进出口	出口	进口	进出口	出口	进口	
1994	2366.2	1210.1	1156.2	20.9	31.9	11.2	41.9
1995	2808.6	1487.8	1320.8	18.7	22.9	14.2	38.3
1996	2898.8	1510.5	1388.3	3.2	1.5	5.1	33.6
1997	3251.6	1827.9	1423.7	12.2	21.0	2.5	33.8

资料来源:国民经济综合统计司编:《新中国六十年统计资料汇编(1949—2008)》,中国统计出版社,2010 年,第 60 页;国家统计司编:《中国统计年鉴 2021》,中国统计出版社,2021 年,第 78~79 页相关数据计算整理。

二是国外资金流入大幅度增长。签订利用外资协议(合同)额和实际利用外资额,1979—1983 年 5 年平均分别为每年 47.96 亿美元和 28.88 亿美元,而 1993—1997 年 5 年平均分别增加到 925.80 亿美元和 499.04 亿美元,增长了 19.30 倍和 17.3 倍;1979—2000 年期间,签订利用外资协议(合同)累计额和实际利用外资累计额,分别达到 6540.0 亿美元和 3483.5 亿美元。[1]这些变化标志着中国经济正朝国际经济一体化的方向迈进,标志着改革前的内向型经济结构得到了初步的矫正。

(四)单一依靠国家积累的投资结构得到矫正[2]

伴随着农村经济的发展和城乡居民收入的增长,民间储蓄直线上升,在积累中发挥着越来越重要的作用。在全部生产建设资金中,依靠国家财政拨款的份额已从 1981 年的 28.1%下降到 1997 年的 2.8%,依靠银行贷款和金融市场集资的部分 1997 年已上升到 97%以上(表 1-27)。以民间储蓄为主,政府、企业、居民共同积累的投资结构已替代了改革前单一依靠国家积累的投资结构。

---

① 根据中华人民共和国国家统计局编:《中国统计年鉴 2001》,中国统计出版社,2001 年,第602页相关数据计算整理。

② 林毅夫、蔡芳、李周:《中国的奇迹——发展战略与经济改革》(增订版),格致出版社、上海三联出版社、上海人民出版社,2014 年,第 138 页。

表 1-27 1981—1997 年全社会固定资产投资（按资金来源和构成分）

年份	按资金来源分（亿元）				构成（%）			
	国家预算内资金	国内贷款	利用外资	自筹和其他投资	国家预算内资金	国内贷款	利用外资	自筹和其他投资
1981	269.76	122.00	36.36	532.89	28.1	12.7	3.8	55.4
1982	279.26	176.12	60.51	714.51	22.7	14.3	4.9	58.1
1983	339.71	175.50	66.55	848.30	23.8	12.3	4.7	59.2
1984	421.00	258.47	70.66	1082.74	23.0	14.1	3.9	59.0
1985	407.80	510.27	91.48	1533.64	16.0	20.1	3.6	60.3
1986	455.62	658.46	137.31	1869.19	14.6	21.1	4.4	59.9
1987	496.64	871.98	181.97	2241.11	13.1	23.0	4.8	59.1
1988	431.96	977.84	275.31	2968.69	9.3	21.0	5.9	63.8
1989	366.05	762.98	291.08	2990.28	8.3	17.3	6.6	67.8
1990	393.03	885.45	284.61	2954.41	8.7	19.6	6.3	65.4
1991	380.43	1314.73	318.89	3580.44	6.8	23.5	5.7	64.0
1992	347.46	2214.03	468.66	5049.95	4.3	27.4	5.8	62.5
1993	483.67	3071.99	954.28	8562.36	3.7	23.5	7.3	65.5
1994	529.57	3997.64	1768.95	11530.96	3.0	22.4	9.9	64.7
1995	621.05	4198.73	2295.89	13409.19	3.0	20.5	11.2	65.3
1996	（629.72）	（4576.53）	（2747.41）	（15465.35）	2.7	19.6	11.8	66.0
	625.88	4573.69	2746.60	15412.40				
1997	696.74	4782.55	2683.89	17096.49	2.8	18.9	10.6	67.7

资料来源：根据中华人民共和国国家统计局编：《中国统计年鉴 2001》，中国统计出版社，2001 年，第 159 页相关数据整理。

第三节 工业结构初步升级的内在动因

一、现代化发展"三步走"战略下工业建设指导方针的调整

党的十一届三中全会后，中国共产党对中国社会主义现代化发展战略目标和战略步骤进行了重新调整。经过党的十二大，党的十三大比较完整地

制定了现代化发展"三步走"的战略。即第一步,实现国民生产总值比1980年翻一番,解决人民的温饱问题。这个任务已经基本实现。第二步,到20世纪末,使国民生产总值再增长一倍,人民生活达到小康水平。第三步,到21世纪中叶,人均国民生产总值达到中等发达国家水平,人民生活比较富裕,基本实现现代化。然后在这个基础上继续前进。中央提出了实现第二步战略目标的具体要求:社会经济效益、劳动生产率和产品质量明显提高,国民生产总值和主要工农业产品产量大幅度增长,人均国民生产总值在世界上所占位次明显上升。工业主要领域在技术方面大体接近经济发达国家20世纪70年代或80年代初的水平,农业和其他产业部门的技术水平也将有较大提高。城镇和绝大部分农村普及初中教育,大城市基本普及高中和相当于高中的职业技术教育。人民群众将能过上比较殷实的小康生活。①

这一长期发展战略是依据对中国社会主义初级阶段国情和变化了的国际环境的新认识,在总结过去工业化和现代化建设的经验教训基础上提出来的,有三个不同于传统战略的明显特征:一是发展目标上,不像传统战略那样只以几种主要重工业产品产量为指标,而是着眼于综合国力的增强。不仅运用国民生产总值、人均国民生产总值等世界经济发展通用的衡量标准,而且强调工业等主要领域在技术方面所应达到的世界水平;二是不像传统战略那样片面追求高速度,而是强调要在提高经济效益、劳动生产率和产品质量的前提下实现经济增长,并从国情出发制定比较适宜的经济增长速度;三是不像传统战略那样经济增长以牺牲人民生活的改善为代价,而是明确提出在工业化、现代化进程中将以人民生活逐步达到"温饱""小康水平""中等水平""比较富裕"为根本目的,把工业化、现代化发展与改善人民生活紧密地联系在一起。②

与中国社会主义工业化、现代化战略的转变相适应,党的十一届三中全

---

① 《十三大以来重要文献选编》(上),人民出版社,1991年,第16、17页。

② 高伯文:《中国共产党与中国特色工业化道路》,中央编译出版社,2008年,第230页。

会后工业发展的指导方针也进行了重新调整。

1979—1981年的国民经济调整,使经济工作摆脱了多年来"左"的指导思想的束缚 1981年11月,党的五届全国人大四次会议讨论了转变经济建设指导方针的问题。会议认真总结了新中国成立以来经济建设的历史经验和教训,指出为了求得国民经济的稳定前进和健康发展,要切实改变长期以来在"左"的思想指导下的一套老的做法,真正从我国实际情况出发,"走出一条速度比较实在、经济效益比较好,人民可以得到更多实惠的新路子"①,并依据这条新路子提出了国民经济建设的10条方针。党的十二大、十三大在制定中国社会主义工业化、现代化新战略的同时,肯定了这条国民经济建设的"新路子"及10条方针,并在"六五"开始的国民经济计划中贯彻实施,标志着中国工业发展指导方针的重大转变。

这一新的工业建设指导方针,与以往片面追求产值产量增长的战略方针相比,呈现出许多特点,主要表现为以下三个方面:

(一)从以追求发展速度为中心转向以提高经济效益为中心

这一指导方针注重效益,而不是片面强调速度。党的五届全国人大四次会议政府工作报告中指出:"千方百计地提高生产、建设、流通等各个领域的经济效益,这是一个核心问题。"②

发展速度和经济效益是邓小平十分强调的问题。他早在1979年就指出,在国民经济调整过程中,特别是调整以后,应该要有一个比较好的又比较快的发展速度。但"要讲实在的,真正扎扎实实把品种质量抓上去,特别是抓质量"③。随后,政府有关部门在制定国民经济规划时,邓小平又指出:"长期计划留的余地应该大一些,年度计划可以打得积极一点,当然也要留有余

---

①② 《三中全会以来重要文献选编》(下),人民出版社,1982年,第1006页。

③ 《邓小平文选》(第二卷),人民出版社,1994年,第202页。

地,重视提高经济效益,不要片面追求产值、产量的增长。总结历史经验,计划定得过高,冒了,教训是很深刻的。"①党的十二大要求"六五"时期"把全部经济工作转到以提高经济效益为中心的轨道上来"②。因此,从"六五"计划开始都在反复强调工业化和经济建设这一核心问题。

针对过去片面追求产值、产量的增长,结果严重破坏了国民经济比例关系的教训,"六五"计划指出:"一切经济活动,都要以提高经济效益为中心,努力求得国民经济按比例地长期稳定地增长。"③

以提高经济效益为中心,不是不注重速度,而是坚持速度和效益的辩证统一。过去片面追求高速度,产品质量差,物质消耗高,经济效益低,是工业化建设中长期普遍存在的痼疾。针对这一教训,邓小平在谈到"七五"计划时说:"讲求经济效益和总的社会效益,这样的速度才过得硬。"④中共中央关于制定"七五"计划的建议指出,目前这个问题还远远没有解决,只有坚决改变这种状况,正确处理好质量和数量、速度和效益的关系,坚持把提高经济效益特别是提高产品质量放到十分突出的位置上来,才能把产品质量和经济效益提高到新的水平,"这是加速我国现代化进程的根本途径"⑤。

由于"六五""七五"计划坚持了这一正确的指导方针,20世纪80年代工业建设和国民经济发展上了一个大台阶,但也出现了一些经济过热问题。邓小平的认识更深刻了,进一步从中国社会主义发展的高度上强调了注重质量、讲求效益、实现速度和效益相统一的重要性。一方面,邓小平认为,在中国搞工业化、现代化不能片面追求高速度,但速度低了也不行,发展太慢不

---

① 《邓小平文选》(第三卷),人民出版社,1993年,第22页。

② 《十二大以来重要文献选编》(上),人民出版社,1986年,第17页。

③ 《中华人民共和国国民经济和社会发展第六个五年计划(1981—1985)》(单行本),人民出版社,1983年,第13页。

④ 《邓小平文选》(第三卷),人民出版社,1993年,第143页。

⑤ 《十二大以来重要文献选编》(中),人民出版社,1986年,第799页。

是社会主义。"这不只是经济问题,实际上是个政治问题。"因为"坚持我们的社会主义制度,关键就看能不能争得较快的增长速度,实现我们的发展战略"①。所以,他一再强调:凡是能够积极争取的发展速度还是要积极争取,能快的就不要阻挡。"低速度就等于停步,甚至等于后退。"他观察国内外经济发展的经验,提出要抓住机遇,加快发展,使国民经济"力争隔几年上一个台阶"。另一方面,邓小平强调工业化和经济建设速度尽可能搞快点,这"不是鼓励不切实际的高速度,还是要扎扎实实,讲求效益,稳步协调地发展"②。这些论述,概括起来就是发展要持续、快速、健康,求得速度与效益的统一。

基于这样的认识,中共中央关于制定"八五"计划的建议指出,持续、稳定、协调发展是新中国成立以来经济建设正反两方面经验的深刻总结,是客观经济规律的正确体现,必须"始终把提高经济效益作为全部经济工作的中心","坚持速度与效益的统一",努力避免经济生活中再次发生大的波折③,更好地体现社会主义制度的优越性和推进工业化、现代化的发展。

(二)从忽视人民生活转向以人民可以得到较多实惠为出发点

以经济效益增长为中心,实现比较好的又比较快的发展速度,最终要体现到逐步改善和提高人民的生活水平上。

过去在一个相当长的时期里实行优先发展重工业的发展战略,虽然其长远目标是为了提高人民生活水平,但在基本建设中,又片面强调扩大重工业的建设规模,忽视消费品工业的建设,忽视住宅和城市其他公用设施的建设,人民生活并不能得到应有的改善。1980年同完成国民经济恢复的1952年相比,工农业总产值增长了8.1倍,国民收入增长了4.2倍,工业固定资产

---

① 《邓小平文选》(第三卷),人民出版社,1993年,第354、356页。

② 《邓小平文选》(第三卷),人民出版社,1993年,第375页。

③ 《十三大以来重要文献选编》(中),人民出版社,1993年,第1380页。

增长了 26 倍,全国人民的平均消费水平仅提高了一倍。①国民收入的增长幅度比工农业总产值的增长幅度低得多,而人民生活水平提高的幅度又大大低于国民收入增长的幅度。

统筹安排生产建设和人民生活,不断提高社会生产力,逐步满足人民日益增长的物质文化需要,是社会主义工业化建设的根本目的。邓小平在总结1958 年到 1978 年这 20 年的经验时,反复指出经济长期处于停滞状态总不能叫社会主义,人民生活长期停止在很低的水平总不能叫社会主义。"社会主义经济政策对不对,归根到底要看生产力是否发展,人民收入是否增加。"②这就是说,社会主义经济政策制定的根本出发点,必须在大力发展生产力的基础上不断提高人民的生活水平。

1979 年 4 月中共中央工作会议提出国民经济调整的方针,要求"经济建设必须适合我国国情,符合经济规律和自然规律,必须量力而行,循序前进,经过论证,讲求实效,使生产的发展同人民生活的改善密切结合"③。1981 年11 月五届全国人大四次会议通过的《政府工作报告》,进一步提出要从一切为人民的思想出发,统筹安排生产建设和人民生活,把人民利益放在第一位,"在处理生产建设和人民生活的关系时,首先要保证人民生活的基本需要。这是今后必须坚持的原则"④。党的十二大肯定了这一基本原则,表明中国工业结构调整和经济建设开始从以速度为主要目标到以满足人民的基本需要为主要目标的转变。

"六五"计划的主要任务是争取国家财政经济情况的根本好转,要求在国民收入的分配上继续合理地降低积累基金所占比重,适当提高消费基金

---

① 《三中全会以来重要文献选编》(下),人民出版社,1982 年,第 1006 页。

② 《邓小平文选》(第二卷),人民出版社,1994 年,第 312、314 页。

③ 《中国共产党中央委员会关于建国以来党的若干历史问题的决议》(1981 年 6 月 27 日),《三中全会以来重要文献选编》(下),人民出版社,1982 年,第 822 页。

④ 《三中全会以来重要文献选编》(下),人民出版社,1982 年,第 1034、1035 页。

所占比重,"在生产发展和劳动生产率提高的基础上,使城乡人民的物质和文化生活继续得到改善"①。中共中央《关于制定"七五"计划的建议》更明确地指出:"在生产发展的基础上,不断提高人民的物质文化生活水平,使全体社会成员共同富裕,是我们党和国家推进社会主义现代化建设的全部政策的基本出发点。"②

从政策实施的绩效变化来看,到20世纪80年代末,在工业发展和经济建设迅速推进的同时,城乡人民生活的改善取得了明显的成效,基本上解决了温饱问题,90年代又从温饱型向小康型过渡。居民消费从1952年的每人每年80元增长到1998年的2973元,按可比价格计算增长近6倍。其中,1953—1978年年均增速仅为2.3%,1979—1997年提高到7.3%。③

(三)扩大再生产方式由以外延型为主转向以内涵型为主

长期以来中国实施的优先发展重工业战略是一个外延型、粗放型的发展战略。这种发展战略为追求高速度和数量增长,强调的是外延扩大再生产,主要依靠新建企业,着重生产资料的增加和劳动力数量的投入,忽视对现有企业的技术改造。这种外延扩大再生产的方式,在很大程度上适应了新中国成立初期启动工业化、奠定工业化基础的要求。但片面追求基建项目和产量,进行低水平重复建设,造成结构不合理,资源浪费巨大,严重妨碍了经济效益的提高。随着世界新科技革命的兴起和中国工业化的发展,这种经济增长方式的弱点逐渐凸显出来。因此,必须适时转换经济增长方式,逐步从以粗放为主转变到以集约为主,才能提高经济效益,通过实实在在的经济增

---

① 《中华人民共和国国民经济和社会发展第六个五年计划(1981—1985)》(单行本),人民出版社,1983年,第16页。

② 《十二大以来重要文献选编》(中),人民出版社,1986年,第828页。

③ 国家统计局:《新中国50年系列分析报告之二十:国际地位明显提高》,参见中华人民共和国国家统计局网站(http://210.72.32.25/index.htm),1999年9月14日。

长使人民得到实惠。

1978年,邓小平便在世界科技与经济发展的新态势中,敏锐地把握了"科学是生产力"的主要动力作用,指出现代科学技术正在经历着一场伟大的革命,当今世界社会生产力的巨大发展,劳动生产率的大幅度提高,"最主要的是靠科学的力量、技术的力量"①。因此,搞四个现代化,要"把社会主义经济全面地转到大生产的技术基础上来"②。后来,他又强调科学技术是第一生产力,确立了科学技术在推动中国工业化和现代化发展中的关键地位,开启了中国经济增长方式向内涵型转换的新思路。

1981年11月,五届全国人大四次会议指出:过去扩大再生产主要靠建设新厂,这在奠定工业化基础的时期是必要的。现在已经有了几十万个工业交通企业,"今后扩大再生产必须主要靠技术改造,充分发挥现有企业的作用",并强调"这是使我国经济走向顺利发展的一个关键"。③会议要求到1990年,各行各业都要有相当一部分产品的质量和性能达到发达国家70年代末80年代初的水平,并有一批重要产品按照国际标准组织生产。中共中央关于制定"七五"计划的建议更明确指出,在"七五"期间以至更长一些的时间内,必须"坚决把建设重点切实转到现有企业的技术改造和改建扩建上来,走内涵型为主的扩大再生产的路子"④,这才能从根本上提高全社会的劳动生产率和综合经济效益,也才能使人民生活的持续改善有更可靠的保证。

显然,中国人口众多,资源相对不足,资金严重短缺,工业化发展水平较低,当时提出转向以内涵型为主的扩大再生产方式的一个特点,是在注意发展高技术新兴产业的同时,重点放在现有企业技术改造和改建扩建上,主要

---

① 《邓小平文选》(第二卷),人民出版社,1994年,第87页。

② 《邓小平文选》(第二卷),人民出版社,1994年,第150页。

③ 《三中全会以来重要文献选编》(下),人民出版社,1982年,第1017页。

④ 《中共中央关于制定国民经济和社会发展第七个五年计划的建议》(1985年9月23日),《十二大以来重要文献选编》(中),人民出版社,1986年,第802页。

依靠发挥现有企业的潜力。1987年10月党的十三大也指出,要"用先进技术装备改造传统产业和现有企业,以内涵方式为主扩大再生产,推进工业化和现代化的进程"①。

党的十三大对内涵方式扩大再生产认识的另一特点,是依据中国社会主义初级阶段的实际和世界新技术革命发展的趋势,深刻地阐明了内涵方式扩大再生产的极端重要性和基本途径。党的十三大指出:现代科学技术和现代化管理是提高经济效益的决定性因素,是使我国经济走向新的成长阶段的主要支柱。尤其在世界新技术革命迅速发展的形势下,科学技术进步和管理水平的提高,将在根本上决定我国工业化、现代化建设的进程。同时,从根本上说,科技的发展,经济的振兴,乃至整个社会的进步,都取决于劳动者素质的提高和大量合格人才的培养。基于这种认识,大会报告指出,实现社会主义现代化第二步奋斗目标,必须坚定不移地把我国经济从以粗放经营为主逐步转到以集约经营为主的轨道。为此,必须着重解决好的首要问题,是"把发展科学技术和教育事业放在首要位置,使经济建设转到依靠科技进步和提高劳动者素质的轨道上来"②。

从"六五"计划开始扩大再生产方式由以外延型为主向以内涵型为主的转换,使中国工业生产技术水平不断提高。据1995年工业普查资料显示,国产设备中,80年代、90年代出厂的分别占53.2%、37.3%。进口设备中,80年代、90年代出厂的分别占67.8%、27.9%。主要专业生产设备中,90年代达到国际水平的占26.1%,比1985年提高13.2个百分点;国内先进水平的占27.7%,提高5.9个百分点。③

---

① 《中共中央关于制定国民经济和社会发展十年规划和"八五"计划的建议》(1990年12月30日),《十三大以来重要文献选编》(中),人民出版社,1993年,第1383页。

② 《十三大以来重要文献选编》(上),人民出版社,1991年,第17页。

③ 国家统计局:《新中国50年系列分析报告之四:工业经济欣欣向荣》,参见中华人民共和国国家统计局网站(http://210.72.32.25/index.htm),1999年9月14日。

上述三个特点互为依存,密切联系,构成一个完整的以工业化为中心的经济建设指导方针。只有以经济效益为中心,以内涵方式扩大再生产为主要途径,才能提高工业化发展水平,不断满足人民的需要;反过来说,只有以满足人民需要为根本目的,才能从根本上克服过去的传统发展模式所造成的弊端,使工业建设得以协调发展并富有经济效益,真正走出一条速度比较实在、经济效益比较好、国家综合实力增强较迅速、人民可以得到更多实惠的新路子。

二、由片面发展重工业向产业协调发展模式转变

党的十一届三中全会后,随着经济建设方面拨乱反正的全面展开,国民经济重大比例失调成为经济工作中最突出的问题。中共中央和经济理论界对过去奉为"经典"的"生产资料优先增长""先生产后生活""高积累""高速度"等经济发展战略原则进行了深刻反思,党中央开始调整优先发展重工业的传统工业化模式,由片面地发展重工业转向全面和协调发展转变。

(一)在农、轻、重的比例关系上,由原来过分突出重工业而忽视轻工业和农业的发展,转向注重农业、轻工业和重工业的协调发展[①]

邓小平在总结过去的经验教训时说:"我们过去长期搞计划,有一个很大的特点,就是没有安排好各种比例关系。农业和工业比例失调,农林牧副渔之间和轻重工业之间比例失调,煤电油运和其他工业比例失调,'骨头'和'肉'(就是工业和住宅建设、交通市政建设、商业服务业建设等)比例失调,积累和消费比例失调。"

1978年12月党的十一届三中全会对当时的经济状况作出了如下判断:国民经济中还存在不少问题。一些重大的比例失调状况没有完全改变过来,

---

[①] 高伯文:《中国共产党与中国特色工业化道路》,中央编译出版社,2008年,第22页。

生产、建设、流通、分配中的一些混乱现象没有完全消除,城乡人民生活中多年积累下来的一系列问题必须妥善解决。①为此,全会要求全党必须在几年中认真地逐步地解决这些问题。

1979 年 3 月,中共中央政治局开会讨论了 1979 年计划和国民经济调整问题,制定了"调整、改革、整顿、提高"的八字方针。会上李先念就调整国民经济比例关系提出了 12 条原则措施,包括正确处理好农、轻、重关系,基础工业和加工工业的关系,建设规模和国力的关系,进出口关系,物质资料生产和人口生产的关系,积累和消费的关系,等等。②核心是要放慢重工业的增长速度,加快轻工业和农业的增长,促进国民经济各方面的平衡和协调发展。

国民经济的调整,首先调整了农村政策,集中主要力量把农业搞上去。1979 年 9 月,党的十一届四中全会通过了《中共中央关于加快农业发展若干问题的决定》,指出:社会主义现代化建设的首要任务,"就是要集中精力使目前还很落后的农业尽快得到迅速发展,因为农业是国民经济的基础,农业的高速度发展是保证实现四个现代化的根本条件"。《决定》强调全党一定要坚定不移地执行以农业为基础的方针,"制定国民经济计划,必须真正做到遵守农轻重的次序;保持农业和工业的平衡,各项建设事业的发展,首先要考虑农业的负担能力"。③

在工业中,消费品工业的发展被放在重要地位。这一年,国务院决定对轻纺工业实行"六个优先"的政策。对于重工业的发展,放慢重工业的发展速度,采取"重转轻""军转民""长转短"等形式,调整重工业的服务方向和产

---

① 参见《中国共产党第十一届中央委员会第三次全体会议公报》(1978 年 12 月 22 日),《三中全会以来重要文献选编》(上),人民出版社,1982 年,第 6 页。

② 李先念:《在中央工作会议上的讲话》(1979 年 4 月 5 日),《李先念文选(1935—1988)》,人民出版社,1989 年,第 358~366 页。

③ 《中共中央关于加快农业发展若干问题的决定》(1979 年 9 月 28 日),《三中全会以来重要文献选编》(上),人民出版社,1982 年,第 177、181、182 页。

品结构,加强对老企业的技术改造。1979年调整后的国民经济计划,工业增长速度由10%—20%调整为8%,其中轻工业增长8.3%,重工业增长7.6%,钢产量由3400万吨调降为3200万吨。①经过调整,1979年轻工业增速首次超过了重工业,达到9.6%,超过了重工业增长7.6%的水平。1980年、1981年轻工业增速分别为18.9%和14.3%,均超过重工业增速分别为1.9%和-4.5%的水平。1981年6月,党的十一届六中全会通过的《关于建国以来党的若干历史问题的决议》充分肯定了以农业为基础,正确处理重工业同农业、轻工业的关系,重视发展农业和轻工业这样一条工业化道路模式,指出"在这些方针指导下,轻工业的发展加快了,工业内部结构正朝着合理的协调的方向发展"②。

1982年12月,五届全国人大五次会议批准了国民经济和社会发展的第六个五年计划,提出继续贯彻调整、改革、整顿、提高的方针,"大力发展农业和消费品工业,使重工业密切为农业和消费品工业服务,为国民经济的技术改造和国防的现代化服务,保持社会生产两大部类之间的相互协调和相互促进"。工农业产值在提高经济效益的前提下,计划农业平均每年增长4%,轻工业平均每年增长5%,重工业平均每年增长3%。③经过调整,1984年轻工业产值为3608亿元,比1978年增长97.6%,平均每年递增12.2%;重工业产值为4009亿元,比1978年增长66.3%,平均每年递增8.6%。在工业总产值中,轻重工业的比例由1978年的43.1:56.9变为1984年的47.4:52.6。到1997年,轻工业和重工业占工业总产值的比重分别为49%和51%(表1-28),从而使重工业与农业和轻工业的比例关系以及重工业内部的比例关系逐步趋于协调。

---

① 当代中国的计划工作办公室编:《中华人民共和国国民经济和社会发展计划大事辑要(1949—1985)》,红旗出版社,1987年,第410页。

② 《中国共产党中央委员会关于建国以来党的若干历史问题的决议》(1981年6月27日),《三中全会以来重要文献选编》(下),人民出版社,1982年,第823页。

③ 《中华人民共和国国民经济和社会发展第六个五年计划(1981—1985)》(单行本),人民出版社,1983年,第13、18页。

表1-28 1978—1997年工业结构及增速变化

年份	贸易额（亿美元）			增速（按美元计算）（%）			对外贸易依存度（%）
	进出口	出口	进口	进出口	出口	进口	
1978	206.4	97.5	108.9	——	——	——	9.7
1979	293.3	136.6	156.8	42.1	40.1	43.9	11.1
1980	381.4	181.2	200.2	30.0	32.7	27.8	12.4
1981	440.2	220.1	220.2	15.4	21.5	10.0	14.9
1982	416.1	223.2	192.9	−5.5	1.4	−12.4	14.4
1983	436.2	222.3	213.9	4.8	−0.4	10.9	14.3
1984	535.5	261.4	274.1	22.8	17.6	28.1	16.5
1985	696	273.5	422.5	30.0	4.6	54.1	22.7
1986	738.5	309.4	429	6.1	13.1	1.6	24.9
1987	826.5	394.4	432.2	11.9	27.5	0.7	25.3
1988	1027.8	475.2	552.7	24.4	20.5	27.9	25.2
1989	1116.8	525.4	591.4	8.6	10.6	7.0	24.2
1990	1154.4	620.9	533.5	3.4	18.2	−9.8	29.5
1991	1356.3	718.4	637.9	17.6	15.7	19.6	32.8
1992	1655.3	849.4	805.9	22.0	18.2	26.3	33.5
1993	1957	917.4	1039.6	18.2	8.0	29.0	31.6
1994	2366.2	1210.1	1156.2	20.9	31.9	11.2	41.9
1995	2808.6	1487.8	1320.8	18.7	22.9	14.2	38.3
1996	2898.8	1510.5	1388.3	3.2	1.5	5.1	33.6
1997	3251.6	1827.9	1423.7	12.2	21.0	2.5	33.8

资料来源：国家统计局工业交通统计局编：《中国工业经济统计年鉴2002》，中国统计出版社，2002年，第28页。

(二)突出战略重点，注意总量平衡和产业结构合理化

党的十一届三中全会后中共中央在工业化理论探索上的一个突出特点，是对以农、轻、重发展关系为中心的工业化道路的认识发展到了产业结构的层次。产业结构是一个多方面、多层次的综合体系，主要包括两方面的内容：一是指各产业之间在生产上的比例关系，直接构成产业结构的量的方面，诸如农、轻、重比例关系，生产资料生产和消费资料生产的比例关系，等等；二是指各产业之间的联系方式，直接构成产业结构的质的方面。这两个

方面有着内在联系,但产业结构的质的方面,对于反映工业化的发展更具实质性的意义。长期以来,人们关于工业化道路内涵的认识和理解,一般仅限于农、轻、重关系,表现在方法上,主要是从总量平衡的角度而不是从产业结构合理化和优化的角度考察分析工业化发展问题。

20世纪80年代初,中共中央对国民经济结构调整的认识发生了变化。"就调整来说,既要调整工业和农业、轻工业和重工业、积累和消费的比例关系,又要对产品结构、技术结构、企业结构、组织结构等进行调整,实现经济结构的合理化……"①

产业结构的合理化,不仅要求各产业之间的综合平衡,而且要求产业结构随着科学技术的发展和市场变化不断调整和优化。

1.从长期突出固定重点的发展战略转变为综合平衡的发展战略

产业结构的综合平衡并不是没有重点,而是与片面发展重工业的战略重点截然不同。传统战略中的战略重点是固定的,注重重工业产品产量,特别是钢铁工业产品产量的增长,势必造成各产业发展不均衡和畸形经济结构。而产业结构综合平衡的重点应放在部门间比例关系的协调上,并根据国内外市场需求的变动和科学技术的变化适时调整,使各部门、各产业相互促进、共同发展,特别是新兴的部门不断会成为发展重点。

1982年9月党的十二大将农业、能源、交通、教育和科学等基础产业作为今后20年经济发展的战略重点,同时要求"要集中主要力量进行各方面经济结构的调整",在综合平衡的基础上建立合理化的经济结构,使社会经济各个部门、各个方面能够协调发展。②这是中国工业化、现代化发展在战略重点产业选择的理论与实践方面的一个重大转变。

---

① 《当前的经济形势和今后经济建设的方针》(1981年11月30日),《三中全会以来重要文献选编》(下),人民出版社,1982年,第1038、1039页。

② 《全面开创社会主义现代化建设的新局面》(1982年9月1日),《十二大以来重要文献选编》(上),人民出版社,1986年,第17页。

在此背景下,能源、交通业等被"六五"计划确定为国民经济战略重点产业。计划强调继续调整经济结构,特别是努力调整重工业的服务方向和产品结构,大力降低能源消耗,使生产资料生产同消费资料生产的发展保持大体协调,"使产业结构进一步合理化,使产品结构更好地适应社会需要"①。

1987 年 10 月党的十三大制定的注重效益、提高质量、协调发展、稳定增长的经济发展战略,一个基本要求是"保持社会总需求和总供给基本平衡,合理调整和改造产业结构"。大会报告指出:"经济总量平衡同经济结构有着密切关系。只有在结构合理的基础上实现总量平衡,才能取得良好的宏观经济效益。"②大会报告认为这个问题越往前会越加突出,这是因为:一是在向小康水平前进的过程中,农业人口向非农产业转移的速度加快,对发展基础工业和基础设施的要求愈益迫切,居民对档次较高的消费品的需求增大,选择性明显增强,所有这一切都对产业结构的改造提出了许多新的要求。二是世界新技术革命的发展和产业结构变化的影响,我国扩大商品出口的需要,也要求对产业结构进行相应的调整和改造。因此,能否逐步实现产业结构合理化,将在很大程度上决定着今后经济的发展和效益的提高。

党的十三大报告根据世界科学技术的发展和国内外市场的变化,提出今后相当长时期内调整和改造产业结构的基本方向应当是:坚持把农业放在十分重要的战略地位,全面发展农村经济;在大力发展消费品工业的同时,充分重视基础工业和基础设施,加快发展以电力为中心的能源工业,以钢铁、有色金属、化工原料为重点的原材料工业,以综合运输体系和信息传播体系为主轴的交通业和通信业;努力振兴机械、电子工业,为现代化建设提供越来越多的先进技术装备;以积极推行住宅商品化为契机,大力发展建

---

① 《中华人民共和国国民经济和社会发展第六个五年计划(1981—1985)》(单行本),人民出版社,1983 年,第 15、16 页。

② 《沿着有中国特色的社会主义道路前进》(1987 年 10 月 25 日),《十三大以来重要文献选编》(上),人民出版社,1991 年,第 20 页。

筑业,使它逐步成为国民经济的一大支柱。

党的十三大提出经济总量平衡同经济结构有着密切关系的思想以及制定的产业政策,既注重产业结构的量的均衡,又注重产业结构转换和优化对经济增长的推动作用。这一思路的转变,改变了中国过去产业发展中单纯以总产值增长速度作为战略目标的发展模式,反映了中国产业发展阶段的特点和要求,也符合世界科学技术和经济发展的趋势,这是中国产业结构调整理论的一大发展。

根据党的十三大关于产业结构调整的精神,"七五"时期,特别是1989年3月15日《国务院关于当前产业政策要点的决定》实施以后,中国产业结构进一步向协调和优化的方向调整,重点"加强农业、基础工业和基础设施的建设,改组改造加工工业,不断促进产业结构合理化,并逐步走向现代化,以适应经济增长和消费结构变化的需要"①。

2.由农轻重协调发展转变为三次产业全面发展

"三次产业"分类法自20世纪三四十年代英国经济学家费希乐和克拉克相继提出后,成为世界上最通用的产业结构分类法。②世界工业化发展史表明,产业结构发展是一个从低级向高级递进的过程。这个过程大体表现为由第一次产业占优势比重逐渐向第二次、第三次产业占优势比重演进:第一次产业的比重开始很大,第二、三次产业的比重开始很小。随着科学技术和生产力的发展,第二次产业比重上升很快,并超过第一次产业占社会生产的主体地位,在达到一定高度后便开始缓慢下降。同时,第三次产业的比重迅速上升,逐渐取代第二次产业的主体地位。

---

① 《十三大以来重要文献选编》(中),人民出版社,1993年,第1383页。

② 20世纪三四十年代,英国经济学家费希乐和克拉克相继提出了三次产业分类方法的理论。即按照生产活动的阶段把社会生产分为一次产业、二次产业和三次产业三大部分。第一产业是指其产品直接取之于自然界的产业;第二产业是指通过对自然物质资料及工业品原料进行加工而取得产品的产业;第三产业的本质是服务业,是繁衍于物质生产之上的非物质生产部门。

改革开放以来中国工业结构转型升级研究

改革开放以前,中国只重视物质生产领域的发展,对金融保险、房地产、社会服务等所谓"非物质生产领域"的活动不仅不予重视,有时还严加限制。1953—1978 年,第二产业增加值的年均增速高达 12.9%,而第三产业增加值的年均增长速度仅为 6.0%,低于国内生产总值年均 6.7%的增长速度(表 1–29)。改革开放后,国家开始注重农业、轻工业发展的同时,大力促进第三产业发展。党的十三大制定的产业政策,明确使用了"三次产业"的概念,提出"要重视发展第三产业,努力实现一、二、三产业协调发展"[①]。中央从产业结构优化的角度规划了第一、二、三次产业的联系及发展,这标志着中国共产党关于产业结构及工业化道路的理论认识发展到了一个新的层次。

表 1–29　1953—1978 年中国国内生产总值、第一、二、三产业增速比较（单位:%）

年份	国内生产总值	第一产业	第二产业	第三产业
1953	15.6	1.9	35.8	27.3
1954	4.2	1.7	15.7	−0.6
1955	6.8	7.9	7.6	4.6
1956	15	4.7	34.5	14.1
1957	5.1	3.1	8	4.8
1958	21.3	0.4	52.9	17.9
1959	8.8	−15.9	25.8	15.2
1960	−0.3	−16.4	5.6	4.8
1961	−27.3	1.4	−42.1	−25.7
1962	−5.6	4.5	−10.8	−9.2
1963	10.2	11.3	14.5	4.4
1964	18.3	12.9	25.6	15.5
1965	17	9.7	24.2	15.8
1966	10.7	7.2	22.4	−1.8
1967	−5.7	1.9	−14.3	0.5
1968	−4.1	−1.6	−9.2	0.6
1969	16.9	0.8	33.1	13.3

---

① 《沿着有中国特色的社会主义道路前进》(1987 年 10 月 25 日),《十三大以来重要文献选编》(上),人民出版社,1991 年,第 21 页。

续表

年份	国内生产总值	第一产业	第二产业	第三产业
1970	19.4	7.7	34.8	7.1
1971	7	1.9	12.3	5.8
1972	3.8	−0.9	6.7	5
1973	7.9	9	8.3	5.5
1974	2.3	4.1	1.4	1.6
1975	8.7	2	15.8	4.9
1976	−1.6	−1.8	−2.5	0.4
1977	7.6	−2.2	13.3	9.5
1978	11.7	4.1	15	13.7

资料来源:根据中华人民共和国国家统计局编:《中国统计年鉴2001》,中国统计出版社,2001年,第51页相关数据及计算整理。

　　"七五"计划要求在调整产业结构中,加快为生产和生活服务的第三产业的发展,到1990年,"在国民生产总值中,第三产业所占比重由1985年的21.3%上升到25.5%,第一、第二产业所占比重由78.7%下降为74.5%"[①]。"八五"计划开始,特别是1992年《中共中央国务院关于加快发展第三产业的决定》发布以后,第三产业得到了前所未有的重视,产业结构从良性化阶段走向了优化阶段,高新技术产业和以流通、服务为主体的第三产业,包括农林牧渔服务、地质勘探和水利管理、金融保险、房地产、社会服务、科研及综合技术服务等众多行业,随着社会主义市场经济建设的展开迅速发展。1978—2000年,在第二产业增加值继续保持12.2%年均增速的同时,第一、第三产业增加值分别以每年5.0%、10.9%的速度递增,第三产业增加值的年均增速已由改革开放前1953—1978年低于GDP增长0.7个百分点变为超过0.8个百分点(表1-29、1-30)。相应地,第一、二、三次产业结构也由1978年的28.1:48.2:23.7变为1997年的19.1:50.0:30.9。

---

　　① 《中华人民共和国国民经济和社会发展第七个五年计划(1986—1990)》(单行本),人民出版社,1986年,第34页。

表 1-30　1978—1997 年中国国内生产总值及三次产业增速比较 （单位：%）

年份	国内生产总值	第一产业	第二产业	第三产业
1978	11.7	4.1	15	13.7
1979	7.6	6.1	8.2	7.8
1980	7.8	−1.5	13.6	5.9
1981	5.2	7	1.9	10.4
1982	9.3	11.5	5.6	13
1983	11.1	8.3	10.4	15.2
1984	15.3	12.9	14.5	19.4
1985	13.2	1.8	18.6	18.3
1986	8.5	3.3	10.2	12.1
1987	11.5	4.7	13.7	14.4
1988	11.3	2.5	14.5	13.2
1989	4.2	3.1	3.8	5.4
1990	4.2	7.3	3.2	2.3
1991	9.1	2.4	13.9	8.8
1992	14.1	4.7	21.2	12.4
1993	13.1	4.7	19.9	10.7
1994	12.6	4	18.4	9.6
1995	9	5	13.9	8.4
1996	9.8	5.1	12.1	7.9
1997	8.6	3.5	10.5	9.1

资料来源：根据中华人民共和国国家统计局编：《中国统计年鉴 2001》，中国统计出版社，2001 年，第 51 页相关数据计算整理。

改革开放的 20 年来，农轻重之间、三次产业之间以及各产业内部的比例关系逐步走向协调表明，中国已经由片面发展重工业模式转到了产业协调发展模式，基本上找到了一条适合中国工业结构调整优化的路子。

三、国有经济减少、非公有制经济壮大的工业所有制结构

党的十一届三中全会以来，随着社会主义市场经济体制的建立和发展，

高度集中的计划经济体制被逐步打破,工业经济所有制改革不断推进,形成了以公有制为主体,多种所有制经济共同发展的局面,有效推动了工业结构由失衡向均衡发展。①

1.在工业所有制结构调整过程中,呈现出了国有经济不断减少而非公有制经济不断壮大的局面,并且非公经济已在数量上占了绝对优势的过程

20 世纪 80 年代初期,除公有制经济外,其他所有制经济成分开始出现。1979 年,中国工业企业仍然为国有工业企业和集体工业企业这两种形式,国有企业和集体企业数量占比分别为 23.6% 和 76.4%。1980 年,非公有制工业企业开始出现,大致有 400 家,之后逐年增加,至 1992 年,非公有制企业增加至 1.42 万个,至 1997 年②达到了 7.79 万个。非公有制工业企业数量占比由 1980 年的 0.1% 逐步扩大到 1992 年的 2.8%、1997 年的 14.6%(表 1-31)。这一阶段非公经济的快速发展的重要因素是中央出台相关文件对加速非公经济的发展起到了积极推动作用。1992 年党的十四大报告指出"在所有制结构上,以公有制包括全民所有制和集体所有制经济为主体,个体经济、私营经济、外资经济为补充,多种经济成分长期共同发展"③,1993 年党的十四届三中全会通过《中共中央关于建立社会主义市场经济体制若干问题的决定》,提出随着产权的流动和重组,财产混合所有的经济单位越来越多,将会形成新的财产所有结构。党的十五大政治报告"以公有制为主体,多种所有制经济共同发展,是我国社会主义初级阶段的一项基本经济制度"④载入史册,1999 年,这一制度规定被明确写入宪法。

---

① 中国社会科学院工业经济研究所:《2019 中国工业发展报告——新中国工业 70 年》,经济管理出版社,2019 年,第 71 页。

② 1998 年工业统计口径发生变化,由之前包含村及村以下工业改为全部国有及年产品销售收入 500 万元以上非国有企业。这次统计口径的调整使集体工业企业数量大幅减少,共计减少 31 万个,占减少企业数量的 84%。

③ 中共中央文献研究室:《十四大以来重要文献选编》(上),人民出版社,1996 年,第 19 页。

④ 中共中央文献研究室:《十五大以来重要文献选编》(上),人民出版社,2000 年,第 20 页。

表 1-31　1978—1997 年中国工业企业数量所有制构成　　（单位:%）

年份	全部工业	国有经济		集体经济		其他经济	
		数量 （万个）	占比 （%）	数量 （万个）	占比 （%）	数量 （万个）	占比 （%）
1978	34.84	8.37	24	26.47	76	—	—
1979	35.5	8.38	23.6	27.12	76.4	—	—
1980	37.73	8.34	22.1	29.35	77.8	0.04	0.1
1981	38.15	8.42	22.1	29.68	77.8	0.05	0.1
1982	38.86	8.6	22.1	30.19	77.7	0.07	0.2
1983	39.25	8.71	22.2	30.46	77.6	0.08	0.2
1984	43.72	8.41	19.2	35.21	80.6	0.1	0.2
1985	46.32	9.37	20.2	36.78	79.4	0.17	0.4
1986	49.93	9.68	19.4	40.04	80.1	0.21	0.5
1987	49.36	9.76	19.8	39.21	79.4	0.39	0.8
1988	50	9.91	19.8	39.54	79.1	0.55	1.1
1989	50.54	10.23	20.2	39.59	78.3	0.72	1.4
1990	50.44	10.44	20.7	39.11	77.5	0.88	1.7
1991	50.48	10.48	20.8	38.92	77.1	1.08	2.1
1992	50.21	10.33	20.6	38.45	76.6	1.42	2.8
1993	52.01	10.47	20.2	38.33	73.7	3.21	6.2
1994	53.18	10.22	19.2	38.51	72.4	4.45	8.4
1995	59.21	11.8	19.9	41.36	69.9	6.05	10.2
1996	57.88	11.38	19.7	39.48	68.2	7.02	12.1
1997	53.44	9.86	18.4	35.79	67	7.79	14.6

资料来源:国家统计局工业交通统计司编:《中国工业经济统计年鉴2001》,中国统计出版社,2001 年,第 17、18 页。

2.伴随着非公有制经济的发展,国有工业经济的绝对数量优势已经失去

1979—1996 年,国有工业企业数量总体呈现不断增加态势,由 1979 年的 8.38 万个增加至 1996 年的 11.38 万个,但是国有工业企业数量占比小幅下降,由 1979 年的 23.6%减少至 1996 年的 19.7%。特别是国有工业企业产值占比大幅减少,由 1979 年的 78.5%缩减至 1996 年的 36.3%(表 1-32)。1997 年党的十五大和 1999 年党的十五届四中全会通过《中国中央关于国企改革和发展若干重大问题的决定》,进一步明确了国有工业企业所有制改革方向。党的十五大提出国有企业改革同改组、改造、加强管理结合起来,抓大放小,对国有企业实施战略性改造,同时提出要实行鼓励兼并、规范破产、下岗分流、减员增效和再就业工程,建立企业优胜劣汰的竞争机制。党的十五届四中全会阐明了国有企业改革的基本方向、主要目标和基本方针,明确了国有经济战略性调整的方向。调整和完善所有制结构,积极探索公有制多种实现形式,增强国有经济在国民经济中的控制力,促进各种所有制经济平等竞争和共同发展。

表 1-32　1978—2000 年中国工业总产值所有制构成　　　（单位:%）

年份	国有控股	集体经济	城乡个体经济	其他经济
1978	77.6	22.4	——	——
1979	78.5	21.5	——	——
1980	76.0	23.5	0.02	0.5
1981	74.8	24.6	0.04	0.6
1982	74.4	24.8	0.06	0.7
1983	73.4	25.7	0.12	0.8
1984	69.1	29.7	0.19	1.0
1985	64.9	32.1	1.85	1.2
1986	62.3	33.5	2.76	1.5
1987	59.7	34.6	3.64	2.0
1988	56.8	36.2	4.34	2.7
1989	54.1	35.7	4.8	3.4
1990	54.6	35.6	5.39	4.4
1991	56.2	33.0	4.83	6.0
1992	51.5	35.1	5.8	7.6
1993	47.0	34.0	7.98	11.1
1994	37.3	37.7	10.09	14.9
1995	34.0	36.6	12.86	16.6
1996	36.3	39.4	15.48	16.7
1997	31.6	38.1	17.92	18.5

资料来源:国家统计局工业交通统计司编:《中国工业经济统计年鉴 2001》,中国统计出版社,2001 年,第 20 页。

改革开放以来,集体所有制企业经历了从推动工业企业所有制结构调整的主要力量到逐渐显露疲态发展过程。改革开放之初到 20 世纪 90 年代初,集体所有制企业发展迅速,构成了这一时期推动工业企业所有制结构调整的主要力量。从企业数量看,国有工业企业数量总体保持了稳步的小幅增长,从 1979 年的 8.38 万家增长至 1989 年的 10.23 万家,而同期的集体所有制企业数量增长明显更快,从 27.12 万家增长至 39.59 万家。从工业总产值占比情况看,国有企业占比从 1979 年的 78.5%降至 1989 年的 54.1%,而同期的集体企业占比却从 21.5%上升至 35.7%。20 世纪 90 年代,集体企业在推动我国工业增长中所起的作用,经历了一个由盛转衰的变化过程。90 年代中期之前,集体企业数量基本稳定在 38 万余家的水平,1995 年,集体工业企业数量一度超过 41 万家,随即回落至 1997 年的 35 万余家的水平。1994 年,集体企业创造的工业总产值为 26473 亿元,首次超过国有企业创造的工业总产值 26200.8 亿元的水平,这一状况持续到了 90 年代末。[①]不过,在 20 世纪 90 年代后期,集体所有制企业工业总产值的年均增速,已经开始落后于全国工业增长的总体水平。

在党的十四大以前,我国所有制结构已从过去单一的公有制经济结构逐渐改变为以公有制为主体、多种经济成分并存的所有制结构。在生产领域中,公有制和非公有制经济的产值占比由 1985 年的 96.9:3.1,转变为 1990 年的 90.2:9.8(表 1-32)。

所有制结构的变革对经济增长和工业结构调整产生了重要影响。1999 年我国工业增长速度为 11.6%,其中,国有控股增长 8.8%,集体工业增长 6.0%,城乡个体工业增长 14.4%,其他经济类型增长 27.6%(表 1-33)。而上述各所有制工业对全部工业的贡献率分别为 28.2%、35.4%、18.18%和 26.1%(表 1-32)。由此可见,所有制结构变动对工业增长所产生的影响是不可低估的。另据有关学者计算,我国工业资源的总体配置效应是随着工业所有制结

---

① 国家统计局工业交通统计司编:《中国工业经济统计年鉴 2001》,中国统计出版社,2001 年,第 19 页。

构的变动而不断上升的。"六五"期间为 0,"七五"期间为 0.5%,"八五"期间上升为 2.1%,资源总配置效应对工业产值增长的贡献也从 0 上升到 7.2%和 17.2%。①这些都说明,工业所有制结构变动明显地促进了我国的工业增长和工业生产率的提高。

表 1-33　1978—1997 年各种经济类型工业总产值增速　（单位:%）

年份		国有控股	集体经济	城乡个体经济	其他经济
1978	13.6	14.4	10.6	—	—
1979	8.8	8.9	8.6		
1980	9.3	5.6	19.2		
1981	4.3	2.5	9.0	134.6	31.6
1982	7.8	7.1	9.5	79.0	27.7
1983	11.2	9.4	15.5	120.6	33.9
1984	16.3	8.9	34.9	97.3	56.8
1985	21.4	12.9	32.7	90.4	39.5
1986	11.7	6.2	18.0	67.6	34.2
1987	17.7	11.3	23.2	56.6	66.4
1988	20.8	12.6	28.2	47.3	61.5
1989	8.5	3.9	10.5	23.8	42.7
1990	7.8	3.0	9.0	21.1	39.3
1991	14.8	8.6	18.4	25.3	50.1
1992	24.7	12.4	33.3	47.0	64.8
1993	27.3	5.7	35.0	66.2	92.5
1994	24.2	6.5	24.9	56.3	74.3
1995	20.3	8.2	15.2	51.5	37.2
1996	16.6	5.1	20.9	20.0	23.8
1997	13.1	1.0	10.2	15.4	30.2

资料来源:国家统计局工业交通统计司编:《中国工业经济统计年鉴 2002》,中国统计出版社,2002 年,第 27、28 页。

随着我国非公有制经济的迅速发展和相当数量的国有大中型企业改制成为混合所有制的公司,国有工业数量占比、产值占比也呈现逐年下降的趋势。这种情况表明,相当数量的国有企业已经成功地走向市场。20 世纪 80 年

① 郭克莎:《所有制结构变动与工业增长质量》,《管理世界》,1998 年第 1 期。

代初期,我国工业经济产值中,全民所有制企业和集体所有制企业分别贡献了约76%和24%;到90年代初,全民所有制工业产值比重下降到55%左右,集体所有制工业产值比重上升到35%,公有制在我国工业经济中占有绝对的主导地位。从90年代开始,非公有制经济在我国工业经济中的占比逐渐提高,到1997年,国有控股规模以上工业企业产值的比重下降到了30%左右,而城乡个体经济占比提高到18.2%,其他经济占比提高到26.1%(表1-31)。①此外,随着我国现代企业制度的建立,国有企业改革成效显著,到1996年末,我国企业资本结构呈现多元化发展趋势,在企业法人实收资本的资本金中,国有资本、集体资本、外商资本、法人资本、个人资本的占比分别为51.1%、21.5%、10.1%、10.8%、6.5%(图1-6),市场化经营机制更加灵活,有效推动了各种经济成分参与国民经济活动,优化了工业结构。

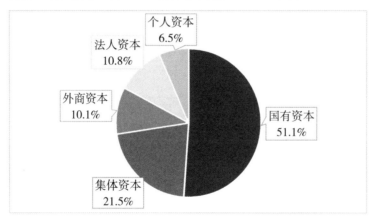

图1-6　1996年末企业资本金结构
资料来源:根据国家统计局第一次全国基本单位普查资料(1997)。

随着社会主义市场经济体制的建立和发展,一方面,国有企业正在以建立现代企业制度的方式从政府部门的附属物变为独立的市场主体;另一方面,通过非国有企业的更快增长和一部分国有企业改革为非国有企业的两

① 中国社会科学院经济研究所:《2018中国工业发展报告——改革开放40年》,经济管理出版社,2018年,第45页。

种方式,而使国有企业的比重下降到同其在社会主义市场经济中的地位和特殊功能相适应的水平,这一趋势成为改革开放20年来国有企业改革的基本表现。[1]对此,党的十五大给予了深刻阐述:"只要坚持公有制为主体,国家控制国民经济命脉,国有经济的控制力和竞争力得到加强,在这个前提下,国有经济比重减少一些,不会影响我国的社会主义性质。"[2]

四、全方位发展开放型的工业化战略

20世纪70年代中后期,全球产业转移加快。而周边的"亚洲四小龙"通过实施出口导向战略,承接国际产业转移,发展外向型产业,实现了经济腾飞,对我国形成了较强的借鉴示范效应。以邓小平为核心的党中央抓住了这一历史机遇,做出了中国经济走向开放、走向世界的重大决策。"现在的世界是开放的世界"[3],这是邓小平同志对冷战结束后世界发展特征的高度概括,同时也指出了中国对外开放的必然性和必要性。根据国内经济发展的需要和国际形势的变化,我国把对外开放确立为一项长期国策。

党的十一届三中全会确立的对外开放基本国策,是指导思想方面最重要的转变。邓小平审视世界和历史,认为在日益开放的当代世界,中国和世界各国是一个紧密联系的整体,实现社会主义工业化主要依靠自己的努力,但是"离开了国际的合作是不可能的"。[4]江泽民在多次提醒人们注意"经济全球化是一把'双刃剑'"的同时,指出"全球化是不可避免的发展趋势,广大

---

①　中国社会科学院工业经济研究所:《中国工业发展报告(1999)——告别短缺经济的中国工业》,经济管理出版社,1999年,第10页。

②　中共中央文献研究室编:《十五大以来重要文献选编》(上),人民出版社,2000年,第21页。

③　《邓小平文选》(第三卷),人民出版社,1993年,第64页。

④　邓小平:《社会主义也可以搞市场经济》(1979年11月26日),《邓小平文选》(第二卷),人民出版社,1994年,第234页。

发展中国家应积极参与全球化进程"。①

经济全球化进程需要中国的积极参与。邓小平指出,当前发达国家遇到的最大问题是发展速度问题,再发展问题,这个问题的实质是这些国家的"资本要找出路,贸易要找出路,市场要找出路"②。离开了发展中国家的发展,"西方面临的市场问题、经济问题,也难以解决"。中国是世界上最大的发展中国家,不仅蕴藏着巨大的市场潜力和无限的商机,而且中国工业化和现代化的发展对世界具有重要影响。因此,"从世界的角度来看,中国的发展对世界和平和世界经济的发展有利"③。胡锦涛指出:"在经济全球化趋势深入发展的条件下,中国及亚洲的发展正在成为世界经济发展新的推动力量,世界经济发展也将给中国及亚洲的发展带来新的重要机遇。世界各国经济互利合作、相互依存的加深,必将给全球经济增长创造更加美好的前景。"④

在经济全球化进程中正确处理好社会主义工业化与资本主义工业化的关系。从世界工业化发展进程来看,社会主义工业化与资本主义工业化表现为历史继承关系,要借鉴和继承资本主义创造的一切有益文明成果,从而发挥社会主义国家工业化的后发优势。邓小平明确指出:"资本主义已经有了几百年历史,各国人民在资本主义制度下所发展的科学和技术,所积累的各种有益的知识和经验,都是我们必须继承和学习的。"⑤在资本主义条件下创造的先进科学技术和管理方法,"并不能说是资本主义的";"而是人类共同创造的财富"。因此,"社

---

① 2001 年 5 月 8 日江泽民在香港"2001《财富》全球论坛"开幕晚宴上的讲话,人民出版社,1994 年,第 234 页。

② 邓小平:《和平和发展是当代世界的两大问题》(1985 年 3 月 6 日),《邓小平文选》(第三卷),人民出版社,1993 年,第 106 页。

③ 邓小平:《我们的宏伟目标和根本政策》(1984 年 10 月 6 日),《邓小平文选》(第三卷),人民出版社,1993 年,第 79 页。

④ 2005 年 5 月 16 日胡锦涛在北京"2005《财富》全球论坛"开幕式上的演讲,载《人民日报》,2005 年 5 月 17 日第 1 版。

⑤ 邓小平:《坚持四项基本原则》(1979 年 3 月 30 日),《邓小平文选》(第二卷),人民出版社,1994 年,第 167、168 页。

会主义要赢得与资本主义相比较的优势,就必须大胆吸收和借鉴人类社会创造的一切文明成果,吸收和借鉴当今世界各国包括资本主义发达国家的一切反映现代化生产规律的先进经营方式、管理方法"①。这种科学的开放观,表现了邓小平对世界工业化、现代化进步潮流发展动向的体察,反映了对现代工业社会发展一般规律的深刻认识。江泽民总结对外开放的实践指出:"大胆吸收和借鉴当今世界各国包括资本主义发达国家的一切反映现代化社会化生产规律的先进经营方式、管理方法",能为我国社会主义工业化、现代化建设提供强大的动力,这"是符合当今时代特征和世界经济技术发展规律要求的"。②

中国工业化进程中的对外开放是全方位的。邓小平把中国全方位开放归纳为"是对世界所有国家开放,对各种类型的国家开放"③。这种全方位开放包括三个方面:"一个是对西方发达国家的开放","一个是对苏联和东欧国家的开放","还有一个是对第三世界发展中国家的开放"。④这是党的十一届三中全会以来中国工业化道路理论和战略的一个重大突破。中国在积极参与经济全球化中实现了工业结构转型升级,充分利用国际国内两种资源、两个市场,实现中国工业经济与国际经济的互接互补。20 世纪 80 年代中期,中共中央明确提出"一定要充分利用国内和国外两种资源,开拓国内和国外两个市场,学会组织国内建设和发展对外经济关系两套本领"⑤的战略方针,开创社会主义工业化和现代化建设的新局面。党的十三大从"当今世界是开

____

① 邓小平:《武昌、深圳、珠海、上海等地的谈话要点》(1992 年 1 月 18 日—2 月 21 日),《邓小平文选》(第三卷),人民出版社,1993 年,第 373 页。
② 江泽民:《二十年来我们党的主要历史经验》(1998 年 12 月 18 日),《江泽民文选》(第二卷),人民出版社,2006 年,第 255 页。
③ 邓小平:《改革的步子要加快》(1987 年 6 月 12 日),《邓小平文选》(第三卷),人民出版社,1993 年,第 237 页。
④ 邓小平:《军队要服从整个国家建设大局》(1984 年 11 月 1 日),《邓小平文选》(第三卷),人民出版社,1993 年,第 99 页。
⑤《中共中央关于经济体制改革的决定》(1984 年 10 月 20 日),《十二大以来重要文献选编》(中),人民出版社,1986 年,第 581 页。

放的世界"的视角,提出大力发展开放型经济。开放型经济,就是要通过多种纽带、渠道,包括通过商品流动同国际商品市场衔接,资本流动同国际资本市场衔接,技术流动同国际技术市场衔接,劳务流动同国际劳务市场衔接,等等。为此,大会要求"以更加勇敢的姿态进入世界经济舞台,正确选择进出口战略和利用外资战略",根据国际市场的需要和我国的优势,积极发展具有竞争力、见效快、效益高的出口产业和产品,大力提高出口商品的质量,合理安排出口商品结构,"多方位地开拓国际市场"①。

20世纪90年代社会主义市场经济体制的建立,逐步扫除了与国际市场接轨的重要阻碍。国际竞争和综合国力的较量也日渐激烈。中共中央适时地提出要坚定不移地实行对外开放政策,加快对外开放步伐,"充分利用国际国内两个市场、两种资源,优化资源配置。积极参与国际竞争与国际经济合作,发挥我国经济的比较优势,发展开放型经济,使国内经济与国际经济实现互接互补"②。中央将之确立为此后国民经济和社会发展五年计划和长远规划的一条重要的指导方针,要求尽快建立适应社会主义市场经济发展的、符合国际贸易规范的新型外贸体制,形成国家平等合作与竞争的体制和政策环境。国际国内两种资源、两个市场的利用,推动了中国工业结构转型升级,有力地促进了中国工业经济走向国际市场。

改革开放的20年来,对外开放政策体系逐渐完善,对外开放程度不断加快,对外开放整体水平显著提高,推动中国经济加速迈向市场化和现代化,成为带动工业结构调整和提升中国国际竞争力的制度因素之一。③ 20世纪

---

① 赵紫阳:《沿着有中国特色的社会主义道路前进》(1987年12月25日),《十三大以来重要文献选编》(上),人民出版社,1991年,第23页。

② 《中共中央关于建立社会主义市场经济体制若干问题的决定》(1993年11月14日),《十四大以来重要文献选编》(上),人民出版社,1996年,第539页。

③ 中国社会科学院工业经济研究所:《2018中国工业发展报告——改革开放40年》,经济管理出版社,2018年,第201页。

70年代末到80年代中期,我国工业领域对外商直接投资的开放程度较低,技术引进主要采取进口生产线和生产设备的方式。这种方式虽然在短期内提高了工业品特别是耐用消费品的产能,但受制于当时较低的国内资本积累水平和有限的出口创汇能力,加速工业化难以挣脱"两缺口"的约束。在这种情况下,顺应世界范围内结构调整和产业转移的发展趋势,我国转而实行"以市场换技术"策略,通过利用外商直接投资,扩大生产能力,提高产业技术水平。20世纪90年代以来,中国工业部门加快向外资开放,大量外资进入制造业。相比其他领域,中国制造业具备较为完整的产业体系和较强的配套能力,市场容量大,竞争更为充分,具备承接国际产业转移的客观条件。由于我国对制造业外资进入方式和股权比例的限制相对较少,跨国公司向中国大规模转移生产能力促进了工业内部结构升级和出口商品结构优化。同时,对外开放丰富了先进技术的来源,表现为跨国公司直接技术转让、促进引进技术消化吸收以及对外资企业操作方法、技术诀窍、专利、商标、技术规程、产品标准和管理模式的学习效应。1992—1997年,外商投资企业工业增加值增幅为28.1%,高于全国工业增加值年均16.3%的增幅(表1-34),1997年,在外商实际直接投资额中,制造业占比高达62.1%。[①]

表1-34　1992—1997年中国工业增加值及规模以上外商投资企业工业增加值增幅表

年份	全国工业增加值（亿元）	增幅（%）	外商投资企业工业增加值增幅（%）
1992	10116	20.8	48.8
1993	14140	21.1	46.2
1994	18359	18	28
1995	24718	14	19
1996	28580	12.7	13 1
1997	31752	11.1	13.4

资料来源:中华人民共和国国家统计局编:《中国外资统计2014》,中国统计出版社,2014年,第4页。

　　正是这些外商直接投资所带来的比较先进的工业技术,有效地提升了

---

① 根据国家统计局编:《中国统计年鉴1999》,中国统计出版社,1999年,第600页相关数据计算整理。

我国工业的制造水平,提高了工业国际竞争能力。外商投资工业所带来的直接效果就是工业制造水平的提高和产值产量的增加。1978年我国工业总产值只有4237亿元,到1997年已经增长到31752亿元。从1978年到1997年的20年,我国的主要工业产品产量增幅巨大。化纤从28.5万吨增加到471.6万吨,布从110亿米增加到248.8亿米,啤酒从40万吨增加到1888.9万吨,冰箱从2.8万台增加到1044.4万台,彩电从0.38万台增加到2711.3万台,汽车从14.9万辆增加到158.3万辆。[①]

开放环境中的中国工业获得了历史性的发展,最典型的就是国内工业品市场的供应由短缺转化为相对过剩。首先是满足城乡居民生活的工业消费品由80年代初期的严重供不应求逐步发展到90年代末的普遍过剩。从基本的生活消费品到家庭耐用消费品,以及信息家电的生产供应,不仅数量增加,而且成品的质量不断提高,始终能够跟随世界发展潮流。工业投资品的生产和供应同样经历了由少到多、由短缺到过剩的历史性转折。80年代严重短缺的钢材、煤炭、电力和有色金属等工业原材料到90年代后半期才逐渐缓解。[②]

五、在开放中加快技术引进和消化吸收

1978年,邓小平在全国科学大会提出了"四个现代化,关键是科学技术的现代化""知识分子是工人阶级的一部分"等重大论断,[③]此后进一步强调"科学技术是第一生产力",揭示了科学技术现代化在实现四个现代化中的关键地位,这是对马克思主义科技观和生产力理论的创造性发展,为中国特

---

① 国家统计局编:《中国统计年鉴1999》,中国统计出版社,1999年,第440~444页。

② 中国社会科学院工业经济研究所:《中国工业发展报告(2000)——中国的新世纪战略:从工业大国走向工业强国》,经济管理出版社,2000年,第87页。

③ 中共中央文献研究室编:《新时期科学技术工作重要文献选编》,中央文献出版社,1995年,第306、290、414页。

色社会主义工业化道路的开创提供了基本的理论依据,为工业企业技术创新从技术引进和消化吸收到加速转变奠定了思想理论基础,促进了工业结构从过去的严重失衡向相对均衡发展。

第一阶段:技术引进和消化吸收的起步阶段(1978—1991年)

党的十一届三中全会以后,中共中央反复强调现代科学技术在推进中国工业化和现代化建设中的关键作用。一系列有关科学技术发展重大部署、强调科技纠正结构失衡、促进经济发展、加快科技体制改革的政策文件发布。1978年3月,《1978~1985年全国科学技术发展规划纲要》发布;1982年9月,党的十二大报告中明确科学技术是国家经济发展的战略重点之一,强调其对促进经济发展的重大作用;1985年,中央下发《中共中央关于科技体制改革的决定》,开始对我国的科技体制进行改革。

这一时期工业技术引进工作经历了"高—低—高—低"的波动过程。在改革开放的刺激和中央政策指引下,1978年出现了技术引进的高潮,技术引进的签约金额达到45亿美元[①]。1979年进入经济调整时期,1979—1982年技术引进的合同金额有所下降,1982年为3.6亿美元。此后开始回升,到1986年达到44.8亿美元,为20世纪80年代的最高水平。自1988年下半年至1992年初,宏观经济管理全面紧缩,中国经济进入整顿期,这一时期的技术引进活动在项目规模和签约金额方面都出现了较明显的下降(表1-35)。

表 1-35　1979—1997 年技术引进情况　（单位:项,万美元）

年份	总计		关键和成套设备		技术许可和转让		顾问咨询和技术服务		合作生产	
	合同(项)	金额(万美元)	合同(项)	金额(万美元)	合同(项)	金额(万美元)	合同(项)	金额(万美元)	合同(项)	金额(万美元)
1979	95	248485	60	242647	26	2064	8	3554	1	220
1982	102	36232	46	24599	34	2777	10	7877	4	915
1985	826	319855	419	243762	314	24176	54	2248	38	49669

---

① 周传典:《从技术引进走向技术创新》,北京师范大学出版社,1998年。

续表

年份	总计		关键和成套设备		技术许可和转让		顾问咨询和技术服务		合作生产	
	合同（项）	金额（万美元）	合同（项）	金额（万美元）	合同（项）	金额（万美元）	合同（项）	金额（万美元）	合同（项）	金额（万美元）
1986	748	448312	312	352108	306	42024	77	24836	34	13640
1987	581	298489	264	209733	235	35087	54	2619	25	50994
1988	437	354826	208	301928	169	47658	46	4175	10	1005
1989	328	292320	190	271534	96	14845	27	4463	11	658
1990	232	127399	103	49765	100	22636	14	795	12	53822
1991	35	345923	210	290352	116	47808	18	1757	8	5276
1992	50	658988	282	470076	166	60370	36	14894	11	110784
1993	49	610943	248	537560	200	44821	29	9586	12	18584
1994	44	410576	233	362494	169	38991	36	8808	5	283
1995	3629	1303264	2913	1124775	667	147404	37	31024	2	60
1996	6074	1525700	5665	1243800	97	167500	105	55800	75	37600
1997	5984	1592312	5270	1368260	493	171360	158	38854	3	2286

资料来源：国家统计局、国家科学技术委员会编：《中国科技统计年鉴1991》，中国统计出版社，1992年，第327页；国家统计局、国家科学技术委员会编：《中国科技统计年鉴1998》，中国统计出版社，1999年，第199、200页。

这一阶段是技术引进和消化吸收的起步阶段，我国工业技术引进活动还呈现出"技术引进的体制改革"和"开始重视消化、吸收"以及"企业地位提升"三个特点。一是技术引进管理机制和模式发生了变化，即由过去管理权限高度集中于中央的模式逐步转变为向地方和企业放权的分级管理模式，逐步实现以法律法规的方式对技术引进进行管理。二是技术引进工作开始重视消化吸收问题，国务院在1985年强调"要转到以消化吸收引进技术和国产化为主的工作上来"，国家经济贸易委员会于1986年提出了"引进技术消化吸收重大计划"，即"12条龙"重大消化吸收项目计划。三是虽然以政府行政指令方式推动技术引进、消化吸收和扩散的方式仍然占据主导地位，但企业在技术引进活动中的地位有所提升。特别是伴随科技体制改革的启动，企业得以自发选择、分散引进先进技术。

随着中国本土企业技术能力的逐步提升,在所有技术引进项目中,关键和成套设备的合同金额比重逐步下降,由1979年的97.7%降至1990年的39.1%。技术许可和转让、顾问咨询和技术服务、合作生产的合同金额比重从1979年的2.3%增至1990年的60.6%(表1-36)。同改革开放前单一的成套设备和关键设备占合同总金额超过90%的情况相比,主动的技术消化吸收在技术引进中的重要性提升。国家通过产业政策促进技术的消化吸收。从技术来源看,技术引进从改革开放前较为单一地从以苏联以及部分东欧国家为主转变为开始大量从欧美引进先进技术和设备。

表1-36 1979—1997年技术引进方式结构占比 　　　　(单位:%)

年份	以设备为主的合同占比		以技术为主的合同占比	
	合同	金额	合同	金额
1979	63.2	97.7	36.8	2.3
1982	45.1	67.9	47.1	31.9
1985	50.7	76.2	49.2	23.8
1986	41.7	78.5	55.7	18.0
1987	45.4	70.3	54.0	29.7
1988	47.6	85.1	51.5	14.9
1989	57.9	92.9	40.9	6.8
1990	44.4	39.1	54.3	60.6
1991	58.5	83.9	39.6	15.9
1992	56.0	71.3	42.3	28.2
1993	50.3	88.0	48.9	11.9
1994	52.5	88.3	47.3	11.7
1995	80.3	86.3	19.5	13.7
1996	93.3	81.5	4.6	17.1
1997	88.1	85.9	10.9	13.3

资料来源:根据国家统计局、国家科学技术委员会编:《中国科技统计年鉴1991》,中国统计出版社,1992年,第327页;国家统计局、国家科学技术委员会编:《中国科技统计年鉴1998》,中国统计出版社,1999年,第199、200页相关数据计算整理。

在改革开放前30年技术能力积累的基础上,国有企业在重化工业和高技术行业领域的技术水平进一步提升,而民营企业则逐步进入纺织服装等劳动密集型行业,并在吸收外资企业和国有企业技术的基础上形成了初步的技术能力。政府推动的重点电子工业和机械行业的技术改造,大大提升了彩电、收录机、装备等行业国有企业的技术能力。同时,一些大中型国有企业开始自主培养技术人员,同时在市场机制的驱动下开始主动寻求与科研院所和高校的合作。由于技术创新的重要性提升,大中型企业开始建立内部的独立技术研发机构。到1991年,中国具备独立技术开发机构的企业数量由1987年的1633个增加到7899个,具有独立开发机构的大中型工业企业在所有大中型工业企业中的比重由1987年的16.9%增加到了52.9%,超过半数的大中型工业企业在改革开放后的十年间设立了独立的技术开发机构。大中型工业企业中工程技术人员、技术开发人员以及科学家工程师的数量在这个阶段中稳步增长。三类技术人员在企业总员工数的比重由1987年的9.3%上升到了1991年的10.2%(表1-37)。以国有企业为主的大中型工业企业不断加大研发投入力度,1987年到1991年短短几年间,技术研发和开发经费都翻了1倍。

表1-37 1987—1997年大中型工业企业历年基本情况

年份	企业数(个)	有技术开发机构的企业数(个)	年末职工人数(人)	工程技术人员(人)	技术开发人员(人)	科学家工程师(人)	技术开发经费筹集额(万元)	技术开发经费使用额(万元)
1987	9681	4633	24949175	1414770	700411	197523	948270	879762
1988	10738	5119	26469246	1584586	797111	268846	1244068	1160446
1989	12222	6424	28413694	1774872	779074	306999	1305934	1237719
1990	13475	7289	30038843	1943238	770548	313663	1459539	1330632
1991	14935	7899	31950252	2101679	828861	334207	1931089	1659934
1992	16991	8576	34475935	2173440	885607	55	2530726	2088113
1993	15000	9503	35705840	2611763	917759	54	2654119	2488991
1994	20162	8817	33770545	—	1178727	69	3485207	3212861
1995	23026	9165	38932205	2539200	1234144	71	4273768	3658261
1996	24061	8179	38738857	3009963	1455000	80	4526169	3848783
1997	24024	7313	37804616	3063059	1474245	80	4997875	4384298

资料来源:国家统计局、国家科学技术委员会编:《中国科技统计年鉴1998》,中国统计出版社,1998年,第77页;国家统计局、国家科学技术委员会编:《中国科技统计年鉴1992》,中国统计出版社,1992年,第149页。

改革开放初期的 10 年间,科研机构和高等院校依然是技术进步的中坚力量,其科技成果占有量显著高于企业(表 1-38)。1989 年、1990 年、1991 年企业自主研发的科技成果占全部国家级科技成果的比重分别为 21.3%、13.0%、18.5%,与科研机构和高等院校相比有明显的差距。由于高等院校和科研院所相比于企业具有更强的技术能力，在市场化改革的过程中涌现出了一批具有很强创新能力的校办企业。1985 年颁布的《中共中央关于科学技术体制改革的决定》,明确提出要推动科研机构转制,促进科研人员向企业的流动。联想、清华同方、北大方正、中兴通讯等一批高技术校办企业的涌现,成为推动中国高新技术产业和自主创新能力提升的重要力量。

表 1-38 国家级科技成果分布情况 （单位:项）

年份	国家级合计	按完成单位类型分				按应用行业分			
		研究机构	高等院校	企业	其他	工业	农业	医药卫生	其他
1981—1985	9367	—	—	—	—	—	—	—	—
1987	2823	—	—	—	—	—	—	—	—
1988	3297	—	—	—	—	—	—	—	—
1989	2936	1112	789	624	411	2103	320	153	360
1990	2914	1321	778	378	437	1835	358	244	477
1991	3891	1873	990	718	310	1930	687	698	335
1992	3138	2104	411	158	465	1227	948	714	140
1993	3005	1300	696	663	346	1861	460	213	211
1994	3084	1252	1044	578	210	1769	456	438	191
1995	3203	1441	928	545	289	1904	264	572	463
1996	1619	432	510	258	419	917	150	240	312
1997	1756	707	565	197	287	965	167	326	298

资料来源:根据国家统计局、国家科学技术委员会编:《中国科技统计年鉴 1992》,中国统计出版社,1992 年,第 324 页;国家统计局、国家科学技术委员会编:《中国科技统计年鉴 1998》,中国统计出版社,1998 年,第 190 页相关数据计算整理。

这一阶段的技术引进工作对国民经济的发展作出了巨大贡献。大批国有企业在这一阶段进行了设备更新和技术升级，我国工业结构得到了优化调整,工业技术水平上升到一个新的台阶,"实现了中华人民共和国成立以来的第二次技术能力飞跃"①。

第二阶段:技术引进和消化吸收的加速阶段(1992—1997年)

党的十四大将建立社会主义市场经济体制明确为经济体制改革的方向,中国工业企业技术创新进入了一个新阶段。这一阶段国家明确提出实施科教兴国战略,并颁布了促进科技成果转化的相关政策文件。1995年,《中共中央、国务院关于加速科技进步的决定》首次提出要实施科教兴国战略;1996年,八届全国人大五次会议通过《"九五"计划和2010年远景目标纲要》,正式将科教兴国确定为我国的一项基本国策。此后国家有关部门先后颁布实施了《促进科技成果转化法》(1996)、《中共中央、国务院关于加强技术创新、发展高科技、实现产业化的决定》(1999)等系列法律法规和政策文件。

从技术引进规模上看,技术引进合同的签约金额总体呈上升趋势,至1997年已达到159.2亿美元,是1992年技术引进总额的2.4倍(表1-35)。从技术引进方式上看,我国技术引进方式是以关键和成套设备为主。我国用于关键和成套设备引进的资金总额从1992年的47亿美元上升至1997年的136.8亿美元,在技术引进签约金额中所占比例从71.3%上升至85.9%。与此相对应的是,1992—1997年,技术许可和转让(包括专有技术和专利技术)、技术咨询和服务两种引进形式的签约金额在技术引进费用总额中所占比重平均为11.5%(表1-35),同时外商直接投资成为这一阶段技术引进的重要渠道,并形成了"引进—产业发展—出口"的技术引进循环。

总体来看,20世纪80年代的技术引进以轻工业的项目为主。在食品、饮料、纺织、服装和家用电器方面,我们不断引进包括港台资本比较先进的项目。我国的冰箱制冷技术、电视机制造技术、各类服装加工制造工艺技术、食品制造技术、饮料配方技术等都同国外先进技术的差距有了明显的缩小。进

---

① 陈慧琴:《技术引进与技术进步研究》,经济管理出版社,1997年,第125页。

入 20 世纪 90 年代,我国进一步扩大了国际经济技术的交往与合作,大型的
跨国公司开始到中国投资,他们所带来的是比较先进的工业技术,一些大型
的成套设备,大到核电站的建设,小到方便面的制作,都有更加先进的技术
引入。特别是到 90 年代后期,由于跨国公司之间在中国市场的争夺方面更
加激烈,同中国的技术合作就更加密切。典型的如汽车制造业和电子通信制
造业的技术引进,基本上都是 90 年代最先进的技术。在计算机和网络技术
方面,我国引入的技术同国际间基本上是一致的。在国际经济体系中,中国
成为世界的又一个制造中心。[①]

第四节 工业竞争优势初步形成

一、丰富的劳动力供给和制造业竞争优势初步形成

改革开放之初,中国工业基础薄弱,产业配套、技术水平和管理水平都
与工业化国家存在很大差距,工业化水平低,大量劳动力依附于农业,产业
结构严重失衡。改革开放后,随着产业结构的合理化调整,国内消费需求的
释放以及与国际市场的对接,使得丰富的劳动力供给与低廉的工资水平优
势得以发挥,并形成了中国制造业的低成本和低价格优势。

(一)家庭联产承包责任制使农村剩余劳动力得以释放

改革开放之初,中国的工业化水平很低。按照钱纳里等对工业化阶段的
划分,以人均国内生产总值为标准,前工业化阶段的人均国内生产总值水平

---

① 中国社会科学院工业经济研究所编:《中国工业发展报告（2000）——中国的新世纪战略:
从工业大国走向工业强国》,经济管理出版社,2000 年,第 88 页。

为 100~200 美元(1964 年),折合为 2005 年为 745~1490 美元。[①] 1978 年,中国人均国内生产总值仅为 379 美元(2015 年为 381.1 美元)。按照钱纳里的标准,改革开放之初的中国相当于前工业化阶段之前的水平,还是一个欠发达的农业国家。1980 年,中国三次产业增加值结构为 30.1:48.5:21.4,三次产业就业结构为 68.7:18.2:13.1。由于生产力发展水平低特别是农业生产力水平低,大量的劳动力被锁定在农业和农村,1980 年农村人口比重高达80.6%。[②]

中国的改革开放从农村起步,1978 年家庭联产承包责任制的实施极大地调动了农民的生产积极性,促进了农业生产率的显著提高。1978—1984 年的短短 6 年间,中国农业总产值翻了一番还多(159%),粮食产量从 30477 万吨增长到 407301 万吨。[③]农业劳动生产率的提高意味着农业生产已经不需要以前那么多的劳动力,为农业劳动人口向第二、第三产业的转移提供了物质基础。1984 年中央一号文件提出,"在兴办社队企业的同时,鼓励农民个人兴办或联合兴办各类乡镇企业"。受国家政策的鼓励,乡镇企业如雨后春笋般涌现,并吸纳了大量的农村剩余劳动力。图 1-7 显示了乡镇企业吸纳的就业人员占全部就业人员比重的变化情况。从 1978 年到 1997 年,乡镇企业的就业人员数量从 2827 万增至 9158 万人, 占所有从业人员的比重从 7.0% 逐步上升到 13.2%,1993 年高达 20.5%。虽然没有 20 世纪 80 年代的统计数据,但根据我国改革开放的历史进程,可以推测 80 年代乡镇企业也是农村剩余劳动力转移的主要阵地。除个别年份外,从 1979 年以来第一产业就业占比就不断下降,在 1984 年以及 1992—1996 年第一产业就业出现绝对数量的下降,其中 1994 年、1995 年第一产业就业人数减少 1000 万左右(表 1-39)。[④]乡

---

① 陈佳贵、黄群慧、吕铁、李晓华等:《中国工业化进程报告(1995—2010)》,社会科学出版社,2012 年。

② 国家统计局编:《中国统计年鉴 1999》,中国统计出版社,1999 年,第 56、134、11 页。

③ 国家统计局编:《中国统计年鉴 1991》,中国统计出版社,1991 年,第 317、346~349 页。

④ 国家统计局编:《中国统计年鉴 1999》,中国统计出版社,1999 年,第 134 页。

镇企业的发展不仅解决了我国农村剩余劳动力的转移问题，还为后来民营企业的发展积累了资金、技术和高素质人才，为民营经济在 20 世纪 90 年代后"抓大放小"时期的快速成长提供了条件。

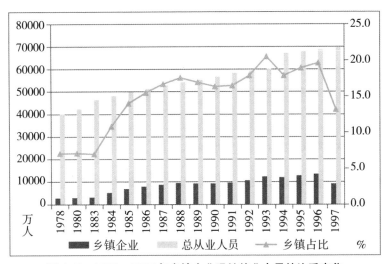

图 1–7　1978—1997 年乡镇企业吸纳就业人员的比重变化

资料来源：根据国家统计局编：《中国统计年鉴 1994》，中国统计出版社，1994 年，第 84~85 页；国家统计局编：《中国统计年鉴 1999》，中国统计出版社，1999 年，第 134 页相关数据计算整理。

表 1–39　1978—1997 年三次产业就业结构变动情况

年份	从业人员（万人）			构成（%）		
	第一产业	第二产业	第三产业	第一产业	第二产业	第三产业
1978	28318	6945	4890	70.5	17.3	12.2
1980	29122	7707	5532	68.7	18.2	13.1
1985	31130	10384	8359	62.4	20.8	16.8
1986	31254	11216	8811	60.9	21.9	17.2
1987	31663	11726	9395	60	22.2	17.8
1988	32249	12152	9936	59.3	22.4	18.3
1989	33225	11976	10129	60.1	21.6	18.3
1990	38428	13654	11828	60.1	21.4	18.5
1991	38685	13867	12247	59.7	21.4	18.9
1992	38349	14226	12979	58.5	21.7	19.8

续表

年份	从业人员（万人）			构成（%）		
	第一产业	第二产业	第三产业	第一产业	第二产业	第三产业
1993	37434	14868	14071	56.4	22.4	21.2
1994	36489	15254	15456	54.3	22.7	23
1995	35468	15628	16851	52.2	23	24.8
1996	34769	16180	17901	50.5	23.5	26
1997	34730	16495	18375	49.9	23.7	26.4

资料来源:国家统计局编:《中国统计年鉴1999》,中国统计出版社,1999年,第134页。

(二)制造业竞争优势初步形成

改革开放之前模仿苏联优先发展重工业战略背离了中国劳动力丰富、成本较低的比较优势,造成宏观上资源错配、扭曲和微观上企业自生能力不足等问题,[①]片面追求重工业优先发展的赶超战略已经难以为继。1979年4月,中共中央确定对国民经济实行"调整、改革、整顿、提高"的方针,20世纪80年代初期出台轻纺工业优先发展政策。轻纺工业是典型的劳动密集型产业,符合改革开放初期中国资本稀缺、劳动力丰富的比较优势,也较好地适应了城乡居民快速增长的消费需要与国际产业转移的趋势。一方面,计划经济下我国居民被长期压制的生活消费需求在改革开放之初爆发出来,促进了相关耐用消费品产业的发展;另一方面,20世纪80年代正迎来发达国家劳动密集型产业及产业链环节向国外转移的浪潮,改革开放正好抓住了国际产业转移的趋势,使中国加入全球分工体系,劳动力丰富、工资水平低的优势得以发挥。

20世纪八九十年代,通过发挥劳动力丰富和成本低的比较优势,中国制造业凭借价格优势初露峥嵘。1980—1995年,中国纺织品出口额从25.4亿美元增加到139.2亿美元,占世界出口市场份额的比重从4.6%提高到9.1%;

---

① 林毅夫、刘明兴:《经济发展战略与中国的工业化》,《经济研究》,2004年第7期。

服装出口额从 16.3 亿美元增加到 240.5 亿美元，占世界出口市场份额的比重从 4.0% 提高到 15.2%。[①]1995 年办公和通信设备出口额 145.1 亿美元，占世界出口市场份额的 2.4%。凭借低廉的制造成本，中国制造业高速增长，资金快速积累，规模迅速扩大，并吸引越来越多的国外购买力和外商直接投资流向中国。市场的扩大、投资的增加又进一步加速中国制造业规模的扩张。1992 年党的十四大明确提出建立"社会主义市场经济体制"的改革方向，沿着这一目标，国家在所有制改革、财税体制改革、全面对外开放、国有企业改革等方面进行了整体配套改革，扭转了计划经济条件下的激励不相容局面，调动了市场微观主体的积极性。在地方层面，先后涌现出以外资驱动和外向型经济为特点的珠海模式、以乡镇集体企业为特点的苏南模式和以民营经济为主的温州模式。改革开放 20 年来，我国既重视发展劳动密集型产业，也重视加快产业升级的步伐，工业结构接近世界主要工业生产国的工业结构。1995 年，我国主要工业产品产量，例如煤、水泥、棉布、电视机居世界第一位（表 1–40）。1997 年，中国制造业规模居美国、日本、德国之后，列世界第四位。[②]凭借低廉的成本，中国成为世界的主要制造基地，而制造业的巨大生产规模为中国赢得"世界工厂"的赞誉。

表 1-40　1978—1999 年我国工业主要产品产量居世界位次

产品名称	1978 年	1980 年	1985 年	1990 年	1995 年	1999 年
钢	5	5	4	4	2	1
煤	3	3	2	1	1	1
原油	8	6	6	5	5	5
发电量	7	6	5	4	2	2
水泥	4	4	1	1	1	1

① 中国社会科学院工业经济研究所：《2018 中国工业发展报告——改革开放 40 年》，经济管理出版社，2018 年，第 139 页。

② 中国社会科学院工业经济研究所：《2018 中国工业发展报告——改革开放 40 年》，经济管理出版社，2018 年，第 144 页。

续表

产品名称	1978 年	1980 年	1985 年	1990 年	1995 年	1999 年
化肥	3	3	3	3	2	1
化学纤维	7	5	4	2	2	2
棉布	1	1	1	1	1	2
糖	8	10	6	6	4	3
电视机	8	5	3	1	1	1

资料来源:朱之鑫编:《国际统计年鉴2002》,中国统计出版社,2002 年,第 16 页。

二、工业增长由供给约束向需求约束转变

改革开放的近 20 年,我国经济一直被短缺所困扰。工业增长的快慢,主要取决于生产要素的供给条件,而不必担心市场需求容量不足的问题。为了消除短缺,增加供给,无论是轻工业,还是重工业,其发展目标都把追求数量扩张、扩大生产能力作为重点。应当说,在工业化的过程中,以数量扩张为主有其客观必然性,同时也是必要的。如果不是这样,就不可能建立起独立完整的工业体系,就不可能从一个落后的农业国转变为工业生产大国,就不可能消除短缺。

20 世纪 90 年代中期以来, 我国工业品和供求关系发生了重大变化,即从严重短缺转向了相对过剩,工业的增长由供给约束转向需求约束。工业增长的速度和方向,主要取决于市场需求的规模和结构。需求约束下的工业增长和运行,呈现出与过去许多不同的特点。

(一)工业增长速度从高速增长逐步转向中速增长[①]

1978—1991 年,工业经济高速增长,工业增加值的年均增长率高达 10%

---

① 中国社会科学院工业经济研究所:《中国工业发展报告 (1999)——告别短缺经济的中国工业》,经济管理出版社,1999 年,第 2 页。

以上,1992—1997 年的 6 年,我国工业增加值的年均增长率依次为 21.2%、20.1%、18.9%、14%、12.5%、11.3%,呈现出逐步回落的趋势,1997 年工业增长率比 1992 年下降了 9.9 个百分点(图 1-8)。这种下降,不应简单地归结于适度从紧的宏观经济政策,而是由供给约束转向需求约束的必然结果,是从工业化的初期阶段转向工业化中期阶段的重要标志,因此也是一种正常的现象。

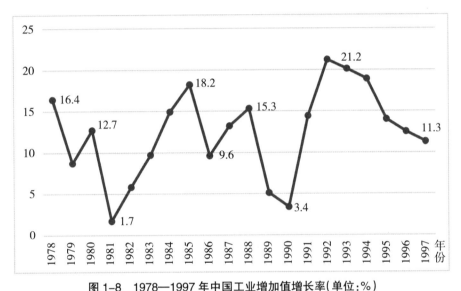

图 1-8　1978—1997 年中国工业增加值增长率(单位:%)

资料来源:中华人民共和国国家统计局编:《中国统计年鉴 2001》,中国统计出版社,2001 年,第 51 页。

(二)工业生产能力大量闲置

20 世纪 80 年代,除了一部分机械加工工业能力利用不足外,绝大多数工业部门和工业企业生产能力利用率都在 85%以上。特别是能源、原材料工业处于超负荷运转状态。为了鼓励企业增产,还实行了价格"双轨制"政策。90 年代初开始出现纺织工业和家用电器工业生产能力过剩;90 年代中期开始出现了从消费品工业到生产资料工业生产能力的全面过剩。1997 年,除了一部分设备、优质产品生产企业的生产能力利用率较高外,大多数企业及其产品的生产能力利用率平均在 70%以下。①

(三)供大于求,加剧了市场竞争

在需求约束下,企业为了保持和扩大市场份额,不得不采取降价销售的策略,使工业品出厂价格指数逐年回落。1993—1997 年,生产资料出厂价格指数依次为 133.7、116.7、113.6、103.5、99.7;生活资料出厂价格指数依次为 109.6、123.8、116.9、102.1、99.6(图 1-9)。

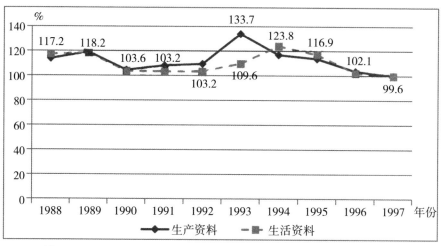

图 1-9　1988—1997 年工业品生产资料和生活资料出厂价格指数比较
资料来源:国家统计局编:《中国统计年鉴 1999》,中国统计出版社,1999 年,第 309 页;国家统计局编:《中国统计年鉴 1993》,中国统计出版社,1993 年,第 268 页。

随着工业品出厂价格指数的下降,我国商品零售价格指数亦逐年回落,1993—1997 年的商品零售价格指数依次为 113.2、121.7、114.8、106.1、100.8(图 1-10)。

---

① 中国社会科学院工业经济研究所:《中国工业发展报告(1999)——告别短缺经济的中国工业》,经济管理出版社,1999 年,第 2 页。

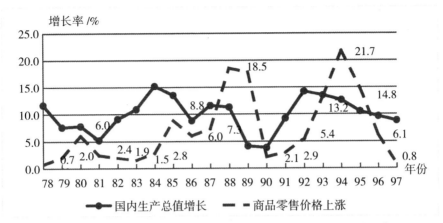

图 1-10　1978—1997 年国内生产总值增长和商品零售价格的上涨

资料来源:国家统计局编:《中国统计年鉴 1999》,中国统计出版社,1999 年,第 57、293 页。

　　在供大于求,价格下跌的情况下,企业普遍感到生意难做、产品难卖、利润难赚、盈利水平逐年下降。国有独立核算工业企业实现的利润总额 1994 年达到 829 亿元,1997 年下降到 427.8 亿元。亏损企业亏损总额由 1994 年的 482.6 亿元上升到 1997 年的 830.95 亿元。1994—1997 年全国独立核算工业企业的资金利税率分别为 9.8%,7.2%,6.5%,6.3%(表 1-41),也呈现出逐年下降趋势。这种情况还表明,在需求约束下,大多数工业企业获取高额利润的条件已不复存在,特别是传统工业,已进入低利或微利的时代。这种趋势使企业面临着严峻的挑战,迫使企业的生产经营从粗放转向集约。

表 1-41　1978—1997 年独立核算国有工业企业主要财务指标

年份	亏损企业亏损总额（亿元）	利润总额（亿元）	资金利税率（%）
1978	2225.7	42.06	24.2
1979	2378.6	36.38	24.8
1980	2528	34.3	24.8
1981	2709.3	45.96	23.8
1982	2914	47.57	23.4
1983	3161	32.11	23.2
1984	3395.5	26.61	24.2

年份	亏损企业亏损总额（亿元）	利润总额（亿元）	资金利税率（%）
1985	3980.8	32.44	23.8
1986	4543.8	54.49	20.7
1987	5242.4	61.04	20.3
1988	6040.4	81.92	20.6
1989	7033.2	180.19	17.2
1990	8088.3	348.8	12.4
1991	9507.2	367	11.8
1992	10982.7	369.3	9.7
1993	13304.4	452.6	9.7
1994	15677.5	482.6	9.8
1995	21363.9	639.57	7.2
1996	23860.7	790.68	6.5
1997	25883	830.95	6.3

资料来源：国家统计局工业交通统计司编：《中国工业经济统计年鉴1998》，中国统计出版社，1998年，第52、53页。

（四）在需求约束下，市场竞争加速了企业的分化和改组

一些优势企业凭借其资金、品牌和规模经营的优势，不断扩大一些处于相对劣势的企业，由于缺乏竞争力，市场份额逐渐缩小，甚至出现严重亏损，最后不得不关门停产，或者被优势企业兼并。市场供给并没有因为一些企业的停产或破产而减少，反而优化了资源的配置。这种情况还说明，需求约束强化了价值规律的作用，强化了优胜劣汰的机制，没有创新、没有效率、没有竞争力，企业就没有生存的空间。技术的进步，效率的提高，成本的下降，生产力的发展，正是在需求约束下激烈的市场竞争中实现的。可以说，需求约束是市场经济的常态和必然，而不是一种偶然的和暂时的现象。

三、工业品逐步走向国际市场

外贸依存度是衡量一个国家的国际经济合作和对外开放程度的重要指标。对外开放20年来,随着产业结构的合理化调整和工业经济的高速增长,我国经济的外贸依存度逐年增大。1978年,我国的进出口贸易总额仅有206.4亿美元,外贸依存度只有9.8%。1997年,我国外贸进出口总量达到3251.6亿美元的历史最高水平,外贸依存度提高到33.8%(表1—42)。

我国工业品国际竞争力的提高有效地提升了我国在国际合作中的地位。1997年,我国的主要贸易合作伙伴已经是日本、美国、欧盟等主要工业国家和地区。中国出口居世界的位次由1980年的第26位提高到1997年的第10位(表1—42)。

外汇储备的增加既是一国开放的结果,也是进一步开放的条件。我国1978年以前只有很少的外汇储备,难以大量引进先进的工业制造设备。1979年,我国的外汇储备为8.4亿美元,到1997年增加到1398.9亿美元,成为世界第二大外汇储备国。外汇储备不仅使我国有效地抵御了亚洲金融危机的风险,保持了人民币汇率的稳定,而且为我国工业的技术和设备引进提供了雄厚的资金基础。1997年我国进口了593亿美元的机电设备,进口钢材用汇65.2亿美元,铜材用汇12.7亿美元,精密机床用汇15.9亿美元,自动数据处理设备用汇11.4亿美元,汽车及零部件用汇16.4亿美元。[1]这些都有力地支持了我国工业的技术进步和结构升级。[2]

---

① 国家统计局编:《中国统计年鉴1999》,中国统计出版社,1999年,第589~590页。

② 中国社会科学院工业经济研究所编:《中国工业发展报告(2000)——中国的新世纪战略:从工业大国走向工业强国》,经济管理出版社,2000年,第90页。

表 1-42　1978—1997 年中国进出口贸易情况

年份	进出口总额 （亿美元）	出口额 （亿美元）	进口额 （亿美元）	国内生产 总值 （亿元）	外贸 依存度 （%）	外汇储 （亿美元）	出口居 世界位次
1978	206.4	97.5	108.9	3678.7	9.7	1.7	
1979	293.3	136.6	156.8	4100.5	11.1	8.4	
1980	381.4	181.2	200.2	4587.6	12.4	−13.0	26
1981	440.2	220.1	220.2	4935.8	14.9	27.1	19
1982	416.1	223.2	192.9	5373.4	14.4	69.9	17
1983	436.2	222.3	213.9	6020.9	14.3	89.0	17
1984	535.5	261.4	274.1	7278.5	16.5	82.2	18
1985	696	273.5	422.5	9098.9	22.7	26.4	17
1986	738.5	309.4	429	10376.2	24.9	20.7	16
1987	826.5	394.4	432.2	12174.6	25.3	29.2	16
1988	1027.8	475.2	552.7	15180.4	25.2	33.7	16
1989	1116.8	525.4	591.4	17179.7	24.2	55.5	14
1990	1154.4	620.9	533.5	18872.9	29.5	110.9	15
1991	1356.3	718.4	637.9	22005.6	32.8	217.1	13
1992	1655.3	849.4	805.9	27194.5	33.5	194.4	11
1993	1957	917.4	1039.6	35673.2	31.6	212.0	11
1994	2366.2	1210.1	1156.2	48637.5	41.9	516.2	11
1995	2808.6	1487.8	1320.8	61339.9	38.3	736.0	11
1996	2898.8	1510.5	1388.3	71813.6	33.6	1050.3	11
1997	3251.6	1827.9	1423.7	79715	33.8	1398.9	10

资料来源：国家统计局编：《中国贸易外经统计年鉴 2021》，中国统计出版社，2021 年，第 584 页；国内生产总值来自国家统计局编：《中国统计年鉴 2021》，中国统计出版社，2021 年，第 78~79 页；外汇储备来自国家统计局编：《中国统计年鉴 2021》，中国统计出版社，2021 年，第 600 页；国家统计局：《中国贸易外经统计年鉴 2021》，中国统计出版社，2021 年，第 588 页。

一般贸易出口占出口总额的比重由 1981 年的 94.5% 降低至 1997 年的 42.66%；加工贸易出口占出口总额的比重从 5.14% 增长到 54.49%（表 1-43）。

表 1-43　1978—1997 年按贸易方式分的进出口贸易情况　　　（单位:%）

年份	一般贸易/出口总额	加工贸易出口/出口总额	加工贸易进出口/出口总额
1978	–	–	–
1979	–	–	–
1980	–	–	–
1981	94.50	5.14	11.97
1982	99.66	0.24	1.47
1983	90.69	8.74	18.97
1984	88.61	11.21	23.24
1985	86.76	12.12	27.75
1986	81.11	18.16	39.83
1987	75.16	22.80	48.64
1988	68.65	29.59	61.37
1989	60.05	37.66	70.33
1990	57.11	40.94	71.15
1991	53.06	45.14	79.98
1992	51.42	46.64	83.78
1993	47.09	48.23	87.88
1994	50.87	47.09	86.40
1995	47.97	49.54	88.77
1996	41.60	55.83	97.05
1997	42.66	54.49	92.90

资料来源：根据国家统计局国民经济综合统计司编:《新中国六十年统计资料汇编》,中国统计出版社,2010 年,第 60 页相关数据计算整理。

　　工业品国际贸易迅速扩大。技术的引进使我国的工业制造技术有了明显的升级,产品的制造技术和工艺同世界先进国家的差距在缩小。外商投资的增加使我国的产品进一步打开了国际市场的营销渠道,产品的出口逐年增加。在我国产品的出口结构中,工业品出口的比重上升很快。1986 年,我国工业品出口占全部出口总额的比例仅为 49.7%,1990 年上升到 74.4%,1997年进一步上升到 86.9%。我国出口额的增长主要是由工业品出口的增长引起的,工业制成品已经成为我国出口产品的主导(表 1-44)。

表 1-44　1980—1997 年中国进出口商品结构的变化　　　（单位：%）

年份	出口商品结构		进口商品结构	
	初级产品	工业制成品	初级产品	工业制成品
1980	50.3	49.7	34.8	65.2
1981	46.6	53.4	36.5	63.5
1982	45.0	55.0	39.6	60.4
1983	43.3	56.7	27.2	72.8
1984	45.7	54.3	19.0	81.0
1985	50.6	49.4	12.5	87.5
1986	36.4	63.6	13.2	86.8
1987	33.5	66.5	16.0	84.0
1988	30.3	69.7	18.2	81.8
1989	28.7	71.3	19.9	80.1
1990	25.6	74.4	18.5	81.5
1991	22.5	77.5	17.0	83.0
1992	20.0	80.0	16.4	83.6
1993	18.2	81.8	13.7	86.3
1994	16.3	83.7	14.3	85.7
1995	14.4	85.6	18.5	81.5
1996	14.5	85.5	18.3	81.7
1997	13.1	86.9	20.1	79.9

资料来源：国民经济综合统计司编：《新中国六十年统计资料汇编(1949—2008)》，中国统计出版社，2008 年，第 61 页。

改革开放以前的近 30 年，国内外资源配置处于分隔状态，中国工业制成品基本没有出口竞争力，进出口商品结构的基本特点是：出口商品以初级产品为主，而进口商品以工业制成品为主。20 世纪 70 年代末至 90 年代中期，中国工业发展充分利用了国际经济的比较优势，即依靠廉价的人力、土地和原材料资源生产具有比较利益的工业制成品，参与国际交换。这一时期，进出口商品结构发生了重大变化：出口商品转变为以工业制成品为主，进口商品也以工业制成品为主，进出口相比，进口商品的工业制成品比重高于出口商品工业制成品比重。90 年代中期以来，中国经济的比较利益格局发生重大变化,国际资源配置也开始发生深刻变化,进出口商品结构特征表现为:出口商品以工业制成品为主,进口商品也以工业制成品为主,但进出口相比,出口商品的工业制成品比重高于进口商品制成品比重,而且机电产品超过纺织品和服装成为第一大出口商品,这表明,中国工业参与国际竞争不仅要依赖比较优势,而且必须越来越注重增强竞争优势。[①]

如(表1-44)显示,1986—1997年,工业制成品占进出口贸易总额的比重由77%增至83.8%,初级产品从23%降至16.2%;在我国的出口商品结构中,高技术产品占出口贸易总额的比重从1986年的2.3%增至1997年的8.9%,机电产品和技术密集型产品已经取代纺织品、服装等劳动密集型产品成为第一大类出口品。1997年,机电产品继续保持我国出口第一大类产品的地位,占出口总额的比重由1996年的31.9%上升到32.5%;[②]进口商品中技术密集型和资源性商品迅速增长,进口商品中初级产品从13.2%提高到20.1%(表1-44),这说明中国商品的国际竞争力不断提高,我国进出口贸易居世界各国(地区)的位次,由1978年的第29位上升到1997年的第10位。[③]

走向国际市场,参与国际竞争,中国的企业不仅在进一步扩大出口,也开始积极向海外投资,直接开拓海外市场。海尔在东南亚、拉丁美洲等国家的投资已经开始进入生产,并顺利打开了当地的家电产品市场。海信集团在南非投资的电视机厂,主要生产18英寸和21英寸的小型彩色电视机,既转移了国内的生产技术和设备,又迅速填补了当地的市场空缺,打出了自己的品牌。济南轻骑、无锡小天鹅分别在巴基斯坦和印度尼西亚投资建厂,康佳和TCL并购香港公司,并利用香港公司的销售渠道和市场网络,出击国际市

---

① 中国社会科学院工业经济研究所编:《中国工业发展报告(2000)——中国的新世纪战略:从工业大国走向工业强国》,经济管理出版社,2000年,第3页。

② 《中华人民共和国1997年国民经济和社会发展统计公报》。

③ 《中华人民共和国1997年国民经济和社会发展统计公报》。

场,同样取得了显著的效果。①

四、工业化进入承前启后的转折时期

20 世纪 80 年代以来我国工业发展过程中对工业结构进行了几次较大的调整。80 年代初期,结构调整的主要任务是解决轻工业与重工业的比例失调问题,通过抑制重工业的过度发展,加快轻纺工业的发展,克服消费品市场的短缺。经过短短两三年的努力,到 1983 年前后,轻纺工业产品供给不足的矛盾基本得到解决。80 年代中期开始,各地重点扶持彩电、家用电冰箱、洗衣机等耐用消费品的发展,大规模地引进国外生产线和技术,以满足国内市场对耐用消费品旺盛的需求。到 1991 年,耐用消费品开始出现供大于求的局面。由于加工工业发展过快,能源、原材料、交通运输等基础产业供给不足的矛盾日益突出。为了消除基础产业发展滞后的"瓶颈"障碍,各级政府加强了能源、原材料和交通运输等基础产业的建设,到 90 年代中期,基础产业供给不足的"瓶颈"障碍明显缓解,②中国完成了初步工业化过程,按汇率计算我国人均国内生产总值超过 800 美元,而按购买力平价计算我国的人均国内生产总值已达 3000 美元左右,③沿海较发达的地区实际上已进入中等收入阶段。在当时的技术水平下,从一般的结构分析角度看(主要是工业特别是制造业的产出量占国内生产总值的比重),中国工业化已完成了数量扩展,出现了成熟经济的各种现象。其主要标志是:一般的工业生产技术特别是加工工艺广泛扩散;产量迅速增长并接近最大化均衡状态,主要工业产品的产量居世界

---

① 中国社会科学院工业经济研究所编:《中国工业发展报告(2000)——中国的新世纪战略:从工业大国走向工业强国》,经济管理出版社,2000 年,第 91 页。

② 中国社会科学院工业经济研究所编:《中国工业发展报告(1999)——告别短缺经济的中国工业》,经济管理出版社,1999 年,第 41 页。

③ 参见世界银行数据库数据。

前列(表1-45);生产成本和价格降低,利润平均化并趋于下降;企业间的价格竞争加剧,产业集中化过程加快,越来越多的产业出现生产能力过剩现象。

表1-45 1978—1999年我国工业主要产品产量居世界位次

项目	1978年	1980年	1985年	1990年	1995年	1999年
钢	5	5	4	4	2	1
煤	3	3	2	1	1	1
原油	8	6	6	5	5	5
发电量	7	6	5	4	2	2
水泥	4	4	1	1	1	1
化肥	3	3	3	3	2	1
化学纤维	7	5	4	2	2	2
棉布	1	1	1	1	1	2
糖	8	10	6	6	4	3
电视机	8	5	3	1	1	1

资料来源:朱之鑫编:《国际统计年鉴2002》,中国统计出版社,2002年,第16页。

从工业结构高度看,20世纪90年代中期中国的工业化处于中期阶段。经过改革前的重工业化以及80年代后期的补课,中国已基本完成了以原材料工业为重心的重工业化阶段,但在向以加工装配工业为主的高加工度化阶段转变中,消费品工业过度扩张,而重加工工业尤其是装备工业没有得到应有的加强和发展,导致高加工度化阶段一直停留于以一般加工工业为重心的时期,不能逐步升级并向技术集约化阶段转变。一般加工工业(资源密集型加工工业)的比重很高,技术密集型加工工业的比重较低,这种工业结构高度所反映的工业化水平,只处于工业化的中期阶段。①

从90年代后期开始,制约中国工业增长的因素已经从过去的供应能力不足历史性地转变为有效需求的限制。越来越多的产业发现增产已经不是好消息,而压缩产量反而成为改善产业状况的必要措施,例如煤炭行业关井

---

① 中国社会科学院工业经济研究所编:《中国工业发展报告(2000)——中国的新世纪战略:从工业大国走向工业强国》,经济管理出版社,2000年,第18页。

压产,纺织行业压缩纺锭,冶金、建材、有色金属、石油化学等行业关闭设备陈旧、技术落后、产品质量低和污染严重、高耗能的小企业。因此,不少传统产业增长速度减缓,有些工业产品出现负增长现象,突出地表现为全国能源需求量和生产量的较大幅度下降,1998年能源生产总量比1997年下降6.4%,原煤生产量下降2.8%。①

在大量生产能力过剩、有效需求不足、经济增长减缓的严峻形势下,推进经济结构包括工业结构的战略性调整,拓展新的经济增长空间,成为我国经济包括工业经济进一步发展的关键问题。这些变化,决定了下一阶段我国工业结构调整的任务。

（一）调整的重点由解决比例失调为主转向推进工业结构升级为主

改革开放20年来,工业结构调整的主要任务就是使失调转变为协调。1997年,工业结构性短缺的矛盾基本消除。20世纪90年代末期,工业经济发展的突出矛盾主要表现在两个方面:一是消耗大,附加价值低的产业比重高,技术和知识密集型的、附加价值高的产业和产品比重低;二是企业规模效益差。因此,工业结构调整任务的重点应转向推进工业升级和工业组织结构的调整。工业以至整个国民经济发展中的重大"瓶颈"已不是能源、原材料供给不足的问题,而是表现为机电装备制造业的落后,并由此导致国民经济各个部门生产技术水平的落后。1997年,我国机电工业产品的水平从总体上比工业发达国家要落后15~20年,机电产品中技术水平达到国外80年代和90年代先进水平的占40%左右,60%的产品相当于80年代以前的水平。数控机床拥有量只占机床总量的0.7%。②由于大多数机电产品技术水平落后,

---

① 国家统计局编:《中国统计年鉴1999》,中国统计出版社,1999年,第247页。

② 中国社会科学院工业经济研究所编:《中国工业发展报告(1999)——告别短缺经济的中国工业》,经济管理出版社,1999年,第41页。

1980年我国机电设备进口的比重是25.6%,1997年已上升到37.1%,总额为527.7亿美元。①不改变机电装备制造业的落后面貌,就不可能把整个国民经济转移到现代科学技术基础上来。所以我国工业结构调整的重点必须转向推进机电设备制造业的升级。

(二)调整的对象由增量调整为主转向对资产存量调整为主②

由于许多工业产品的生产能力超出市场的有效需求而出现相对过剩,导致了加工工业产品市场的过度竞争,同时也造成了资源的浪费。因此下一阶段工业结构调整的一个重要任务就是要解决相对过剩问题,调整的对象也由以增量调整为主转向对现有资产存量调整为主。在短缺经济条件下,主要依靠增量的投入,大量建设新的项目,形成新的生产能力,以增加供给、消除短缺;在相对过剩的条件下,必须对现有的资产存量进行重组,通过市场竞争和产业政策的引导,使生产和销售向优势企业集中,兼并和淘汰一批效益差、缺乏市场竞争力的落后企业和落后产品。对现有资产存量的调整,一部分职工将因结构调整而下岗待业,与增量调整时能够扩大就业相比较,对存量调整的难度更大。但是在市场经济条件下,生产力的重组与发展、产业结构的升级,必然会导致一部分企业被淘汰,一部分职工失去原来的工作岗位,并由此产生一些社会问题。1997年以来,我国工业企业下岗职工逐年增加与工业结构的发展变化有直接关系。在以增量调整为主的阶段,新的工业项目的建成,会吸纳新的劳动力就业。当生产能力过剩,需要对资产存量进行调整时,就会从工业生产领域排斥一批劳动力,这种因结构调整而造成的失业是很难避免的。

---

① 国家统计局编:《中国统计年鉴1999》,中国统计出版社,1999年,第580页。
② 中国社会科学院工业经济研究所编:《中国工业发展报告(1999)——告别短缺经济的中国工业》,经济管理出版社,1999年,第42页。

　　经过改革开放以来近 20 年工业结构的合理化调整,从 20 世纪 90 年代中期以来,中国宏观经济的态势发生了根本性变化,即短缺经济彻底结束,工业品的大量生产导致市场供应的相对过剩,卖方市场被买方市场所取代。从此,中国工业发展进入了一个新的时代。

第二章 重化工业重启下的工业结构
（1998—2012年）

　　1998年以来,党的十六大报告提出为全面建设小康社会,必须不断完善社会主义市场经济体制,党的十六届三中全会作出《关于完善社会主义市场经济体制若干问题的决定》。

　　工业化的过程是一个工业结构调整和产业结构升级的过程。从世界工业化国家工业结构演变的历史规律看,工业结构的合理化和高级化始终是工业结合演进的重要方向。我国工业结构从新中国成立初期到现代历经几十年的发展变化,基本上反映出我国工业化的阶段性特征。1998年以来,在国家产业政策、规划等的引导和大力推动下,我国工业结构主动调整的步伐加快,取得了一系列积极的进展,但也存在一些值得关注的问题。

第一节　工业结构再次重型化的主要特征

20世纪90年代末期,伴随着我国进入工业化中期阶段并开始加速向中后期过渡,这一阶段工业化的一些特征开始呈现出来,表现在工业结构上,就是以重工业为主导,能源和原材料工业呈高速增长态势,高新技术产业快速发展,占比不断提升,同时工业结构的高级化带动生产性服务业需求大幅增长。工业化中后期重化工业加速发展的阶段性特征决定了这一时期对能源资源的消耗也是巨大的,这一阶段也是工业结构调整和转型的重要时期。2002年,党的十六大顺应世界科技革命和经济结构调整的趋势,提出走新型工业化道路,并将产业结构优化升级作为重点方向。在一系列具体政策措施的推动下,1998—2012年我国工业不仅在规模上迅速成长为世界工业大国,在技术水平、组织结构等方面也不断调整优化。

一、基本形成以重工业为主导的工业增长格局

改革开放以来,中国工业结构重型化重启从1997年开始,[①]这是由于1997年以后我国经济运行发生了根本性的转折,在经济"软着陆"和亚洲金融危机等背景下,我国开始实施积极的财政政策,进行大规模的产业结构调整,经济彻底告别了"短缺"。2002年,党的十六大在总结我国工业发展和工业化经验的基础上,根据我国国情正式提出了我国应该走新型工业化道路。所谓新制工业化道路就是"坚持以信息化带动工业化,以工业化促进信息化,走

---

① 武力、温瑞:《1949年以来的中国工业化的"轻"、"重"之辩》,《经济研究》,2006年第9期。

出一条科技含量高、经济效益好、资源消耗低、环境污染少、人力资源优势得到充分发挥"的工业化道路。[1]显然,所谓新型工业化是与传统工业化相对而言的, 如果说传统工业化是指一国或地区的经济结构由农业占统治地位向工业占统治地位转变的经济发展过程, 那么新型工业化就是在这个转变过程中叠加了信息化和现代科学技术发展趋势;如果说传统工业化过程是以牺牲资源和环境为代价的,那么新型工业化则注重经济的可持续发展;如果说传统工业化强调发展中国家要学习发达国家以前推进工业化进程的经验,新型工业化则重视将工业化规律与本国自然和制度条件有机结合;如果说传统工业化强调在工业化进程中工业数量的扩展, 新型工业化过程则重视工业化过程中依靠现代科学技术提升工业质量。总体而言,一个国家推进工业化进程,实现经济现代化,可以认为是将经济多元结构转为一元结构的"同质"的经济发展战略,而新型工业化战略则是基于时代"特质"(如信息化)和国情"特质"(如中国的人口资源)的"同质化"经济发展战略。我国选择新型工业化道路的合理性是毋庸置疑的, 新型工业化战略的提出无疑也是具有里程碑意义的。[2] 2004 年以后,随着科学发展观的提出,新型工业化战略成为科学发展观指导下的工业化战略。2007 年党的十七大把科学发展观写入了党章,中国的工业化进程又掀开了新的一页。

　　1998—2012 年,重工业呈现快速增长势头,形成工业增长再次以重工业为主导的格局。从图 2-1 可以看出,在 1998 年以后,在工业总产值中轻工业占比与重工业占比的差距明显拉大,重工业化趋势十分显著。这次结构变动

---

[1]　江泽民:《全面建设小康社会,开创中国特色的社会主义事业新局面》,人民出版社,2002年,第 21 页。

[2]　为此,一些研究认为,我国改革开放以来的工业化阶段划分应该以 2002 年为"里程碑",1979—2002 年是第一阶段,2002 年新型工业化战略提出以后是第二阶段(参见纪宝成、杨瑞龙:《中国经济发展研究报告(2006)——全面可持续和和谐发展的新型工业化道路》,中国人民大学出版社,2006年,第 25~27 页)。我们这里的阶段划分是以工业内部结构(轻重工业比例)为主要分类标志,所以选择了 2000 年为第二阶段的开始年限。

的趋势是工业化进入中期阶段以后工业结构的自然演变，重工业的发展是由于消费结构升级、城市化的进程加快、交通和基础设施投资加大而带动的,这个阶段由于中国已经告别了"短缺经济",在人们满足了食品、服装、电器等需求后,开始追求汽车、住房等耐用消费品,需求结构的变化带动了工业结构调整和升级,重工业化和高加工度化成为中国工业发展的必然趋势。这也表明,经过改革开放以来三十余年的快速工业化进程,中国进入了工业化中期阶段。

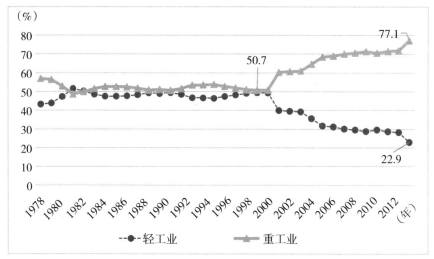

图 2-1　1978—2012 年中国轻、重工业结构变化

资料来源:1998—2011 年数据来自国家统计局工业统计司编:《中国工业经济统计年鉴 2012》,中国统计出版社,2012 年,第 21 页;由于统计口径的变化,2012 年数据来自中华人民共和国国家统计局编:《中国统计年鉴 2013》,中国统计出版社,2013 年,第 473 页。

1998 年以来,随着居民消费结构的升级与城镇化步伐的加快,我国工业内部重工业所占比重持续高于轻工业,重工业呈现快速增长势头,形成了以重工业为主导的工业增长格局。我国重工业占工业总产值的比重由 1998 年的 50.7%上升至 2012 年的 77.1%,提高了 26.4 个百分点;反之轻工业产值比重持续下降,由 49.3%下降到 22.9%,降低了 26.4 个百分点(图 2-1)。

从轻重工业的增速来看,1998—2012 年的 10 多年来，重工业增速整体快于轻工业,然而在国际金融危机爆发前后的一段时期里,轻重工业增速也经历过三个阶段的变化。2008年国际金融危机发生后,我国工业内部轻重工业的增速对比即发生了明显的变化,2008年重工业与轻工业增长率分别为26.7%和21.6%,后期重工业增速下滑明显快于轻工业,2009年轻重工业增速倒挂,二者分别变为11%和6.9%,2010年之后的两年,在我国保增长、扩内需以及大规模基础设施建设投资拉动等因素的影响下,重工业增速重新开始回调,并逐步恢复到国际金融危机前的增速,重工业的增速也再次超过轻工业。2012年,受国内外有效需求不足、实体经济增长疲弱的影响,轻重工业增速又再次出现倒挂现象(图2-2),但随着国际经济的缓慢复苏以及国内经济回暖,重工业增速再次回调到高于轻工业增速,这也说明,投资仍然是拉动中国经济增长的主要力量。

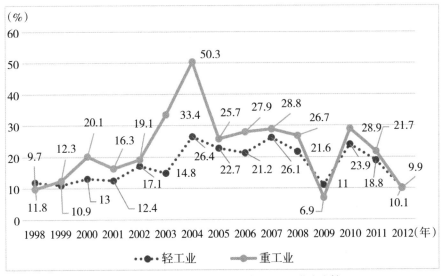

图2-2　1998—2012年中国轻重工业增速比较
资料来源:1998—2011年数据来自国家统计局工业统计司编:《中国工业经济统计年鉴2012》,中国统计出版社,2012年,第21页;2012年数据来自《中华人民共和国2012年国民经济和社会发展统计公报》。

　　从工业化率指标、重工业化指标、高加工度指标、技术集约化指标等工业结构的基础指标,来考察这一阶段基本形成的以重工业为主导的工业增长格局。

工业化率指标,主要是指工业增加值占国内生产总值的比重。工业化率指标主要用来衡量一国工业化所处的阶段,工业化率指标一般经历一个先升后降的过程。进入工业化中后期后,工业增加值占国内生产总值的比重逐步达到峰值,与此同时,第三产业(主要是服务业)增长迅速。从典型国家工业化的经验数据看,工业增加值占国内生产总值的比重达到峰值一般在46%,从我国的数据来看,1998—2012 年工业化率平均为 65.8%,已经超过这一数值,工业增加值占国内生产总值的比重呈现增速放缓的趋势。[1]

重工业化指标,主要是指重工业总产值占工业总产值的比重。一般而言,工业化进入中期以后,在各类需求中,中间需求(或者生产需求、投资需求)的增长是总需求增长的主角。霍夫曼(Hoffmann, W., 1931)等人根据经验研究得出结论,在工业化进程中,霍夫曼比率或霍夫曼系数(消费品工业的净产值与资本品工业净产值之比)是不断下降的。在工业化前期,消费品工业(轻工业)占据主导地位;在进入工业化中期以后,生产资料工业(重工业)比重显著上升,即出现重工业化。从工业化过程中工业结构演变的规律看,随着工业化的发展,重工业占工业总产值的比重不会持续增加,而是呈现一个逐步提升到保持稳定的过程。对于大国的工业化而言,重工业化是一个不可逾越的阶段。2006—2012 年,中国的重化工业已超过了 70%,这一数据与美国、英国、日本、韩国等与我国相似阶段的发展数据进行比较,我国重化工业占工业的比重已经超过了主要国家工业化过程中重工业比重的峰值。[2]

高加工度指标,主要是指工业中加工工业增加值与原材料工业增加值的比例。有学者通过工业内部结构的变动特征,将工业化过程划分为轻工业

---

[1] 中国电子信息产业发展研究院编著:《2013—2014 年中国工业结构调整蓝皮书》,人民出版社,2014 年,第 36 页。

[2] 中国电子信息产业发展研究院编著:《2013—2014 年中国工业结构调整蓝皮书》,人民出版社,2014 年,第 36 页。

化、重化工业化和技术集约化三个阶段，它们大致对应工业化初期、中期和后期阶段。一般而言，当重工业产值超过轻工业产值时，工业化进入重化工业化阶段；而当高加工度工业产值超过原材料工业产值时，工业化则进入高加工度化时期。高加工度工业是工业转型和向更高水平提升的重要支撑，也是促进我国工业发展方式转变的必然要求。我国虽然早已进入重化工业阶段，但仍处在以原材料工业为主的时期，高加工度工业特别是高端制造业发展不足，未来应重点扶持医药制造业、金属制品业、通用设备制造业、专用设备制造业、交通运输设备制造业、电气机械及器材制造业、通信设备、计算机及其他电子设备制造业等高加工度工业发展。[1]

　　技术集约化指标，主要是指高技术产业产值占工业总产值的比重。从典型工业化国家的经验规律看，当高技术产业产值占工业产值的比重达到30%左右时，工业化处于技术集约化阶段。技术集约化指标反映了多数国家在工业化过程中从劳动密集型向资本和技术密集型产业升级转换的过程。2012年，我国高技术产业产值占工业总产值的比重为13.3%，[2]与发达国家相比，我国高技术产业发展水平还比较低，差距仍然较大。这说明我国工业结构优化升级仍然任重道远。

　　能源和原材料工业保持高速增长。1998—2012年，我国国内生产总值持续保持着较快增长，即使在国际金融危机期间依然超过8%，同时随着我国人民生活水平的提高，尤其是对住房需求和汽车等高端消费品需求的增加，拉动了石油、煤炭、天然气等能源资源和工业原材料的需求增长，使得相关产业也保持着高速增长。1998—2012年，能源生产总量不断攀升，能源工业投资持续递增，年均增长率达6.4%（图2-3）。其中，原煤在这十余年以每年

----

① 中国电子信息产业发展研究院编著：《2013—2014年中国工业结构调整蓝皮书》，人民出版社，2014年，第37页。

② 根据《中华人民共和国2012年国民经济和社会发展统计公报》相关数据计算整理。由于统计口径的变化，2012年高技术产业总产值为主营业务收入代替。

净增 2 亿吨左右的产量连续增长,2012 年全国原煤产量已突破 36 亿吨,比
2000 年增加了 23.2 亿吨;[1]钢铁、建材、化工、有色等行业生产增长也较为迅
猛,我国 2012 年粗钢产量达到 7.16 亿吨,占全球钢铁产量的 46.3%。尤其是
改革开放以来,我国电力工业实现了跨越式的发展,电力装机容量和发电量
的年均增速均超过 9%。相关数据显示,2000 年我国电力装机容量仅有
31932 万千瓦,2007 年增至 71329 万千瓦,而截至 2012 年底,全口径发电装
机高达 11.47 亿千瓦,年发电量达到 4.99 万亿千瓦时,我国电网规模、年发
电量已居世界第一。[2]

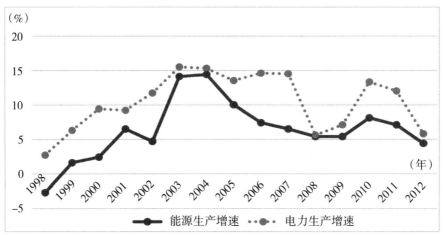

图 2-3　1998—2012 年中国能源、电力生产增长率

资料来源:中华人民共和国国家统计局编:《中国统计年鉴 2013》,中国统计出版社,
2013 年,第 315 页。

二、产业组织结构不断优化

改革开放初期,我国工业企业规模较小、集中度较低,缺乏具有带动力

---

① 根据《中国工业统计年鉴 2013》,第 16~32 页相关数据计算整理。

② 中国电子信息产业发展研究院编著:《2013—2014 年中国工业结构调整蓝皮书》,人民出版
社,2014 年,第 13 页。

和影响力的大企业集团。为此,中央政府决定对国有企业实施大企业、大集团战略,培育具有竞争力的企业和企业集团,使其成为行业中的业导企业;尤其是进入 21 世纪以来,我国将工业结构调整作为重点任务之一,采取一系列政策措施促进企业兼并重组、培育具有竞争力的骨干企业和大企业集团,较大程度地优化了我国工业领域的产业组织结构。一批大企业迅速成长起来。截至 2012 年底,我国大型工业企业达到 9448 家,较 2000 年增长约 1465 家;拥有资产 379618 亿元,占规模以上工业企业总资产的近 50%;实现利润总额 25170 亿元,占规模以上工业企业的 40.7%。[①]大型工业企业的快速发展,不仅有力地推动了我国工业可持续发展,而且有效地提升了我国工业的整体素质和国际竞争力。与此同时,我国工业行业集中度也不断提高。根据工业和信息化部发布的相关数据显示,汽车、船舶、水泥、钢铁、电子信息、医药等竞争性行业的集中度稳步上升。2000 年我国水泥行业前 10 家大型水泥集团市场占有率仅有 4.4%,到 2005 年这一数据提高到 15%。2012 年我国水泥行业前 10 家大型水泥集团水泥产量占全国比重达到 31.1%,水泥行业集中度稳步提高。2012 年我国汽车行业前 5 位企业集中度达到 87.3%,同比提高 0.5 个百分点。[②]

三、工业技术水平和自主创新能力稳步提升

改革开放以来,我国制造业在全球产业价值链上基本处于中低端环节,产品研发能力和产品质量水平较国际先进水平有一定差距,根本原因是工业特别是制造业整体技术水平偏低。21 世纪以来,随着"科教兴国"战略的实

---

① 根据《中国统计年鉴 2013》,第 473 页;《中国统计年鉴 2002》,第 423 页相关数据计算整理。由于统计口径的变化,2000 年大型工业企业包括:特大型工业企业、大一型工业企业、大二型工业企业,

② 中国电子信息产业发展研究院编著:《2013—2014 年中国工业结构调整蓝皮书》,人民出版社,2014 年,第 18 页。

改革开放以来中国工业结构转型升级研究

施以及工业研发投入、技术改造投资的不断增加,我国工业在技术水平提升方面取得了长足的进步,主要表现为以下几个方面:一是研发投入力度持续加大。1998 年以来,我国研发经费支出(R&D)以年均 22.3%的速度增长,到 2012 年达到 10298.4 亿元,占国内生产总值的比重达到 1.98%(表 2-1)。

表 2-1　1998—2012 年中国全国研究与试验发展(R&D)经费支出情况

年份	R&D 经费支出(亿元)	占国内生产总值比重(%)	R&D 经费支出现价增长(%)
1998	551.1	0.65	8.2
1999	678.9	0.76	23.2
2000	895.7	0.9	31.9
2001	1042.5	0.95	16.4
2002	1287.6	1.07	23.5
2003	1539.6	1.13	19.6
2004	1966.3	1.23	27.7
2005	2450.0	1.32	24.6
2006	3003.1	1.39	22.6
2007	3710.2	1.4	23.6
7008	4616.0	1.47	24.4
2009	5802.1	1.7	25.7
2010	7062.6	1.76	21.7
2011	8687.0	1.84	23.0
2012	10298.4	1.98	18.6

资料来源:根据国家统计局、科学技术部编:《中国科技统计年鉴 2013》,中国统计出版社,2013 年,第 27 页相关资料整理。

二是技术改造投资稳步提升。2003—2012 年,研究与试验发展(R&D)经费内部支出中,政府资金占比平均达到 24.6%,企业对 R&D 经费支出占比高达 70%左右,有力地推动了工业经济平稳较快发展,在 2008、2009 年国际金融危机中,通过发挥财政资金作用,提振企业发展信心,在较短时间内实现了工业增速的"V"型反转。2000—2012 年,全国规模以上企业累计完成技术改造投资从 1291.5 亿元增至 4161.8 亿元(表 2-2)。①

①　中国电子信息产业发展研究院编著:《2013—2014 年中国工业结构调整蓝皮书》,人民出版社,2014 年,第 18 页。

表 2-2　2003—2012 年按资金来源分研究与试验发展(R&D)经费内部支出

年份	R&D 经费内部支出（亿元）		占比（%）	
	政府资金	企业资金	政府资金	企业资金
2003	460.6	925.4	29.9	60.1
2004	523.6	1291.3	26.6	65.7
2005	645.4	1642.5	26.3	67.0
2006	742.1	2073.7	24.7	69.1
2007	913.5	2611	24.6	70.4
2008	1088.9	3311.5	23.6	71.7
2009	1358.3	4162.7	23.4	71.7
2010	1696.3	5063.1	24.0	71.7
2011	1883	6420.6	21.7	73.9
2012	2221.4	7625	21.6	74.0

资料来源:根据国家统计局、科学技术部编:《中国科技统计年鉴 2013》,中国统计出版社,2013 年,第 11 页相关数据计算整理。

　　三是技术创新能力快速提升。1998 年以来,我国抓住新一轮科技革命带来的战略机遇,结合国情组织实施了一系列国家科技重大专项,取得了丰硕的成果,一些关键领域的技术水平,接近或达到国际先进水平,极大地提高我国的综合国力和产业竞争力。在高端装备领域,开发出了 3000 米深水半潜式钻井平台、ARJ21 新型支线飞机、百万吨级乙烯成套设备、特高压输变电设备等重大设备已实现了自主研发制造,高档数控机床、大规模集成电路装备等关键技术领域取得了突破性进展。在电子信息领域,以龙芯、众志等为代表的高性能通用中央处理器(CPU)技术和以汉芯为代表的高端数字信号处理(DSP)芯片技术,经历了从初步掌握到基本成熟的发展过程,初步改变了中国信息产业无"芯"的历史,在超级计算机、TD-SCDMA 领域取得的成功更为发展新一代信息技术产业奠定了基础。[1]然而从工业技术创新指标来

---

① 苗圩:《入世十年我国工业和通信业发展状况及问题》,《行政管理改革》,2012 年 3 月。

看, [1] 2000—2012 年,我国主要年份规模以上工业企业研究与试验发展经费支出占主营业务收入的比重均不到 1%(表 2-3),远低于发达国家的平均水平,较大型跨国公司的研发投入水平就更低。

表 2-3 2000—2012 年中国主要年份规模以上工业企业的科技活动基本情况

项目	2000 年	2004 年	2008 年	2009 年	2011 年	2012 年
R&D 经费内部支出与主营业务收入之比（%）	0.58	0.56	0.61	0.69	0.71	0.77
技术改造经费支出（亿元）	1291.5	2953.5	4672.7	4344.7	4293.7	4161.8

资料来源:根据国家统计局、科学技术部编:《中国科技统计年鉴 2013》,中国统计出版社,2013 年,第 27 页相关数据整理。

四、产业结构呈现高级化发展态势

20 世纪 90 年代末期以来,随着重化工业重启,产业结构呈现高级化发展态势,第一产业比重下降,经济增长仍以工业为主导,第二、三产业成为就业增长的主体,显示出工业化中后期阶段产业结构变化的一般特征。1998—2012 年,第一产业比重呈现下降、第三产业比重上升的总体态势,第二次产业占比虽然有波动,但一直保持在接近 50% 的水平,这段时期,第三产业占比从 36.2% 提高为 44.6%,第一产业则从 17.6% 降低为 10.1%(表 2-4)。从工业内部结构来看,投资率上升和消费结构升级带动重化工业高速增长。由于固定资产投资和住房、交通通信需求带动的主要是重化工业,投资需求主要对能源、原材料产生很强的带动作用。2012 年,除石油加工、炼焦及核燃料加工业外,六大高耗能行业能耗占工业能耗的比重高于 70%,意味着高耗能重化工业比重偏高。[2]

---

① 工业技术创新指标主要是指工业企业研究与试验发展经费支出占主营业务收入的比重。技术创新指标反映了技术进步和技术创新在推动工业化发展中的作用,它在很大程度上也反映了一国的经济增长潜力和科学发展的能力。

② 郭旭红等:《新中国产业结构演变述论(1949—2016)》,《中国经济史研究》,2018 年第 1 期。

表2-4　1998—2012年中国三次产业结构变动　　（单位:%）

年份	第一产业	第二产业	第三产业	工业
1998	17.2	45.8	37	40.1
1999	16.1	45.4	38.6	39.8
2000	14.7	45.5	39.8	40.1
2001	14	44.8	41.2	39.6
2002	13.3	44.5	42.2	39.3
2003	12.3	45.6	42	40.3
2004	12.9	45.9	41.2	40.6
2005	11.6	47	41.3	41.6
2006	10.6	47.6	41.8	42
2007	10.2	46.9	42.9	41.4
2008	10.2	47	42.9	41.3
2009	9.6	46	44.4	39.6
2010	9.3	46.5	44.2	40.1
2011	9.2	46.5	44.3	40
2012	9.1	45.4	45.5	38.8

资料来源:根据中华人民共和国国家统计局编:《中国统计年鉴2013》,中国统计出版社,2013年,第45页相关数据整理。

这一时期我国工业结构呈现鲜明的以原材料型的重化工业为主导,同时与需求升级相对应的产业结构高级化趋势也十分明显。与投资需求成为经济增长的主导相适应,原材料和装备制造等重工业得到快速发展,煤炭开采、石油加工、电力生产和供应、黑色金属矿采选及压延加工、有色金属矿采选及压延加工等能源、原材料工业也得到较快发展。从2001年到国际金融危机发生前的2007年,原材料和装备制造在规模以上工业增加值中所占比重分别上升了3.04和2.36个百分点。2008年国际金融危机发生以后,为应对危机,中国出台了以扩大内需为主的经济刺激计划,经济增长对投资的依赖程度进一步提高。2010年与2000年相比,规模以上工业企业工业总产值轻加工制造业企业及其他工业所占比重降低了3.94个百分点,而重加工制造提高3.12个百分点,能源原材料提高0.62个百分点,采掘业提高0.2个百

改革开放以来中国工业结构转型升级研究

分点(表2-5)。

表2-5 1990—2012主要年份我国工业结构变化表 （单位:%）

项目	1990年	2000年	2010年	2010—2000年
采掘业	5.97	6.22	6.42	0.2
能源、原材料	29.12	29.63	30.25	0.62
重加工制造	23.56	30.8	33.92	3.12
轻加工制造及其他	41.35	33.35	29.41	-3.94

注:工业总产值为当年价;2000年和2006年为全部国有及规模以上非国有工业企业,其余年份为乡及乡以上独立核算工业企业。

数据来源:根据相应年份《中国统计年鉴》数据计算。

从就业结构来看,与第二产业就业吸纳能力相比,农业剩余劳动力主要转向第三产业。尤其是在1998—2002年期间,第二产业就业出现绝对下降,从23.5%降至21.4%(表2-6)。2003年以来就业政策的调整和第二产业加速发展,才使得第二产业就业比重又开始上升。2006年第二产业以及工业在经济中的比重达到高点,2012年第二产业和第三产业所占比重并驾齐驱,2013年第三产业比重超过第二产业,标志着我国产业结构变化的一个重要转折。[1]

表2-6 1998—2012年中国就业结构变动 （单位:%）

年份	第一产业	第二产业	第三产业
1998	49.8	23.5	26.7
1999	50.1	23	26.9
2000	50	22.5	27.5
2001	50	22.3	27.7
2002	50	21.4	28.6
2003	49.1	21.6	29.3
2004	46.9	22.5	30.6
2005	44.8	23.8	31.4
2006	42.6	25.2	32.2
2007	40.8	26.8	32.4
2008	39.6	27.2	33.2

---

[1] 国家发展改革委宏观经济研究院产业经济与技术经济研究所:《工业化:中国产业发展与结构变迁40年》,人民出版社,2018年,第19页。

续表

年份	第一产业	第二产业	第三产业
2009	38.1	27.8	34.1
2010	36.7	28.7	34.6
2011	34.7	29.6	35.7
2012	33.5	30.4	36.1

资料来源:根据国家统计局编:《中国统计年鉴2021》,中国统计出版社,2021年,第120页相关数据整理。

第三产业也得到了较快发展。第三产业占国内生产总值比重由1998年的32.1%,提高到2010年的44.2%和2012年的45.5%;第三产业就业结构则由1998年的26.7%,提高到2010年的34.6%和2012年的36.1%。同时,第三产业内部结构也发生了显著的变化:在20世纪90年代,邮电通信服务业、教育、文艺及广播电视服务业、社会服务业所占比重显著上升,而批发零售和餐饮业、交通运输和仓储业所占比重显著下降;1998年以来,批发零售和餐饮业、交通运输和仓储业所占比重呈持续下降趋势,房地产业、金融业,以及科学研究、地质勘查、水利、技术服务、教育、卫生、环境和公共设施管理、社会保障和社会福利、文化、体育和娱乐等行业的比重上升。

高新技术产业占比不断提升。21世纪以来,围绕走中国特色新型工业化道路的总体目标,政府部门出台和实施了一系列促进装备制造、新能源、新材料、新一代信息技术等高新技术产业和战略性新兴产业发展的重点和专项规划,加强对技术引进、创新及高新科技成果产业化的引导和指导,有力地促进了高新技术产业的发展。1998—2012年,全国高新技术产业总产值由7111亿元突破10万亿元大关,年均增长21.2%,占工业总产值的比重也在很大程度上提高了,从1998年的6.0%增至13.3%(表2-7);随着高新技术产业规模总量的不断扩张,高新技术产业产品出口交货值也不断攀升,2012年持续位居世界第一位;同时,高新技术产业企业个数、从业人员均大幅度提高,研发经费持续增加,2012年R&D经费支出比1998年增长了25.4倍(表

2-8)。①

表2-7　1998—2012年高技术产业总产值与工业总产值变化　　（单位:亿元）

年份	第一产业	第二产业	第三产业
1998	49.8	23.5	26.7
1999	50.1	23	26.9
2000	50	22.5	27.5
2001	50	22.3	27.7
2002	50	21.4	28.6
2003	49.1	21.6	29.3
2004	46.9	22.5	30.6
2005	44.8	23.8	31.4
2006	42.6	25.2	32.2
2007	40.8	26.8	32.4
2008	39.6	27.2	33.2
2009	38.1	27.8	34.1
2010	36.7	28.7	34.6
2011	34.7	29.6	35.7
2012	33.5	30.4	36.1

资料来源:根据国家统计局、国家发展和改革委员会科学技术部编:《中国高技术产业统计年鉴2012》,中国统计出版社,2012年,第3页;国家统计局、国家发展和改革委员会科学技术部编:《中国高技术产业统计年鉴2008》,中国统计出版社,2008年,第5页;国家统计局、国家发展和改革委员会科学技术部编:《中国高技术产业统计年鉴2003》,中国统计出版社,2003年,第5页相关数据计算整理,由于统计口径的变化,2012年高技术产业总产值为主营业务收入代替。

表2-8　1998—2012年中国高技术产业生产经营情况

指标	1998年	1999年	2000年	2005年	2009年	2010年	2011年	2012年
企业数（个）	9348	9492	9758	17527	27218	28189	21682	24636
从业人员年平均人数（万人）	393	384	390	663	958	1092	1147	1269
主营业务收入（亿元）	6580	7820	10034	33922	59567	74483	87527	102284
当年价总产值（亿元）	7111	8217	10411	34367	60430	74709	88434	—
利润总额（亿元）	311	432	673	1423	3279	4880	5245	6186

① 中国电子信息产业发展研究院编著:《2013—2014年中国工业结构调整蓝皮书》,人民出版社,2014年,第15页。

续表

指标	1998 年	1999 年	2000 年	2005 年	2009 年	2010 年	2011 年	2012 年
出口交货值（亿元）	2042	2413	3396	17636	29500	37002	40600	46701
R&D 经费（亿元）	56.4	67.6	111	362.5	774	967.8	1237.8	1491.5

资料来源:根据国家统计局、国家发展和改革委员会科学技术部编:《中国高技术产业统计年鉴 2012》,中国统计出版社,2012 年,第 3、113 页相关数据整理;R&D 经费根据国家统计局、国家发展和改革委员会科学技术部编:《中国高技术产业统计年鉴 2002》,中国统计出版社,2002 年,第 110 页;国家统计局、国家发展和改革委员会科学技术部编:《中国高技术产业统计年鉴 2013》,中国统计出版社,2013 年,第 99 页相关数据整理。

生产性服务业持续较快发展。生产性服务业是随着制造业的发展逐步从制造业部门中分离出来,专门为制造业提供支撑服务的行业,主要包括科技服务业、信息服务业、商务服务业、现代金融、现代物流业等,随着我国逐步进入工业化中期向后期加速过渡的发展阶段, 工业尤其是制造业发展对生产性服务业的需求日益增加, 生产性服务业获得了较大发展。21 世纪以来,电子商务、通信增值服务、互联网信息服务、现代物流等生产性服务业已经成为我国国民经济新的增长点, 对保持我国经济平稳较快发展做出了贡献。到"十二五"末,生产性服务业增加值达到 15.8 万亿元,生产性服务业占到服务业的 55%,年均复合增长率将达到 21%。其中,2012 年软件行业业务收入达到 24793 亿元,相较于 2010 年增长了 60%以上。[1]同时,北京、上海、广州等城市在做好规划与明确定位的基础上, 发展形成了一批具有当地特色的生产性服务业产业集群, 如北京以信息技术产业为中心的中关村科技园区,上海以信息服务、研发服务和微电子设计为主的张江高科技园区等。生产性服务业的发展反映了我国工业内部结构变动的趋势(表 2-9)。

---

[1]　中国电子信息产业发展研究院编著:《2013—2014 年中国工业结构调整蓝皮书》,人民出版社,2014 年,第 16 页。

表2-9　1998—2012中国第三产业增加值构成　　（单位:%）

年份	交通运输、仓储和邮政业	批发和零售业	住宿和餐饮业	金融业	房地产业	其他
1998	15.2	22.6	5.8	12.1	11.2	33
1999	15.3	22.1	5.7	11.3	10.9	34.7
2000	15.9	21.1	5.5	10.6	10.7	36.2
2001	15.5	20.6	5.4	9.8	10.6	38.1
2002	15	20	5.5	9.2	10.7	39.5
2003	14.1	19.9	5.6	8.9	11	40.4
2004	14.4	19.3	5.7	8.4	11.1	41.2
2005	14.2	18.6	5.6	8.1	11.4	42
2006	13.8	18.7	5.4	9.1	11.7	41.3
2007	13.1	18.8	5	11.1	12.4	39.6
2008	12.5	19.9	5	11.3	11.2	40
2009	11.3	19.6	4.8	12	12.6	39.7
2010	11	20.6	4.6	12.1	13.1	38.5
2011	10.9	21.2	4.5	12.2	13.1	38.2
2012	10.8	21.3	4.5	12.4	12.5	38.4

　　资料来源:根据中华人民共和国国家统计局编:《中国统计年鉴2013》,中国统计出版社,2013年,第50页相关数据整理。

第二节　工业结构再次重型化的主要因素

一、消费结构升级和投资强劲增长

　　1998年以后,我国产业结构呈现出鲜明的重化工化特征,主要源于经济发展阶段和增长动力发生了重要变化,即经济增长的"三驾马车"作用发生了结构性变化。首先,消费需求结构变化引致工业结构重型化。在1998年以前,居民消费是主要动力,而1998年以后,随着"温饱"问题的解决,居民消费结构升级,城镇居民需求由过去的以吃穿用为主转向以通信、出行和居住为主（表 2-10）。①

表 2-10　1990—2012 年城镇居民消费性支出构成　　（单位:%）

年份	1990 年	2000 年	2010 年	2011 年	2012 年
食品	54.3	39.4	35.7	36.3	36.2
衣着	13.4	10.0	10.7	11.1	10.9
居住	4.8	11.3	9.9	9.3	8.9
家庭设备及用品	8.5	7.5	6.7	6.8	6.7
交通通信	3.2	8.5	14.7	14.2	14.7
文教娱乐	8.8	13.4	12.1	12.2	12.2
医疗保健	2.0	6.4	6.5	6.4	6.4
其他	5.2	3.4	3.7	3.8	3.9

资料来源:中华人民共和国国家统计局编:《中国统计年鉴 2013》,中国统计出版社,2013 年,第 380 页。

一方面是过去"衣食"方面的"内需不足",另一方面是新增"住行"方面的"供给不足",政府不得不更多依靠投资和扩大出口来支撑经济高速发展。1998 年以后,消费对经济增长的拉动作用显著下降,投资成为经济增长的主要带动因素。消费率从 1979—1997 年的年均 63.1%降至 1998—2012 年的54.2%,消费对经济增长贡献率从 59.3%降至 48.7%;相反,投资率从 36.6%升至 41.7%,投资贡献率从 34.1%升至 46.6%（表 2-11）。②

表 2-11　1989—2012 年中国三大需求对国内生产总值增长贡献率以及消费率和投资率　　（单位:%）

年份	最终消费支出贡献率	资本形成贡献率	货物和服务净出口贡献率	消费率	投资率
1989	81.2	-2.4	21.2	64.5	36.6
1990	91.7	-74.6	82.9	62.5	34.9
1991	60.6	37.8	1.6	62.4	34.8
1992	56.1	53	-9.1	62.4	36.6
1993	57.4	55.7	-13.1	59.3	42.6
1994	34.8	34.3	30.9	58.2	40.5
1995	46.2	46.6	7.2	58.1	40.3

①　由于我国当时统计居民消费支出中只包括租房费用支出,不包括买房费用。因而统计中的居住支出并不能够反映实际情况。

②　郭旭红等:《新中国产业结构演变述论(1949—2016)》,《中国经济史研究》,2018 年第 1 期。

续表

年份	最终消费支出贡献率	资本形成贡献率	货物和服务净出口贡献率	消费率	投资率
1996	61.7	34.5	3.8	59.2	38.8
1997	42.3	15.1	42.6	59	36.7
1998	64.6	28.8	6.6	59.6	36.2
1999	88.1	21.7	−9.8	61.1	36.2
2000	78.1	22.4	−0.5	62.3	35.3
2001	49	64	−13	61.4	36.5
2002	55.6	39.8	4.6	59.6	37.8
2003	35.4	70	−5.4	56.9	41
2004	42.6	61.6	−4.2	54.4	43
2005	154.4	33.1	12.5	53	41.5
2006	42	42.9	15.1	50.8	41.7
2007	45.3	44.1	10.6	49.6	41.6
2008	44.2	53.2	2.6	48.6	43.8
2009	56.1	86.5	−42.6	48.5	47.2
2010	44.9	66.3	−11.2	48.2	48.1
2011	61.9	46.2	−8.1	49.1	48.3
2012	54.9	43.4	1.7	49.5	47.8

资料来源:根据中华人民共和国国家统计局编:《中国统计摘要 2018》,中国统计出版社,2018 年,第 33 页;中华人民共和国国家统计局编:《中国统计年鉴 2013》,中国统计出版社,2013 年,第 62 页相关数据整理。

其次,投资强劲增长直接带动了重化工业的快速发展。由于 20 世纪 90 年代"亚洲金融危机"的影响和经济"软着陆"的成功,国民经济"短缺"状态基本结束,我国首次出现了"买方市场"。同时,1998 年底,人均国内生产总值超过 800 美元,提前完成了国民经济翻两番的目标,解决了人民群众温饱问题。与此同时,随着市场经济体制的基本建立,居民收入差距迅速扩大,经济运行开始由过去的供给约束型转变为需求约束型,为实现扩大内需和扩大对外出口的双重目标,政府实行了积极的财政政策和稳健的货币政策。因此,扩大基本建设和能源、交通、原材料供给的"铁公基"就成为国内投资的热点(表 2-12),这既保证了投资的效益,也为中国加入 WTO 后成为"世界制造工厂"提供了保障。再加上 2008 年世界金融危机爆发后,为减缓经济增长速度下滑，政府进一步扩大基本建设投资，以弥补出口萎缩造成的负增长缺口。[1]

表 2-12　1998—2012 年主要年份中国投资结构、工业产品产量、基础设施情况

项目	类别	1998 年	2000 年	2005 年	2010 年	2012 年
固定资产投资（亿元）	采矿业	541	589	3587	11001	13301
	制造业	1484	1175	26576	88619	124550
	电力、热力、燃气及水生产和供应业	2145	2480	7554	15680	16673
	建筑业	158	198	1119	2802	3739
	交通运输、仓储和邮政业	3252	3642	9614	30075	31445
	房地产	186	152	19505	64877	99160
主要工业产品产量	原煤（亿吨）	12.5	13.8	22.5	13.8	36.5
	原油（万吨）	16100	16300	18135	16300	20571
	发电量（亿千瓦小时）	11670	13556	25003	42072	49876
	粗钢（万吨）	11559	12850	35 324	12850	72388
	钢材（万吨）	10738	13146	37771	13146	95578
	生铁（万吨）	11864	13102	34375	59733	66354
	水泥（万吨）	53600	59700	106885	59700	220984
交通运输运营里程（万）	铁路	6.6	6.9	7.5	9.1	9.8
	公路	127.9	140.3	334.5	400.8	423.8
	高速公路	0.9	1.6	4.1	7.4	9.6

资料来源：根据《中国统计年鉴》(1999/2001/2013)、《中华人民共和国铁道部 2012 年铁道统计公报》与《2012 年公路水路交通运输行业发展统计公报》相关数据计算整理。

说明：由于《中国统计年鉴》关于固定资产投资分类标准的变化，因此本表固定资产投资项目中 1998 年、2000 年的数据是国民经济各行业按建设性质分的基本建设投资，而 2005 年、2010 年、2012 年数据是按主要行业分的全社会固定资产投资。

这一时期，住房制度重大改革刺激了投资强劲增长，对工业结构重型化产生了直接拉动作用。1994 年，国务院作出《关于深化城镇住房制度改革的决定》，明确城镇住房制度改革的基本内容，其中包括把住房实物福利分配的方式改变为以按劳分配为主的货币工资分配方式、建立住房公积金制度

---

① 郭旭红等：《新中国产业结构演变述论(1949—2016)》，《中国经济史研究》，2018 年第 1 期。

等。尤其是分税制的建立极大地激发了地方发展经济的积极性。1993年,国务院作出关于实行分税制财政管理体制的决定。我国于1994年进行了分税制财政体制改革,从1995年开始又对政府间财政转移支付制度进行了改革,逐步建立了较为规范的政府间财政转移支付体系。在住房制度改革和需求带动下,住房进入快速增长阶段。1996—2000年我国城镇房地产投资年均增长10%左右,而2001—2010年间年均增长25%左右。[①]

固定资产投资增速过快。为了避免20世纪90年代末期亚洲金融危机的冲击,从1998年起,我国宏观调控政策采取积极财政政策,促进固定资产投资,以实现扩大内需、刺激经济增长的目的。各级地方政府通过国内生产总值锦标赛推动各类平台公司对外筹资,促使固定资产投资活动迅速升温。2002年以来,在软预算约束体制条件下,国有企业、地方政府等投资主体具有强大的投资倾向,投资需求不受自身现金回报的束缚而无限扩张,导致工业部门投资旺盛。2003—2012年,全社会固定资产投资从55566.6亿元增至224598.8亿元,农、林、牧、渔业占比平均2.8%左右,远远低于制造业投资占比平均31%左右的水平(表2-13)。

表2-13 2003—2012年中国主要行业全社会固定资产投资

年份	固定资产投资金额（亿元）			固定资产投资占比（%）	
	合计	农、林、牧、渔业	制造业	农、林、牧、渔业	制造业
2003	55566.6	1652.3	14689.5	3.0	26.4
2004	70477.4	1890.7	19585.5	2.7	27.8
2005	88773.6	2323.7	26576	2.6	29.9
2006	109998.2	2749.9	34089.5	2.5	31.0
2007	137323.9	3403.5	44505.1	2.5	32.4

① 根据历年《中国统计年鉴》相关数据计算整理。1991年国务院下发《关于全面进行城镇住房制度改革的意见》,确定房改的总目标是:从改革公房低租金制度入手,从公房的实物福利分配逐步转变为货币工资分配,由住户通过买房或租房取得住房的所有权或使用权,使住房作为商品进入市场。1998年7月,国务院发布《关于进一步深化城镇住房制度改革加快住房建设的通知》,宣布从同年下半年开始全面停止住房实物分配,实行住房分配货币化。

续表

年份	固定资产投资金额（亿元）			固定资产投资占比（%）	
	合计	农、林、牧、渔业	制造业	农、林、牧、渔业	制造业
2008	172828.4	5064.5	56702.4	2.9	32.8
2009	224598.8	6894.9	70612.9	3.1	31.4
2010	278121.9	7923.1	88619.2	2.8	31.9
2011	311485.1	8757.8	102712.9	2.8	33.0
2012	374694.7	10996.4	124550	2.9	33.2

资料来源：中华人民共和国国家统计局编:《中国统计年鉴 2013》,中国统计出版社,2013 年,第 159~161 页。

最后,对外贸易依存度快速提高。加入 WTO 以后,为了适应全球化和国际分工的要求,对外贸易成为中国经济增长和吸纳就业的重要因素。我国对外贸易依存度逐步快速增加, 入世的 2001 年为 38.1%,2002 年增至 42.2%,2003 年和 2004 年分别达到 51.3%和 59.0%,2005 年到 2007 年都在 60%以上,一直到 2008 年国际金融危机的发生才有所下降。与此同时,具有比较优势的出口导向型行业得以较快增长,其中,产业内分工劳动密集型产品如电子信息产品和电器机械比完全劳动密集型分工产品如纺织、服装、玩具增长更快。

表 2-14　1998—2012 年中国对外贸易依存度　　　（单位:%）

年份	对外贸易依存度	年份	对外贸易依存度
1998	31.5	2006	64.2
1999	33.0	2007	61.8
2000	39.2	2008	56.4
2001	38.1	2009	43.2
2002	42.2	2010	48.9
2003	51.3	2011	48.4
2004	59.0	2012	45.3
2005	62.4	——	——

资料来源：根据国家统计局编:《中国贸易外经统计年鉴 2021》,中国统计出版社,2021 年,第 583 页;国家统计局编:《中国统计年鉴 2021》,中国统计出版社,2021 年,第 78~79 页相关数据计算整理。

中国紧紧抓住经济全球化的战略机遇期,充分利用国际市场和国际资源,特别是加入WTO后,中国出口规模迅速扩张,不断扩大的外部需求,再加上欧美国家中低端制造业向中国转移,我国迅速成为制造业的世界工厂。1978—1997年,中国出口占世界比重微不足道,年均不足3%;1998—2012年,中国商品出口占世界比重迅速从3.3%提高到11.1%,先后在2007年超过美国,2009年超过德国,2010年成为世界最大的商品出口国(表2-15)。

表2-15 1980—2012年中国出口额占世界出口总额的比重和位次变化

年份	比重(%)	位次	年份	比重(%)	位次
1980	0.9	26	1998	3.3	9
1981	1.1	19	1999	3.4	9
1982	1.2	17	2000	3.9	7
1983	1.2	17	2001	4.3	6
1984	1.3	18	2002	5	5
1985	1.4	17	2003	5.8	4
1986	1.4	16	2004	6.4	3
1987	1.6	16	2005	7.3	3
1988	1.7	16	2006	8	3
1989	1.7	14	2007	8.7	2
1990	1.8	15	2008	8.9	2
1991	2	13	2009	9.6	1
1992	2.2	11	2010	10.3	1
1993	2.4	11	2011	10.4	1
1994	2.8	11	2012	11.1	1
1995	2.9	11	—	—	—
1996	2.8	11	—	—	—
1997	3.3	10	—	—	—

资料来源:根据国家统计局编:《中国贸易外经统计年鉴2021》,中国统计出版社,2021年,第588页相关资料整理。

与此同时,中国商品出口结构发生了重要的转变,工业制成品出口占商品出口比重从1981年的53.4%上升到1997年的86.9%、2012年的95.1%。

这样的高速度使得中国迅速成为制造业的世界工厂。[1]制成品出口占世界比重从2000年的4.6%上升到2010年的14.0%，先后在2004年超过日本、2005年超过美国、2007年超过德国。这一比重已经达到日本在1986年最高峰时期的水平，也仅比德国1987年最高峰时期低1%。[2]中国不仅成为制造业的世界工厂，也迅速成为高技术产品的世界工厂。2004年起已经成为世界第一高技术产品出口大国，同时也是世界第一ICT(信息和通信技术)产品出口大国，2010年中国的高技术产品出口占世界比重已经达到22.2%。[3]

二、加入世界贸易组织使中国制造业规模优势得以释放[4]

加入WTO以来，与初级产品竞争力相比较，中国制成品竞争力逐步提高，且比较优势显著提升。我国部分工业产品在全球出口市场的占有率已居世界前列。2009年，中国粗钢产量达56800万吨，居世界第一，是排名前五的日本、俄罗斯、美国和印度粗钢产品之和的2.2倍。从1994年到2000年，中国造船业排名一直位列世界第三，占世界份额与排名前两位的差距比较大，近年来我国造船工业占世界的产量达到17%左右，2008年达到2880万载重吨。日本、德国、美国是世界传统电子产品的生产和出口大国，但2003年以后，中国电子信息产品在国际市场上的占有率提高得非常快，2003年，中国已经超过德国成为世界第二，2004年又超过美国和日本，成为世界第一。2008年，中国电子信息产品在国际上的市场占有率处于世界第一。

---

① 根据国家统计局:《中国统计年鉴1983》,中国统计出版社,1983年,第405页;国家统计局编:《中国统计年鉴1999》,中国统计出版社,1999年,第577页;国家统计局编:《中国贸易外经统计年鉴2021》,中国统计出版社,2021年,第525页相关数据计算整理。

② 世界银行数据库数据。

③ 郭旭红等:《新中国产业结构演变述论(1949—2016)》,《中国经济史研究》,2018年第1期。

④ 中国信息通信研究院:《中国工业发展报告2018》,人民邮电出版社,2018年,第142~145页。

三、从现代企业制度的产权改革到混合所有制改革

2002 年党的十六大报告指出,毫不动摇地巩固和发展公有制经济,毫不动摇地鼓励、支持和引导非公有制经济发展。[1]"两个毫不动摇"为搭建多层次、可操作、全方位支持非公有制经济发展的政策框架指明了方向。从国有企业看,以建立现代企业制度、国有经济战略性调整、组建新国有资产管理体制等一系列改革,促进了国有企业总体数量减少、优化了国有经济布局、增大了国有资本总量、规范了公司治理结构;从非公经济发展态势看,这个时期是中国非公经济大发展时期。20 世纪 90 年代末期,公有制企业数量和资产占比逐步减少,非公有制工业企业数量和资产占比逐步增加。1998—2008 年,公有制工业企业数量占比从 68.1%降低为 7.7%,非公有制工业企业数量占比从 31.9%跃升至 92.3%;从产值来看,公有制工业企业产值占工业总产值的比重从 69.1%降低为 30.2%,非公有制企业产值占比从 30.9%提高到 69.8%。其中,集体所有制企业比重迅速下降,数量占比从 1998 年的 28.9%降至 2008 年的 2.7%,产值占比从 19.5%降至 1.8%,其作用与影响日渐式微,逐步退出历史舞台的中心地带(表 2-16)。非公有制经济在稳增长、促创新、增就业、改善民生等方面发挥了重要作用。城镇单位就业人员中,国有企业占比 44.9%,城镇集体占比 3.9%,其他占比 51.2%;到 2012 年,这一占比分别变为 43.8%、9.5%和 46.7%。[2]

---

[1] 中共中央文献研究室编:《十六大以来重要文献选编》(上),中央文献出版社,2005 年,第 19 页。

[2] 根据国家统计局编:《中国统计年鉴 1999》,中国统计出版社,1999 年,第 136~137 页;国家统计局编:《中国统计年鉴 2013》,中国统计出版社,2013 年,第 124 页相关数据计算整理。

表 2-16　1998—2008 年中国工业企业单位数和工业总产值结构变化　　（单位：%）

年份	工业企业数量占比		工业产值占比	
	国有企业	集体企业	国有企业	集体企业
1998	39.2	28.9	49.6	19.5
1999	31.3	26.3	48.9	17.1
2000	32.8	23.2	47.3	13.9
2001	27.3	18.1	44.4	10.5
2002	22.6	15.1	40.8	8.7
2003	17.5	11.5	37.5	6.6
2004	14.5	9.6	35.2	5.7
2005	10.1	5.8	33.3	3.4
2006	8.3	4.7	31.2	2.9
2007	6.1	3.9	29.5	2.5
2008	5.0	2.7	28.4	1.8

资料来源：国家统计局国民经济综合统计司编：《新中国六十年统计资料汇编》，中国统计出版社，2010年，第40页。

1998—2012 年，国有控股工业企业数量从 6.5 万个减少至 1.8 万个，私营、外商投资和港澳台商投资企业数量从 3.7 万个增至 24.6 万个；同期，从产值来看，国有控股资产占全部工业总产值的比重从 68.8% 降低为 40.6%，私营、外商投资和港澳台商投资资产占比从 21% 提高到 42.3%（表 2-17）。

表 2-17　1998—2012 年中国工业企业数量和资产变化

年份	工业企业数量（万个）			工业企业资产占比（%）		
	国有控股	私营	外商投资和港澳台商投资	国有控股	私营	外商投资和港澳台商投资
1998	6.5	1.1	2.6	68.8	1.4	19.6
1999	5.1	1.5	2.7	68.8	2.0	19.7
2000	5.4	2.2	2.8	66.6	3.1	20.4
2001	4.7	3.6	3.1	64.9	4.4	20.9
2002	4.1	4.9	3.5	60.9	6.0	21.6
2003	3.4	6.8	3.9	56.0	8.6	23.3
2004	3.6	11.9	5.7	50.9	11.0	25.8
2005	2.8	12.4	5.6	48.1	12.4	26.3

续表

年份	工业企业数量（万个）			工业企业资产占比（%）		
	国有控股	私营	外商投资和港澳台商投资	国有控股	私营	外商投资和港澳台商投资
2006	2.5	15.0	6.1	46.4	13.9	26.5
2007	2.1	17.7	6.8	44.8	15.1	27.3
2008	2.1	24.6	7.8	43.8	17.6	26.0
2009	2.1	25.6	7.5	43.7	18.5	25.2
2010	2.0	27.3	7.4	41.8	19.7	25.1
2011	1.7	18.1	5.7	41.7	18.9	24.0
2012	1.8	18.9	5.7	40.6	19.9	22.4

资料来源：根据中华人民共和国国家统计局工业统计司编：《中国工业统计年鉴2013》，中国统计出版社，2013年，第3页相关数据计算整理。

四、"引进来"和"走出去"同时并举的开放战略

20世纪90年代末，通过各种领域、渠道的对外开放，中国经济的开放度和参与世界经济全球化的程度逐步加强。特别是加入世贸组织后，中国在更大程度上融入了经济全球化的进程，标志着对外开放进入了一个新阶段，最重要的变化就是国际市场的竞争更加深入地与国内市场竞争结合在一起，这要求中国在更高水平上参与国际合作和竞争。一方面，要鼓励跨国公司进入中国，充分利用国外资本、管理和技术；另一方面，要鼓励国内企业进入国际市场，在竞争中壮大中国工业企业的国际竞争力。[1]

面对经济、科技全球化趋势和中国对外开放的新特点，江泽民在党的十五大报告中指出，我们要以更加积极的姿态走向世界，"鼓励能够发挥我国比较优势的对外投资"[2]。之后，他在接见全国外资工作会议代表时进一步指出，现在国际竞争这样激烈，无论从目前搞活国有企业还是从我国经济的长

---

[1] 高伯文：《中国共产党与中国特色工业化道路》，中央编译出版社，2008年，第275页。

[2] 《十五大以来重要文献选编》（上），人民出版社，2000年，第29页。

远发展来看,我们不仅要积极吸引外国企业到中国来投资办厂,也要积极引导和组织国内有实力的企业走出去,到国外去投资办厂。他提出"引进来"和"走出去"是我们对外开放的方针,两者是紧密联系、相互促进的方面,缺一不可。[①] 2000年2月,江泽民在广东考察工作时又把"引进来"和"走出去"提高到战略高度,同时强调今后要更注重"走出去"。他说,改革开放20多年来,我们是以"引进来"为主,这是完全必要的,不"引进来"也走不出去。现在情况不同了,实施"走出去"战略的条件更具备了,我国加入世贸组织后,将会为我们实施这一战略带来更多的机遇。这是关系我国经济和整个现代化建设发展全局的大战略。[②]

提出实施"引进来"和"走出去"同时并举、相互促进的开放战略,是把对外开放推向新阶段的重大举措,是更好地利用国内外两种资源的必然选择,也是发展对外投资,逐步形成中国自己的大国公司,提高国际竞争力的重要途径。中共中央关于制定"十五"计划的建议是把"走出去"确立为加快中国工业化现代化的重要战略,指出要"大胆吸收和借鉴一切符合社会化生产要求的经营方式和管理方法。适应跨国投资发展趋势,积极探索采用收购、兼并、投资基金和证券投资等多种方式利用中长期国外投资"[③]。党的十六大确认了这一适应经济全球化的对外开放新战略,强调要坚持"引进来"和"走出去"相结合,"鼓励和支持有比较优势的各种所有制企业对外投资,带动商品和劳务出口,形成一批有实力的跨国企业和著名品牌"[④],更好地推进中国的工业化和现代化。2005年10月,党的十六届五中全会关于制定"十一五"规

① 江泽民:《在接见全国外资工作会议代表时的讲话》(1997年12月24日),《江泽民治中国特色社会主义(专题摘编)》,中央文献出版社,2002年,第190、191页。

② 江泽民:《在广东考察工作时的讲话》(2000年2月25日),《江泽民论中国特色社会主义(专题摘编)》,中央文献出版社,2002年,第193、194页。

③ 《十五大以来重要文献选编》(中),人民出版社,2001年,第1389、1390页。

④ 《十六大以来重要文献选编》(上),人民出版社,2005年,第22、23页。

划的建议进一步表述为"支持有条件的企业'走出去',实施互利共赢的开放战略"①。2007 年 10 月,党的十七大再次强调:"坚持对外开放的基本国策,把'引进来'和'走出去'更好结合起来,扩大开放领域,优化开放结构,提高开放质量,完善内外联动、互利共赢、安全高效的开放型经济体系,形成经济全球化条件下参与国际经济合作和竞争新优势。"党的十七大并提出"鼓励发展具有国际竞争力的大企业集团"②。2002 年外商直接投资实际使用金额首次突破 500 亿美元,2010 年首次突破 1000 亿美元,2012 年达到 1132.9 亿美元,2002—2012 年,外商在华直接投资实际使用金额以年均 8.1%的速度稳步增长。③在引进来的同时,越来越多的中国企业"走出去",开展国际化经营。2012 年,中国对外直接投资从 2002 年的 27 亿美元增至 878 亿美元,创历史新高,首次成为世界第三大对外投资国。截至 2012 年底,中国 1.6 万家境内投资者设立境外企业近 2.2 万家,遍及全球 179 个国家(地区)。④自 2003 年以来,中国对外直接投资流量已实现连续 10 年增长,2002—2012 年的年均增长速度高达 47.9%(表 2-18)。这充分反映出中国利用国外资金和综合运用各种要素相结合,明显提高了全球配置资源的能力,对外经济的综合竞争实力在不断增强。随着中国坚持"引进来"和"走出去"并重,加大"走出去"战略实施力度,中国企业驻外机构和境外企业会越来越多,并注意借鉴知名跨国公司、大公司好的做法和经验,进一步提高国际竞争力。

---

① 《中国共产党第十六届中央委员会第五次全体会议公报》(2005 年 10 月 11 日),《人民日报》,2005 年 10 月 12 日第 1 版。

② 胡锦涛:《高举中国特色社会主义伟大旗帜,为夺取全面建设小康社会新胜利而奋斗》(2007 年 10 月 15 日),《人民日报》,2007 年 10 月 25 日第 1 版。

③ 中华人民共和国国家统计局编:《中国统计年鉴 2013》,中国统计出版社,2013 年,第 243 页。

④ 中华人民共和国商务部、中华人民共和国国家统计局、国家外汇管理局编:《2012 年度中国对外直接投资统计公报》,中国统计出版社,2013 年,第 3~6 页。

表 2-18　2002—2012 年中国对外直接投资情况

年份	流量		存量金额（亿元）
	金额（亿元）	同比（％）	
2002	27.0	—	299.0
2003	28.5	5.6	332.0
2004	55.0	93.0	448.0
2005	122.6	122.9	572.0
2006	211.6	43.8	906.3
2007	265.1	25.3	1179.1
2008	559.1	110.9	1839.7
2009	565.3	1.1	2457.5
2010	688.1	21.7	3172.1
2011	746.5	8.5	247.8
2012	878.0	17.6	5319.4

资料来源：中华人民共和国商务部、中华人民共和国统计局、国家外汇管理局编：《2012年度中国对外直接投资统计公报》，中国统计出版社，2013 年，第 5 页。

注：（1）2002—2005 年数据为中国非金融类对外直接投资数据，2006—2012 年为全行业对外直接投资数据。（2）2006 年同比为非金融类对外直接投资比值。

全方位对外开放标志着当代中国开放的总体格局已经形成。中国共产党把中国工业化发展同整个世界经济的发展紧密联系在一起，同改革开放统一起来，打破了中国长期以来工业化发展的自我封闭和半封闭模式，推动了中国工业化与世界工业化的接轨和互动，愈来愈广泛深入地融入世界经济一体化、全球化进程之中，使中国国民经济系统转变为一个大开放系统，使中国社会主义工业化成为与外部世界紧密联系和融合的开放型模式，不断地为社会主义工业化提供强大的动力和外部促进因素，由此进入了开放型工业化阶段。[①]

这段时期，宽领域、多层次、有重点地推进对外开放。加入 WTO 推动中国从渐进式、局部性对外开放向大推进式、全方位对外开放转变。与此相适

————————

① 高伯文：《中国共产党与中国特色工业化道路》，中央编译出版社，2008 年，第 277 页。

应,我国进一步深化外贸、外汇、金融体制改革,开放的重点领域也由工业转向服务业。2012 年,中国对外直接投资流量超过 10 亿美元的行业大类如图2-4 所示,其中,流向租赁和商务服务业的投资为 267.4 亿美元,占 30.4%;流向金融业的投资首次超过百亿美元,达到 100.7 亿美元,占 11.5%;流向制造业 86.7 亿美元,占 9.9%,主要是专用设备制造业、汽车制造业、电器机械及器材制造业等。在加速与国际接轨的进程中,中国经济与全球经济的融合互动关系增强。一方面,跨国公司大规模进入,促使资源要素配置的国际化程度逐步提高,我国工业结构调整更加倚重国际市场和外部资源;另一方面,"中国因素"在全球经济增长中不断得以强化,日益开放和高速增长的中国经济对全球经济增长的影响和贡献增大。

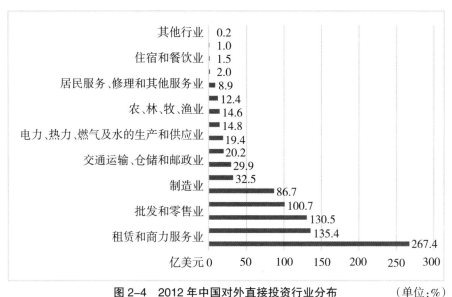

图 2-4 2012 年中国对外直接投资行业分布   (单位:%)

资料来源:中华人民共和国商务部、中华人民共和国国家统计局、国家外汇管理局编:《2012 年度中国对外直接投资统计公报》,中国统计出版社,2013 年,第 8 页。

五、科技体制改革激发创新潜力

科技体制是长期以来阻碍我国产业技术水平的重要因素。受计划经济时代计划式科技体制未能彻底改革的影响,科技和经济"两张皮"的问题一直未能得到有效解决。突出表现在专业科研机构与企业科研相对独立,科研和生产分家,先进科技成果难以转化为实际生产力。同时,科研资源配置不平衡,企业参与重大科研项目程度和水平低,因而难以从国内先进的技术成果中获得收益。因此,中共中央、国务院在2012年全国科技创新大会上提出要进一步深化科技体制改革,并于同年9月发布《关于深化科技体制改革加快国家创新体系建设的意见》(中发[2012]6号)。该意见以"自主创新、重点跨越、支撑发展、引领未来"为科技工作的指导方针,以提高自主创新能力为核心,以促进科技与经济社会发展紧密结合为重点,进一步深化科技体制改革,着力解决制约科技创新的突出问题,充分发挥科技在转变经济发展方式和调整经济结构中的支撑引领作用。同时,提出"十二五"科技体制改革的一项重要目标是确立企业在技术创新中的主体地位。为落实这一目标,提出"建立企业主导产业技术研发创新的体制机制",其中最重要的一项措施是"吸纳企业参与国家科技项目的决策,产业目标明确的国家重大科技项目由有条件的企业牵头组织实施"。这从根本上解决企业长期以来无法充分参与国家科技项目、分享先进科技成果的症结,有助于科研与生产结合,提升科研成果的实用性和经济效益。改革意见专门提出要完善科技支撑传统产业升级的机制。围绕品种质量、节能降耗、生态环境、安全生产等重点领域建立健全新技术新工艺新产品的应用推广机制。该措施以减小生产行为可能给社会带来的负外部效应为切入点,通过节能、环保、安全等技术设备的应用实现企业技术的换代升级。①

随着科技体制改革，企业自主创新能力显著增强。党的十七大报告提出，提高自主创新能力、努力建设创新型国家是国家发展战略的核心，是提高综合国力的关键。提高自主创新能力成为中国工业企业技术创新的核心主题。在这一目标的指引下，工业技术引进和创新活动呈现出两方面特点：一是我国工业技术引进继续强化，主要方式包括专有技术许可和技术服务等。2001年，"软技术"（主要包括技术许可和转让、技术咨询和服务）占技术引进费用总额的42.8%，到2012年，这一占比提升到83.9%。在成套设备与关键设备技术引进费用占比不断下滑的同时，设备进口中的技术费占比有所增加，技术引进的整体趋势依然向"软技术"倾斜（表2-19）。

表2-19　2001—2012年中国技术引进情况　（单位：万美元，%）

年份	合计金额（万美元）	技术许可和转让		技术咨询和服务		关键和成套设备			
		金额（万美元）	占比（%）	金额（万美元）	占比（%）	金额（万美元）	占比（%）	技术费金额（万美元）	技术费占比（%）
2001	909090	175864	19.3	213694	23.5	335775	36.9	30095	9.0
2002	1738920	1074543	61.8	273951	15.8	185359	10.7	23915	12.9
2003	1345121	575856	42.8	354408	26.3	296610	22.1	40701	13.7
2004	1385558	515636	37.2	346073	25.0	378430	27.3	42019	11.1
2005	1904303	637371	33.5	354408	18.6	533312	28.0	69144	13.0
2006	2202323	867517	39.4	518024	23.5	286859	13	37134	12.9
2007	2541535	1027764	40.4	649374	25.6	663192	26.1	228777	34.5
2008	2713347	1441815	53.1	793769	29.3	210788	7.8	29415	14
2009	2157179	1138370	52.8	660223	30.6	150036	7	34545	23
2010	2563557	1131262	44.1	747461	29.2	271623	10.6	39924	14.7
2011	3215881	1350534	42	1153034	35.9	91485	2.8	16157	17.7
2012	4427370	2288142	51.7	1426071	32.2	147058	3.3	24386	16.6

资料来源：根据《中国科技统计年鉴》（2002—2013）相关数据计算整理。

① 中国电子信息产业发展研究院编著：《2013—2014年中国工业结构调整蓝皮书》，人民出版社，2014年，第122页。

二是企业自主创新能力不断增强。国家高度重视发挥企业在技术创新中的主体作用,通过深化科技体制改革、规划引导、支持企业建设研发中心、支持企业参与国家科研项目、鼓励以企业为主导建立产学研联盟、优质科技资源向企业开放等方式进一步夯实企业技术创新的主体地位,增强企业技术创新实力。2012年我国研究与试验发展(R&D)经费支出10298.4亿元,比1998年增长17.7倍,占国内生产总值的比重从0.65%增至1.98%,其中企业R&D经费支出占到74%。[1]累计建设国家工程研究中心、国家工程实验室、国家认定企业技术中心、省级企业技术中心分别高达130个、128个、887家和8137家。[2]

我国企业自主创新活力得到激发,在创新投入和产出方面都实现了显著的增长。在这一时期,规模以上工业企业用于R&D内部支出的费用总额快速增加,2012年比2000年增长了13.7倍,企业创新投入持续提高。从创新产出看,仅2012年规模以上工业企业有效发明专利数为277196件、专利申请数为489945件,比2000年分别增长了17.1倍、17.7倍(表2-20)。创新投入和产出的持续增加,为提高我国工业的自主创新能力提供了专利储备保障。

表2-20 2000—2012年中国主要年份规模以上工业企业科技活动基本情况

项目	2000年	2004年	2008年	2009年	2011年	2012年
R&D经费内部支出(亿元)	489.7	1104.5	3073.1	3775.7	5993.8	7200.6
专利申请数(件)	26184	64569	173573	265808	386075	489945
有效发明专利数(件)	15333	30315	80252	118245	201089	277196

资料来源:根据国家统计局、科学技术部编:《中国科技统计年鉴2013》,中国统计出版社,2013年,第27页相关数据整理。

这一时期,企业通过技术改造的方式,把资金更多地投入更新设备、研

---

[1] 国家统计局、科学技术部编:《中国科技统计年鉴2013》,中国统计出版社,2013年,第11页。

[2] 国家统计局编:《中华人民共和国2012年国民经济和社会发展统计公报》,中国统计出版社,2013年。

发技术和培养人才,以及促进自主创新和成果产业化等方面,加快转型升级步伐,在石化、钢铁、有色、电子等行业领域取得了显著成果。2012 年,我国企业技术获取和技术改造中,引进国外技术经费支出、引进技术消化吸收经费支出、购买国内技术经费支出、技术改造经费支出的占比分别为 8.0%、3.2%、4.1%和 84.7%。[1]通过实施技术改造项目,提升了产品种类、质量,淘汰了落后设备,降低了生产能耗,加快了新技术的应用和开发,促进了引进技术的消化吸收再创新,提升了行业整体装备水平,实现了一些关键零部件的进口替代,使产业核心竞争力得到增强。

第三节　重化工化重启下工业结构的成效[2]

一、整体经济实力显著增强

伴随着改革开放以来连续 30 多年的经济高速增长,我国进入工业化中期阶段,整体经济实力显著增强,在世界经济中占据了重要地位。2000—2012年,中国国内生产总值占世界比重从 3.7%增至 11.3%,居世界的位次从第 6 位跃升至第 2 位,人均国内生产总值从不足 959.4 美元增至 6300.6 美元(现价美元)。[3]图 2-5 所示为 1998—2012 年按照不变价格计算的我国国内生产总值增长率和工业增长率,从中可以看出,国内生产总值增长率与工业增长率的波动幅度比较吻合,说明工业始终是国民经济的支柱产业,并且国内生产总值年均增长率达到 9.8%,工业年均增长率为 10.7%。这符合大多数工业化

---

① 国家统计局、科学技术部编:《中国科技统计年鉴 2013》,中国统计出版社,2013 年,第 27 页。

② 陈佳贵、黄群慧:《中国工业化与工业现代化问题研究》,经济管理出版社,2009 年,第 8 页。

③ 中华人民共和国国家统计局编:《国际统计年鉴 2014》,中国统计出版社,2014 年,第 3 页。

国家工业化过程中会出现相当长时间经济高速增长的规律。国际经验表明，大多数国家(地区)工业化进程中,经济高速增长一般会持续 20 多年,韩国、中国香港和新加坡工业化进程中经历了长达 40 年年均 7%的经济增长速度。[1]

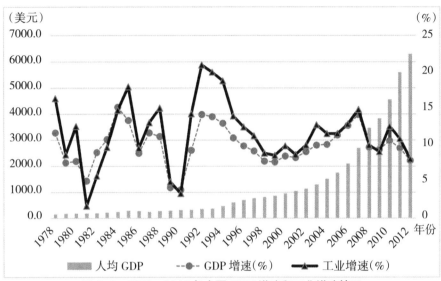

图 2-5 1978—2012 年中国 GDP 增速和工业增速情况
资料来源:人均国内生产总值来源于世界行数据库,国内生产总值增速和工业增速根据国家统计局编:《中国统计年鉴 2021》,中国统计出版社,2021 年,第 84~85 页相关数据计算整理。

　　重化工业主导促进了经济结构快速升级。伴随着居民消费重点从以日用消费品为主转向以耐用消费品为主,1997 年以后重工业强劲增长,工业中重工业比重持续提升,到 2005 年接近 69%。由于重化工业能源消耗大、投资需求大、资本有机构成高等特征,重化工业的高速增长,支撑了国民经济快速发展,但也对环境资源承载力造成极大压力。2002 年,党的十六大报告提出了新型工业化道路,"要坚持以信息化带动工业化,以工业化促进信息化,走出一条科技含量高、经济效益好、资源消耗低、环境污染少、人力资源优势得到充分发挥的道路",这就在思想上明确了推进以资金密集的重化工为主转变为以技术密集的高技术产业为主的产业升级要求。

---

　　[1] 陈佳贵、黄群慧:《中国工业化与工业现代化问题研究》,经济管理出版社,2009 年,第 8 页。

伴随着工业经济的高速增长，中国经济经受住了 20 世纪 90 年代亚洲金融危机、2008 年国际金融危机的考验，中国经济更加成熟，增强了对宏观经济调控的能力。在市场化改革和工业化推进中，1998 年和 2008 年的经济危机对当年中国经济产生了较大冲击，但是很快得到了恢复，回到了快速工业化的轨道上。这主要得益于我国宏观经济调控得当，反映了面对全球化背景下的外部冲击，中国经济发展强大的韧性，以及市场化和工业化推进中经济增长动力机制的强大。

二、成为世界工业大国

在新一轮工业结构重型化和工业持续增长的背景下，我国工业发生了深刻变化，工业整体实力和国际竞争力逐步提高，产出能力极大增加，一些主要工业产品产量规模扩大，先后位居世界前列。其中，煤（1990）、粗钢（1996）、水泥（1985）、棉布（1978）、电视机（1990）、发电量（2010）居世界第一位，原油居世界第四位（2012），中国成为世界工业生产大国，工业在国际产业中具有举足轻重的作用（表 2-21）。

表 2-21　1978—2012 年中国主要年份工业主要产品产量居世界位次

年份	粗钢	煤	原油	发电量	水泥	化肥	棉布	电视机
1978	5	3	8	7	4	3	1	8
1980	5	3	6	6	4	3	1	5
1990	4	1	5	4	1	3	1	1
1996	1	1	5	2	1	1	2	1
2000	2	1	5	2	1	1	2	1
2002	1	1	5	2	1	1	1	1
2003	1	1	5	2	1	1	1	1
2004	1	1	6	2	1	1	1	1
2005	1	1	5	2	1	1	2	1

续表

年份	粗钢	煤	原油	发电量	水泥	化肥	棉布	电视机
2010	1	1	4	1	1	1	1	1
2012	1	1	4	1	1	1	1	1

资料来源:根据国家统计局农村社会经济调查总队编:《国际统计年鉴 2006/2007》,中国统计出版社,2007 年,第 15 页;国家统计局编:《中国统计年鉴 1999》,中国统计出版社,1999 年,第 899 页;中华人民共和国国家统计局编:《国际统计年鉴 2014》,中国统计出版社,2014 年,第 4 页相关数据整理。

三、成为全球贸易第一大国和全球投资大国

伴随着工业化进程的加快推进,我国成本低廉的劳动力优势,以及较好的资源配套生产能力得到充分发挥,我国迅速成为世界贸易大国和吸引外资大国。从进出口贸易看,1998 年我国进出口总额仅为 3239.5 亿美元,到 2012 年,进出口总额达 38671.2 亿美元,贸易顺差达到 2303.1 亿美元。我国已成为最大的外汇储备国,1998 年末外汇储备为 1449.6 亿美元,2006 年增至 10663.4 亿美元(表 2-22),位居世界第一位。[1]

表 2-22 1998—2012 年中国货物贸易和外汇储备情况(单位:亿美元)

年份	进出口总额	出口总额	差额	外汇储备
1998	3239.5	1837.1	434.8	1449.6
1999	3606.3	1949.3	292.3	1546.8
2000	4743.0	2492.0	241.1	1655.7
2001	5096.5	2661.0	225.5	2121.7
2002	6207.7	3256.0	304.3	2864.1
2003	8509.9	4382.3	254.7	4032.5
2004	11545.5	5933.3	321.0	6099.3
2005	14219.1	7619.5	1020.0	8188.7
2006	17604.4	9689.8	1775.2	10663.4
2007	21761.8	12200.6	2639.4	15282.5
2008	25632.6	14306.9	2981.3	19460.3
2009	22075.4	12016.1	1956.9	23991.5

[1] 中华人民共和国国家统计局编:《国际统计年鉴 2009》,中国统计出版社,2009 年,第 3 页。

续表

年份	进出口总额	出口总额	差额	外汇储备
2009	22075.4	12016.1	1956.9	23991.5
2010	29740.0	15777.5	1815.1	28473.4
2011	36418.6	18983.8	1549.0	31811.5
2012	38671.2	20487.1	2303.1	33115.9

资料来源:根据国家统计局编:《中国统计年鉴2021》,中国统计出版社,2012年,第345页相关数据整理。

从出口商品结构来看,1998年,我国初级产品占到出口商品总额的比重为13.1%,工业制成品占出口总额比重为86.9%,到2012年,工业制成品这项占比提高到90%以上,初级产品比重降低到10%以下(图2-6),我国已经是一个工业贸易大国。

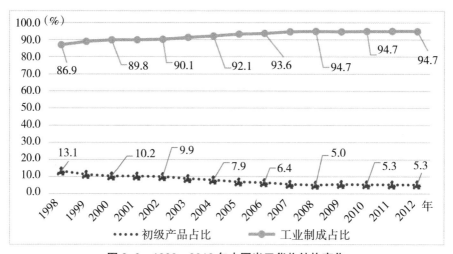

图2-6 1998—2012年中国出口货物结构变化

资料来源:根据中华人民共和国国家统计局编:《中国统计年鉴2014》,中国统计出版社,2014年,第330页相关数据计算整理。

伴随工业化进程的加速推进,充分发挥我国成本低廉的劳动力优势,以及较好的资源配套生产能力,我国迅速成为世界贸易大国、吸引外资大国。出口导向工业化战略成效显著,中国经济外向性极大提升。加入WTO以后,深度融入经济全球化中,充分利用比较优势积极参与全球价值链分工,通过

"干中学"推进产业升级,快速推进了经济增长和工业化进程,对世界经济增长做出了重大贡献,成为世界经济增长的新引擎。2003 年、2004 年,中国出口增长率为 35% 左右(以美元计),[1] 2009 年,中国出口额超过德国成为世界第一,2013 年中国进出口贸易总额超越美国位居世界第一,占世界货物贸易总额的比重为 11%,比 2003 年翻了一番(表 2-23)。

表 2-23　1978—2012 年中国主要年份进出口贸易情况

年份	占世界比重（%）		位次	
	进出口贸易总额	出口额	进出口贸易总额	出口额
1978	0.8	0.8	29	30
1980	0.9	0.9	26	28
1990	1.6	1.8	16	14
2000	3.6	3.9	8	7
2010	9.7	10.3	2	1
2012	10.5	11.1	2	1
2013	11	11.8	1	1

资料来源:中华人民共和国国家统计局编:《国际统计年鉴 2014》,中国统计出版社,2014 年,第 3 页。

从利用外资看,我国实际利用外资从 1998 年的 585.57 亿美元提升到 2007 年的 783.39 亿美元(表 2-24),位居发展中国家第一位。2000—2012 年,中国外商直接投资占世界比重从 2.9% 上升为 9.1%,利用外资额占世界的位次从第十一位提高到第二位,[2]并连续多年位居发展中国家第一位。总体上看,中国从"招商引资"迈入"招商选资"的阶段。

表 2-24　1979—2012 年中国实际使用外资金额情况　（单位:亿美元）

年份	实际使用外资金额	年份	实际使用外资金额
1979—1984	181.87	1999	526.59
1985	47.6	2000	593.56
1986	76.28	2001	496.72
1987	84.52	2002	550.11

---

[1]　国家统计局贸易外经统计司编:《中国贸易外经统计年鉴 2021》,中国统计出版社,2021 年,第 514 页。

[2]　国家统计局编:《国际统计年鉴 2014》,中国统计出版社,2014 年,第 3 页。

续表

年份	实际使用外资金额	年份	实际使用外资金额
1988	102.26	2003	561.4
1989	100.6	2004	640.72
1990	102.89	2005	638.05
1991	115.54	2006	670.76
1992	192.03	2007	783.39
1993	389.6	2008	952.52
1994	432.13	2009	918.04
1995	481.33	2010	1088.21
1996	548.05	2011	1176.98
1997	644.08	2012	1132.94
1998	585.57	1979—2012	

资料来源:根据中华人民共和国国家统计局编:《中国统计年鉴2013》,中国统计出版社,2013年,第243页相关数据整理。

表2-25显示,1998—2012年,外商投资企业工业增加值的年均增长率为13.5%,高于全国工业增加值的年均增长率,说明外商投资企业对中国工业经济增长以及工业结构调整起着十分重要的作用。

表2-25 1992—2012年中国工业增加值及规模以上外商投资企业工业增加值增幅

年份	全国工业增加值(亿元)	增幅(%)	外商投资企业工业增加值增(%)
1992	10116	20.8	48.8
1993	14140	21.1	46.2
1994	18359	18	28
1995	24718	14	19
1996	28580	12.7	13.1
1997	31752	11.1	13.4
1998	33541	8.9	12.7
1999	35357	8.5	12.9
2000	39570	9.9	14.6
2001	42607	8.9	11.9
2002	45935	10.2	13.3
2003	53612	12.6	20

年份	全国工业增加值（亿元）	增幅（%）	外商投资企业工业增加值增（%）
2004	62815	11.5	18.8
2005	76190	11.4	16.6
2006	90351	12.5	16.9
2007	107367	13.5	17.5
2008	129112	9.5	9.9
2009	134625	8.3	6.2
2010	160030	12.1	14.5
2011	188572	10.7	10.4
2012	199860	7.9	6.3

数据来源:中华人民共和国商务部编:《中国外资统计2016》,中华人民共和国商务部,2016 年,第 4 页。

四、人民生活水平显著改善

伴随着工业化的推进,人民生活水平不断提高,1998—2012 年,城镇居民人均可支配收入从 54251 元上升到 24564.7 元,恩格尔系数从 44.7%下降到 36.2%;农村居民人均纯收入从 2162 元上升到 7916.6 元,恩格尔系数从 53.4%下降到 39.3%(表 2-26)。随着城乡居民生活水平提高和医疗条件改善,人口平均预期寿命逐步提高,2000 年为 71.40 岁,2010 年提高为 74.8 岁。[1]

工业化和城镇化相辅相成,紧密相关,随着人均收入水平提高,工业化演进推动产业结构转变,非农就业人口大幅度提升,城镇化率相应提高,促进了城镇的发展。在工业化进程快速推进下,我国人口城镇化率从 1998 年的 26.2%上升到 2012 年的 53.1%,提高了 26.9 个百分点。[2]

---

[1] 中华人民共和国国家统计局编:《中国统计年鉴 2013》,中国统计出版社,2013 年,第 102 页。

[2] 中华人民共和国国家统计局编:《中国统计年鉴 2021》,中国统计出版社,2021 年,第 31 页。

表2-26　1998—2012年中国城乡居民人均收入及恩格尔系数

年份	城镇居民人均可支配收入（元）	农村居民人均纯收入	城镇居民恩格尔系数（%）	农村居民恩格尔系数（%）
1998	54251	2162	44.7	53.4
1999	5854	2210.3	42.1	52.6
2000	6280	2253.4	39.4	49.1
2001	6859.6	2366.4	38.2	47.7
2002	7702.8	2475.6	37.7	46.2
2003	8472.2	2622.2	37.1	45.6
2004	9421.6	2936.4	37.7	47.2
2005	10493	3254.9	36.7	45.5
2006	11759.5	3587	35.8	43
2007	13785.8	4140.4	36.3	43.1
2008	15780.8	4760.6	37.9	43.7
2009	17174.7	5153.2	36.5	41
2010	19109.4	5919	35.7	41.1
2011	21809.8	6977.3	36.3	40.4
2012	24564.7	7916.6	36.2	39.3

资料来源：根据中华人民共和国国家统计局编：《中国统计年鉴2014》，中国统计出版社，2014年，第158页相关数据整理。

五、存在的主要问题

我国已经成为世界工业大国，2010年中国制造业占全球制造业比重达到19.8%，高于美国的19.4%，位列世界第一。但是工业大而不强的特征也很明显，主要表现为工业内部结构不合理、自主创新能力不强、组织结构不够合理、产业布局有待优化等，值得我们重视。

（一）工业内部结构不合理

近年来，随着我国工业化、城镇化步伐的加快，对资源能源的需求进一步加大，导致工业内部结构的不合理问题更加突出：

一是重工业比例偏高。1998年以来，我国新一轮重工业化趋势明显，重工业占比高于改革开放前。从工业化国家发展历程与工业结构演变的规律看，重工业是大国工业化必经的阶段，加快发展重工业也是提高工业化水平的重要动力。然而我国重工业的发展方式具有显著的粗放式和外延式特征，不仅使我国的能源消费总量不断增加，而且重工业发展产生的大量二氧化碳、二氧化硫等污染物排放对环境也造成了严重破坏，资源环境对工业发展的承载力越来越脆弱。如我国能源消耗主要集中在工业部门，工业能源消耗总量占全部能源消耗总量基本维持在70%左右，冶金、化工、建材等工业的发展对能源消耗有着较高的依赖，尤其是化学原料及化学制品业能源消耗总量占全部工业能源消费总量的13%~15%左右，而食品、饮料制造等轻工业的能源消耗总量占比基本都不超过1%。[1]

二是生产性服务业发展不足。我国服务业占国民经济的比重仍然偏低，生产性服务业发展不足，服务贸易国际竞争力不强。从服务业的总量看，2012年我国服务业占国内经济总量达到43%，但还是远低于发达国家70%左右的占比；从服务业的内部结构看，生产性服务业仅占我国服务业增加值40%左右的比重。同时，我国制造业与服务业融合程度相对较低，如2009年美国制造业服务化企业占比达到58%，芬兰为51%，荷兰为40%，而我国不到5%。研发设计、现代物流、信息服务等生产性服务业发展的不足制约了我国工业特别是制造业向产品附加值高、创新能力强、绿色低碳等方向转型升级。

（二）部分行业产能过剩问题突出

产能过剩问题在我国由来已久，改革开放后受国际金融危机的深层次影响，我国部分行业再次出现较为严重的产能过剩问题。

一是传统产业产能过剩问题严峻。其中，钢铁、水泥、电解铝、平板玻璃

---

[1] 中国电子信息产业发展研究院编著：《2013—2014年中国工业结构调整蓝皮书》，人民出版社，2014年，第21页。

和船舶五大行业产能过剩较为突出。2012 年钢铁、水泥、电解铝、平板玻璃的产量均位居世界首位,占全球产量的四成以上,产量处于高位,但产能利用率较低,2012 年钢铁、水泥、电解铝、平板玻璃和船舶五大行业产能利用率分别为 72%、73.7%、71.9%、73.1% 和 75%[21],明显低于国际通常水平。同时,这些行业尚存在较多在建产能,如全国粗钢产能接近 10 亿吨,2012 年粗钢产量 7.17 亿吨,占全球产量 45% 以上,产能过剩行业盲目扩张如不能得到有效抑制,有进一步加剧的可能。传统行业产能过剩亦呈现出新的特点,表现为部分行业高端产品开始显现过剩苗头,如钢铁行业的型材、中厚板、热压宽带钢等高端产品的产能利用率也不足 70%。除上述五大行业外,有色、冶金、石化等传统行业也存在不同程度的产能过剩现象,如氮肥、电石、氯碱、甲醇、塑料等一度热销的化工产品也因为供大于求出现销售困难问题。

二是新兴产业产能过剩问题凸显。在传统行业产能过剩积重难返的同时,新兴产业中的太阳能光伏发电用多晶硅、风电设备等也逐渐出现产能过剩的倾向。如我国风电整机行业产能约有 30~35GW 之间,产量只有 1800 万千瓦,产能利用率低于 60%,仅前 5 家企业的产能就超过了全国新增容量。[1]

三是中国人均能源消费水平和可再生能源人均消费量均达到世界平均水平,但与世界发达国家仍有较大差距。2012 年,中国人均能源消费水平为 2.90 吨标准煤,相当于美国的 29%,日本的 54%。2005 年以来,中国人均可再生能源发展进入快速增长期。2012 年中国人均可再生能源供应为 0.27 吨标准煤,已经达到世界平均水平,但与欧盟等先进国家相差甚远。[2]

---

[1] 中国电子信息产业发展研究院编著:《2013—2014 年中国工业结构调整蓝皮书》,人民出版社,2014 年,第 21 页。

[2] 国家可再生能源中心编著:《中国可再生能源产业发展报告 2013》,中国经济出版社,2014 年,第 17 页。

(三)工业企业自主创新能力不强

与发达国家相比,我国工业技术基础相对薄弱,在国家一系列加强企业技术改造、促进技术创新政策推动下,企业自主创新能力虽然有所提升,但总体上看,与国际先进水平还有较大差距,从技术进步对工业产出增长的总体上看,与国际先进水平还有较大差距,主要表现为技术进步对工业产出增长的贡献率较低,技术创新能力在促进工业企业转型升级方面的作用还没有发挥出来。

一是研发投入强度还不高。科技投入不足是制约我国产业技术水平提升的重要因素之一。长期以来,我国R&D经费支出占国内生产总值的比重一直低于世界平均水平,虽然2012年我国R&D经费首次突破万亿元大关,达到10298.4亿元,比1998年增长17.7倍,但是研究与试验发展经费投入强度却只有1.98%,[①]低于世界平均水平,更低于美国2.7%、韩国3.9%、日本3.2%等发达国家的水平。[②]从规模以上工业企业研发(R&D)经费支出来看,2000—2012年我国规模以上工业企业研发(R&D)经费支出占主营业务收入的比重较低,没有超过1%,[③]很多科研领域缺乏足够的资金支持。导致科研投入强度偏低的主要原因是缺乏多元化的科技投资渠道。加入WTO以来的10余年,我国科技投资来源主要是政府和企业,其他方面投入较低,2003—2012年,除政府、企业以外的R&D经费外,国外资金和企业资金占比不超过10%,2012年占比仅为4.4%,低于2003年5.6个百分点(表2-27)。因而需要引导更多资本进入科技创新领域。科技部鼓励和引导民间资本进入科技创新领域就是多元化科技投资渠道建设的一项重要举措。

---

① 国家统计局、科学技术部编:《中国科技统计年鉴2013》,中国统计出版社,2013年,第6页。

② 参见世界银行数据库数据。

③ 国家统计局、科学技术部编:《中国科技统计年鉴2013》,中国统计出版社,2013年,第27页。

表 2-27 2003—2012 年中国按资金来源分 R&D 经费内部支出

年份	合计	经费支出（亿元）				经费占比（%）		
		政府资金	企业资金	国外资金	其他资金	政府资金占比	企业资金占比	国外+其他占比
2003	1539.6	460.6	925.4	30	123.8	29.9	60.1	10.0
2004	1966.3	523.6	1291.3	25.2	126.2	26.6	65.7	7.7
2005	2450	645.4	1642.5	22.7	139.4	26.3	67.0	6.6
2006	3003.1	742.1	2073.7	48.4	138.9	24.7	69.1	6.2
2007	3710.2	913.5	2611	50	135.8	24.6	70.4	5.0
2008	4616	1088.9	3311.5	57.2	158.4	23.6	71.7	4.7
2009	5802.1	1358.3	4162.7	78.1	203	23.4	71.7	4.8
2010	7062.6	1696.3	5063.1	92.1	211	24.0	71.7	4.3
2011	8687	1883	6420.6	116.2	267.2	21.7	73.9	4.4
2012	10298.4	2221.4	7625	100.4	351.6	21.6	74.0	4.4

资料来源：根据国家统计局、科学技术部编：《中国科技统计年鉴 2013》，中国统计出版社，2013 年，第 11 页相关数据计算整理。

二是原始创新能力不足。尽管我国工业的技术水平与自主创新能力都有了相当程度的提升，但是多数领域仍然缺乏核心关键技术、技术对外依存度较高，产业创新能力与发达国家相比还有相当大的差距。2012 年我国集成电路的进口额达到 1920 亿美元，仅次于原油的进口额。从核心专利技术来看，我国近半数发明专利申请来自国外，产业技术空心化成为我国企业进入国际市场的壁垒，我国有 60% 的出口企业遭遇过国外的专利技术壁垒；基础研究和应用研究支出所占比重偏低，与发达国家基础研究支出占 10% 以上和应用研究支出占 20% 以上的水平相比差距明显。这两项支出所占比重不高表明我国科技发展的根基还不够坚实，原始创新能力不足（表 2-28）。

表 2-28 1998—2012 年中国全国研究与试验发展（R&D）经费内部支出构成（单位：%）

年份	基础研究	应用研究	实验发展
1998	5.3	22.6	72.1
1999	5.0	22.3	72.7
2000	5.2	17.0	77.8
2001	5.3	17.7	76.9

年份	基础研究	应用研究	实验发展
2002	5.7	19.2	75.1
2003	5.7	20.2	74.1
2004	6.0	20.4	73.7
2005	5.4	17.7	76.9
2006	5.2	16.3	78.5
2007	4.7	13.3	82.0
7008	4.8	12.5	82.8
2009	4.7	12.6	82.7
2010	4.6	12.7	82.8
2011	4.7	11.8	83.4
2012	4.8	11.3	83.9

资料来源:根据国家统计局、科学技术部编:《中国科技统计年鉴2013》,中国统计出版社,2013年,第6页相关数据计算整理。

(四)产业组织结构仍不够合理

改革开放以来,我国在由计划经济体制向市场经济体制转轨的过程中,产业组织结构发生了较大的变化,逐步从过去"大而全""小而全"的模式中脱离出来。但是由于历史包袱较重,以及受国有企业改革、非公经济准入推进滞缓等因素的影响,我国产业组织结构还远未达到合理水平。

一是规模经济行业集中度依旧偏低,规模经济优势未能充分发挥。从总体来看,我国工业产业集中度总体水平相对偏低。具体来看:一方面,对规模经济要求较高的交通运输设备、黑色金属冶炼及压延加工(冶金)等传统产业集中度与发达国家仍具有一定差距。如2012年我国前15家钢铁企业产量市场占有率仅有45%左右,而美国、日本在2005年时前4家钢企市场占有率就已经分别达到54.5%、74.29%。另一方面,对技术与创新有着较高要求的电子、IT类等高端装备制造、第三产业以及新兴产业集中度远低于发达国家。如全球近80%左右的高铁轴承是由分布于美国、日本、欧洲等国的8家跨国公司生产的,我国有将近 6000 家生产企业,但排名前 10 位的轴承企业销售额合计仅占全行业 40% 左右的份额。①

二是大中小企业协调发展的产业生态体系尚未形成。党的十五大以后,伴随我国政府开始实施的培育大企业大集团与鼓励中小企业发展战略,部分中小企业或主动或被动退出市场,产业结构有了较大的调整,然而大型企业与中小企业之间的协同发展却并不理想。大型企业集团不仅在技术、管理、科研等方面的优势未能明显显现,而且在带动配套产业发展方面的作用也相当有限。如在已经形成的传统产业集群中,中小企业的商品、服务逐渐趋同于大型企业,并且在产品价格、产品质量等方面与大型企业进行恶性竞争,在一定程度上反而扰乱了市场的竞争秩序。此外,从大企业数量来看,除传统的能源行业,我国在高端装备制造企业以及新兴产业等领域具有国际竞争力的大企业数量明显偏少。2012 年世界 500 强企业排名中,我国共有 73 家上榜,集中在采矿、银行、金属产品、汽车、工程与建筑、炼油等行业,而美国、日本、韩国的入围企业则基本都集中在互联网、现代制造业、电子等高科技领域。

(五)工业布局有待进一步优化

这段时期,在国家相继实施西部大开发、振兴东北老工业基地和中部地区崛起等战略的基础上,我国工业总体布局逐步优化,集聚效应越来越明显。然而东中西部地区经济发展不平衡,围绕主体功能区布局不突出,重复建设等问题也同时存在。比如,很多地区受经济增长及就业压力,甚至不顾是否具有相应的优势和条件,将大部分投资引向了那些能够快速拉动国内生产总值增长的重化工行业,以至我国各地钢铁、石化、能源等重复建设布

---

① 中国电子信息产业发展研究院编著:《2013—2014 年中国工业结构调整蓝皮书》,人民出版社,2014 年,第 23 页。

局,产能过剩的问题日益严重。甚至在同一省内的产业布局也出现很多无序布局的情况,产业同质化竞争严重。从资源禀赋、地区优势和市场就近等方面考虑,工业布局尚有待进一步优化。10余年来,这种趋势进一步延伸向战略性新兴产业。国家战略性新兴产业发展规划发布后,20余省市均将太阳能光伏、新能源汽车、新材料等纳入本地重点发展的产业,因而这种区域产业同构现象,必然会加剧地方在资源、资金劳动力等生产要素方面的激烈竞争,有可能引发新一轮重复建设、产能过剩等问题,也会导致资源的低效率配置。

（六）能源市场持续上扬动能不足

伴随着我国从工业化中期向工业化后期过渡,长期推动我国经济高速增长的人口红利、要素红利、技术模仿红利以及国际竞争中的低成本优势都在衰减,粗放型增长模式难以为继,经济发展呼吁用高效率替代高速度。"十二五"规划将年均国内生产总值增速调整到7%,同时强调加大结构调整力度,在顶层设计上也已明确了用高效率替代高速度这一思路。在此背景下,我国能源工业发展面临的市场形势更加严峻,能源市场持续上扬动力不足,结构转变优化任务更加紧迫。[1]

一是后金融危机时代外需不振、贸易摩擦增多。2012年,国际金融危机尤其是欧洲债务危机的阴霾犹存,世界各国都在迫切地寻找经济增长动力,借以加快复苏进程,尤其对于发达国家而言,由于其刺激政策效果逐渐减弱,这种动力更为迫切。但由于其国内的私人消费和投资短期内难以提升,内部没有太大的发掘空间,因而希望通过进出口改善来拉动经济增长。在这样的背景下,我国同周边国家的贸易摩擦继续增多,形式也更加多样化,以

① 崔民选、王军生、陈义和主编:《中国能源发展报告2013》,社会科学文献出版社,2013年,第6页。

汇率为操纵手段的"货币战",以低碳经济为操纵手段的"气象战、环境战",以新能源为特征的"科技战"经常出现。

二是大规模刺激政策退出后内需疲软、产能过剩问题凸显。首先,2012年,经济增长由政策刺激向自主增长转变,投资增长回落成为内需疲软的主要原因。"十一五"期间,为应对金融危机,投资对国内生产总值增长的贡献更是达到了95.2%的高位,其中很大一部分是以政府为主导的基础设施建设投资。2012年,以政府为主导的投资不可持续,势必会导致投资增速出现回落,在此背景下,与基础设施相关的钢铁、建材需求增速出现明显回落,这些行业需求疲软的问题充分暴露出来。其次,由于就业、收入分配、社会保障等社会问题突出,我国消费拉动经济增长的动能依然不足。这些问题直接制约着我国消费需求的增长。[①]

(七)高碳经济向低碳经济转变面临调控制约

随着重化工业的高速发展,资源消耗过大的问题突出,生态环境压力显著积累。资源环境约束的不断加大,以大量消耗资源、高排放高污染为特征的传统发展方式越来越难以持续。而从国际方面看,金融危机后,世界各国都在争相发展新能源和节能环保等新兴绿色产业,积极培育未来新的经济增长点,将低碳经济相关产业作为抢占未来经济增长的制高点。在国内和国外因素的倒逼机制下,我国经济增长模式由高碳经济向低碳经济转变势在必行。而在经济发展模式由高碳经济向低碳经济转变的过程中,产业结构和能源消耗结构都将发生明显变化,高碳行业将面临紧缩型政策调控,这将导致能源行业面临需求不足的困境。[②]

[①] 崔民选、王军生、陈义和主编:《中国能源发展报告2013》,社会科学文献出版社,2013年,第5页。

[②] 崔民选、王军生、陈义和主编:《中国能源发展报告2013》,社会科学文献出版社,2013年,第6页。

一是工业经济增速回落。从 2000 到金融危机爆发前,我国以能源、化工、冶金、建筑材料、机械制造等行业为代表的重化工业呈现出高速增长的趋势,总量不断扩张,增速维持在 20% 左右,大大超过了同时期工业和国内生产总值的平均增速。重化工业的高速发展成为我国工业发展的主要动力,为国民经济持续快速发展做出了重要贡献。但是重化工业中的重复投资和过度竞争所导致的产能过剩问题,也严重地影响到我国工业和国民经济的持续健康发展,同时导致其自身发展的资源利用效率不高、经济效益低下。受高耗能产业产能过剩、外需不足等因素影响,2012 年,全年全国规模以上工业增加值增长率为 10.0%,与 2007 年 18.5% 的增长率相比,降低了 8.5 个百分点(图 2-7)。工业经济回落,弱化了煤炭、电力、石油等能源需求,能源相关行业面临需求不足。

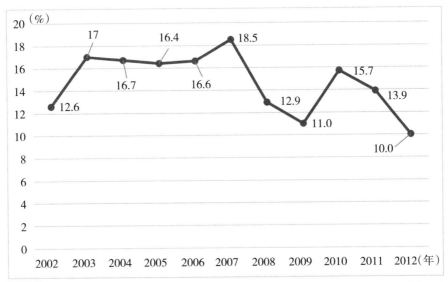

图 2-7　2002—2012 年中国规模以上工业增加值增长率　　(单位:%)
资料来源:根据历年《中华人民共和国国民经济和社会发展统计公报》相关数据整理。

二是传统产业出现过剩。其一,钢铁行业出现全面过剩。经过 10 余年重化工业的快速发展,我国钢铁业步入峰值,产能过剩问题逐步显现。2012 年,我国钢铁行业从结构性、阶段性产能过剩阶段,进入了全面产能过剩阶段,钢铁价格跌至历史低位。其二,建材行业主要产品出现全国性过剩。首先,水泥面临全国性过剩。我国水泥供给大于需求的形势已经较为严峻,然而在东部地区产业结构调整和诸多工业西移的潮流中,水泥仍然是地方招商引资的热点项目,许多水泥项目还是"首长项目""大集团项目""区域重点项目"盲目发展,高水平重复建设的趋势正在继续蔓延。其次,平板玻璃产能过剩境况加剧。我国平板玻璃产业存在产品同质、结构雷同、重复建设等严重现象,低端产品过剩、高端产品短缺、精深加工偏低等结构性矛盾突出。

三是火电行业受节能低碳政策约束。首先,新能源起到一定的替代作用。低碳经济成为全球发展的主旋律,降低化石能源、提高新能源比重已是大势所趋。水电、核电、风电、太阳能、生物质能等新能源受到更大的支持,而与此相对应,对火电项目则存在一定的替代作用。其次,在工业经济增速整体下滑的背景下,社会用电需求增速有所回落。"十二五"时期,在整体经济增速回落的同时,经济结构调整导致社会高耗能行业发展更趋于缓慢,从而使社会用电量尤其是工业用电量增速出现回落。上述两方面的效应都对我国火电行业造成一定的负面影响。

(八)发展中国家制造业面临双重压力

对于新兴工业化发展中经济体而言由于处于迅速工业化与城镇化的发展阶段,面临着人口增长的压力,肩负着促进就业、大规模基础设施建设、承接发达经济体重化工业转移并扮演世界"制造中心"角色等工业化发展阶段所要面临的历史任务,从而具有能源和资源需求急剧上升,能耗及排放总量大、增速快的特征。在此背景下,发展中国家面临着发展经济和节能减排的双重压力,唯一出路便是转变经济发展方式和转变能源利用方式,由粗放型向集约型转变,由高耗能、高污染、低产出向低耗能、低污染、高产出转变。

　　2002—2012 年,我国粗钢、水泥、电解铝和平板玻璃等行业的产量均保持两位数的年均增长率水平,其中 2008 年我国启动 4 万亿元经济刺激政策后,投资的增长速度超过了市场需求的增长速度。2011 年恰逢"历史上最严厉的房地产调控政策",房地产行业进入大萧条,上游产业如钢铁、水泥、平板玻璃等行业的需求遭受冲击,加上国际金融危机和欧债危机的蔓延,世界经济复苏乏力,国内外需求疲软,我国工业品市场供求错位,供大于求。

第三章　经济高质量发展下的工业结构
（2012—2021年）

　　党的十八大以来,我国工业化从中期向后期加速过渡,面临着克服国内外需求放缓的不利影响,加快推进工业结构调整,深化改革,转变工业发展方式成为亟待解决的重大问题。从外部看,我国工业发展既面临着新工业革命的历史机遇,也面临着发达国家制造业回流,发展中国家产业竞争形势更为严峻等一系列挑战。从内部看,工业发展长期积累起来的结构性矛盾和问题仍较为突出,推动工业结构高级化,加快实现从低成本比较优势向基于创新和人力资本的新比较优势转换的任务仍十分艰巨。我们要在认清形势、把握方向的基础上,进一步明确工业结构调整的思路和重点,加快推进工业结构优化升级。①

---

　　① 中国电子信息产业发展研究院编著:《2013—2014年中国工业结构调整蓝皮书》,人民出版社,2014年,第25页。

第一节 面临的国内外环境

从世界工业化发展的历史看,在工业结构不断调整和优化的过程中,技术的变革、需求的牵引、市场的竞争和要素的国际化均对工业结构调整产生了重要深远的影响。其中,技术创新既是历次工业革命的推动者,也是工业结构调整的重要驱动力;由消费结构升级带动的需求结构升级代表着工业结构优化升级的方向,引导工业结构向技术更加进步、产品不断升级、服务功能更为完善的方向发展;公开透明的市场竞争环境促进了企业间的优胜劣汰,从微观层面加速推动了工业结构调整;要素价格的市场化和资源配置的国际化为工业结构调整不断增添新的动力。2013年以来,我国工业结构迈向高质量发展所要面临的技术条件、需求环境已经具备,由新一轮深化改革驱动的市场竞争、要素保障条件即将形成,工业结构调整面临难得的机遇。同时,我们也要正视可能影响工业结构调整的不利因素,准确把握当前的形势。

一、国际环境的机遇和挑战

(一)新一轮科技革命和产业变革带来历史契机

随着以云计算、物联网、人工智能等为基础的新一轮科技革命快速兴起,催生新的产业、新的商业模式、新的增长动力、新的产品和服务。欧美发达国家对新科技革命高度重视,美国、德国、英国、日本相继出台关于未来重点产业发展的战略部署,如《美国先进制造业国家战略计划》、"工业4.0"、《英国工业2050战略》《2015年版日本制造白皮书》等,并且已经开始在第三次工业革命中积极布局,全球工业布局和产业结构变动开始呈现一些新的趋势。英国

《经济学人》杂志指出：第三次工业革命将会改变商品的制造方式，改变就业格局，将会对全球制造业产生巨大推动。首先，以智能机器人为代表的新型智能装备将在极大程度上减少劳动力的需求，制造业的就业群体将逐渐转向制造业服务化领域，这会加速我国第二、第三产业之间的结构调整与优化过程。其次，能源互联网等的出现有利于改变传统的生产方式，实现资源能源高效清洁循环利用，有助于缓解我国资源能源约束的压力，为传统制造企业的转型升级提供了重要的机会。最后，随着新能源、新材料、生物技术和新一代信息技术创新发展的步伐加快，为我国产业结构调整和产业升级创造了良好的技术环境，为我国实现由"工业大国"向"工业强国"的转变提供了新的契机。[①]

(二)全球经济增长的不确定性带来不稳定因素

国际金融危机过后，其影响呈现长期化趋势，世界经济增长的不稳定不确定因素增多，全球经济将在较长时间内处于艰难的调整期。可以说，不确定性导致政府宏观调控的难度加大。在欧美经济复苏疲弱的背景下，以中国为首的新兴经济体尽管增长力度强劲，但通胀压力上升，不足以带动全球经济走出低谷。一方面，主权债务危机并未解除，欧洲经济难以乐观。主权债务危机爆发后，欧盟等发达经济体和新兴经济体的经济增速都出现了相当程度的回落。欧美等国消费信心持续下滑、失业率居高不下、经济政策陷入两难境地，短期内欧洲经济的前景黯淡，难以出现强劲复苏的势头，进一步加剧欧债危机的不确定性。这严重影响我国工业发展的出口模式、市场空间、技术能力等传统优势局面。另一方面，发达国家极度宽松的货币政策及赤字财政的必然退场，可能对国际资金流动态势形成微妙影响，推动国际流动性从发展中国家涌向发达经济体。如果这一金融潮涌能够被正确引导，可能会

---

① 中国电子信息产业发展研究院编著：《2013—2014年中国工业结构调整蓝皮书》，人民出版社，2014年，第25页。

使对发展中经济体的冲击得到有效控制,同时对发达经济体形成积极的推动效应,从而有效抵消其对全球经济可能带来的负面效应。否则,不仅不能使发达国家走出困境,而且会导致新兴经济体的经济增速受到严重冲击,从而让世界经济增长的现存动力也面临大幅度减速的危险。[①]

(三)发达国家和发展中国家的"双重夹击"

国际金融危机以来,为了应对失业率攀升、经济萧条,争夺未来产业竞争制高点,美国、日本等发达国家决定重振制造业,相继实施"再工业化"战略,"制造业回流"计划。美国分别出台"先进制造业伙伴计划""总统美国制造业复兴计划",颁布了鼓励和发展制造业的一系列政策措施,加强对先进制造业研发成果的转化,不断推进美国"再工业化"。在上述政策的指导下,以美国为主的发达国家制造业开始表现出积极的发展势头,不仅制造部门就业机会出现增长,而且企业回流现象明显。如体育用品制造商阿迪达斯,福特汽车,玩具生产商等已先后将它们全部或部分产品制造从中国转回到美国,带动增加本国就业岗位。发达国家逐渐推行以 3D 打印、数字制造、工业机器人等高端制造业为主的再工业化,这将使我国制造业面临着艰巨的竞争:一是随着外部需求的下滑,我国出口制造业可能会受到较大冲击,企业面临着较大的生存考验;二是制造业资本等向发达国家回流,必然会增加国内就业压力,影响我国产业结构转型;三是与发达国家之间的差距可能会进一步扩大,由于发达国家在关键技术、产业标准等方面具有领先优势并可能加大对我国的技术壁垒,使得发达国家制造业始终处于全球产业价值链高端,我国制造业低端锁定的模式难以摆脱。[②]与此同时,随着中国数量型人

---

① 中国电子信息产业发展研究院编著:《2013—2014 年中国工业结构调整蓝皮书》,人民出版社,2014 年,第 27 页。

② 中国电子信息产业发展研究院编著:《2013—2014 年中国工业结构调整蓝皮书》,人民出版社,2014 年,第 28 页。

口红利减弱、快速老龄化促使劳动力成本快速上涨,依靠低廉成本优势的劳动密集型行业发展受到严峻挑战。而广大的东南亚发展中国家凭借低廉的劳动力成本、土地资源优势,承接发达国家转移的低端制造业、传统的加工贸易行业等,与我国中低端制造业形成强大的竞争。因此,我国制造业战略转型面临发达国家和发展中国家的双重夹击。

(四)新兴经济体与我国产业竞争进一步加剧

一直以来,我国制造业的竞争力明显高于其他新兴经济体,不仅在发达国家的市场上拥有较高份额,而且在发展中国家的市场上占据一定优势,如2011年,我国出口到印度、巴西、俄罗斯的出口额分别为319亿美元、490亿美元、500亿美元,占其工业品进口额比重达到28%、19%、18%。①然而,由于我国日渐上升的劳动力成本与资源能源价格等要素影响,发达国家在经济持续低迷时期将更多的资本、技术、人才投向了巴西、印度等新兴经济体国家,使得我国工业发展的竞争优势逐步减弱,尤其是在低端产业领域。一方面新兴经济体对我国的贸易保护主义日渐活跃。由于新兴经济体与我国均处于工业化中后期的发展阶段,制造业同质化较为严重,尤其是全球经济形势持续低迷,全球贸易保护主义抬头,新兴经济体对我国产品的贸易救济调查和贸易摩擦不断增多。如2012年我国遭遇的贸易救济调查中大部分是新兴工业化国家,仅纺织品行业就有3起来自新兴工业化国家;同时世界贸易组织报告显示,在1995—2010年期间,印度对我国的反倾销调查数量已经远远超过欧美,在其发起的反倾销调查案件数量上我国居首位。另一方面新兴经济体在一定程度上的低成本优势也使其成为产业转移的焦点地区,对

---

① 中国电子信息产业发展研究院编著:《2013—2014年中国工业结构调整蓝皮书》,人民出版社,2014年,第28页。

我国引进外商高端制造业和高端服务业投资构成竞争压力。[1]

二、国内环境的机遇和挑战

(一)宏观政策趋稳营造良好环境

国际金融危机爆发后,我国经济增速骤然下滑。为此中共中央、国务院及时果断决策,启动4万亿元资金、实施积极的财政政策和适度宽松的货币政策等一系列刺激性计划,有效地遏制了国际金融危机对我国经济产生的不利影响。党的十八大以来,我国经济发展已经进入新的历史阶段,经济潜在增长率放缓,投资对拉动经济增长的动力正在逐步减弱,需要更加注重依靠转型升级、扩大内需、依靠创新来拉动经济增长。这主要是由于:重化工业的高速增长和"压缩型工业化"对生态环境造成巨大压力,在"两山理论"指导下,高物耗、高污染、高能耗产业的粗放型增长模式已难以为继,经济增长动力从以劳动密集型行业为主向集约型行业为主的转变迫在眉睫。在内需方面,消费结构正从模仿型排浪式消费向多样化、个性化消费转变,国内工业供给质量和水平明显滞后于消费水平的升级,居民快速增长的高端化需求无法得到满足。在全球价值链的分工格局中,"技术低端锁定"依旧存在,我国高技术行业增值能力偏弱,这在很大程度上制约了制造业转型升级;同时具有潜在比较优势的产业种类低于全球平均水平。[2]自从迈入中等收入国家行列以来,学术界对中国是否会陷入"中等收入陷阱"的争论从未停止。[3]中国工业竞争优势的重塑将有力地推动我国成功跨越"中等收入陷阱",促使经济由高速增长向高质量

---

①　中国电子信息产业发展研究院编著:《2013—2014年中国工业结构调整蓝皮书》,人民出版社,2014年,第28页。

②　张其仔、李颖:《中国产业升级机会的甄别》,《中国工业经济》,2013年第5期。

③　张林秀、易红梅、罗仁福等:《中等收入陷阱的人力资本根源:中国案例》,《中国人民大学学报》,2014年第3期。

发展转变。在此种形势下,国家在统筹考虑稳增长、调结构与促改革的基础上,已经连续确定实施积极的财政政策和稳健的货币政策目标,宏观政策趋于稳定。这一政策一方面能够使工业经济的运行保持在合理区间,使市场有着较为稳定的预期;另一方面在经济运行保持在合理范围内的同时,有利于以转变经济发展方式为主线,以调整结构为重点,促进经济结构调整和产业转型升级。国家保持宏观政策的稳定,不再将注意力集中在国内生产总值的增长上,而是更加注重质量效益的提升与新经济增长点的培育,这将会对推动我国经济发展方式转变,从根本上增强经济发展的内生动力创造积极条件。[①]

（二）全面深化改革增添动力

党的十八届三中全会审议通过《中共中央关于全面深化改革若干重大问题的决定》,提出经济体制改革是我国全面深化改革的重点,核心问题是要处理好政府和市场之间的关系,使市场在资源配置中起决定性作用和更好地发挥政府作用。这一论述为我们指明了全面深化改革的前进方向和清晰路径,为工业结构调整的推进增添了新的动力。一是发挥市场在资源配置中的决定性作用,激发市场主体的发展活力和创造力。对于商品价格来说,要求消除政府的直接管制或者干预,应当依据市场、资源稀缺程度等对资源进行合理定价;对于垄断行业来说,要求通过民营经济市场准入,营造公平竞争的市场规则等方式提高行业效率和企业竞争活力。二是尊重市场规律的同时更好地发挥政府的作用。决定指出,政府应当以简政放权为目标,在切实转变政府职能,深化行政体制改革,创新行政管理方式,增强政府公信力和执行力,建设法治政府和服务型政府等方面下大气力,健全宏观调控体系,全面正确履行政府职能,优化政府组织结构,提高科学管理水平。全面深化改革不仅将提高

---

① 中国电子信息产业发展研究院编著:《2013—2014 年中国工业结构调整蓝皮书》,人民出版社,2014 年,第 26 页。

政府的治理能力,更重要的是为实体经济持续健康发展注入新的活力和动力。

(三)全面开放新格局创造外部新优势[①]

党的十八大坚持将对外开放作为我国的基本国策。党的十八大以来,我国创新推出共建"一带一路"、成立亚投行、设立自贸试验区试点以及实行负面清单管理等战略举措,推动形成全面开放新格局。党的十八届三中全会通过《中共中央关于全面深化改革若干重大问题的决定》,提出构建开放型经济新体制,"放宽投资准入、加快自由贸易区建设、扩大内陆沿边开放"[②],掀起了创新外经贸管理方式、深化外贸体制改革的新高潮。党的十八届五中全会提出包括"开放"的新发展理念,拉开了主动、双向、全面、共赢、高质量的对外开放帷幕。面对国际金融危机后世界经济艰难复苏导致外需下滑的复杂形势、贸易保护主义带来的挑战,以对外经贸领域供给侧结构性改革为突破口,推动贸易便利化,我国对外贸易逐步回稳向好。党的十九大强调"推动形成全面开放新格局",在全球化进程遭遇挫折的严峻国际形势下,我国坚持维护多边贸易体制和联合国宪章宗旨,主动承担起推动全球化发展的大国重任。充分利用G20等国际组织平台,强化多边贸易体制建设,增强自身制度性话语权和影响力,倡导构建人类命运共同体,打造创新、联动、包容的世界经济新体系,为推动全球贸易走出阴霾做出了建设性贡献,促使中国对全球经济增长持续发挥"稳定器"的重要作用。习近平多次强调:"中国开放的大门不会关闭,只会越开越大。"[③]这是中国对世界的郑重承诺,彰显了中国建设开放型世界经济的责任担当。

[①] 中国社会科学院工业经济研究所编:《中国工业发展报告2018》,经济管理出版社,2018年,第201页。

[②] 中共中央文献研究室编:《十八大以来重要文献选编》(上),中央文献出版社,2014年,第525~526页。

[③] 《中国开放的大门只会越开越大——五论习近平主席博鳌亚洲论坛主旨演讲》,《人民日报》,2018年4月15日。

为加快新一轮扩大开放,从 2018 年到 2021 年,我国已经连续四年成功举办了中国国际进口博览会,充分发挥国际采购、人文交流、投资促进、开放合作四大平台作用,促进中国这个世界最大的发展市场与其他国家(地区)市场相通、创新相促、产业相融、规则相联。这是中国支持经济全球化、推动建设开放型世界经济的务实行动,是全球发展倡议和人类命运共同体理念的生动实践。2021 年中国出台《外商投资准入特别管理措施(负面清单)(2021年版)》和《自由贸易试验区外商投资准入特别管理措施(负面清单)(2021 年版)》,全国和自贸试验区外资准入负面清单分别缩减至 31 条、27 条,在政策透明度和开放力度等方面实现了重大突破。在我国主动开放市场的同时,树立"共商、共建、共享"全球治理观,推动经济全球化朝着更加开放、包容、共赢的方向发展。

中国对外开放取得了举世瞩目的巨大成就,其最为直接的表现在于开放部门整体规模的扩大。2013 年,我国货物进出口额为 41589.9 亿美元,2021 年达到了 60621.6 亿美元,增长了 45.8%,年均增速 5.6%(表 3-1)。进出口规模扩大带动我国在国际贸易中的地位大幅提高,世界排名从 2013 年跃居第一位,到 2021 年已经连续 9 年排名第一,货物进出口额占世界的比重由 2013 年的 11% 上升到 2020 年的 13.1%。[①]同时,利用外商投资成效卓著。自 1980 年我国第一家中外合资企业成立以来,2021 年,我国外商直接投资新设立企业 47643 家,比 2013 年增加了 24900 家,从 2013 年到 2021 年,实际使用外资金额累计达到 1.21 万亿美元,连续多年成为外商直接投资(FDI)流入量最大的发展中国家。另外,作为开放的重要渠道,我国对外经济合作蓬勃发展。随着整体经济实力增强以及国内企业竞争力的提高,中国企业"走出去"步伐加快,境外投资迅速增长。截至 2021 年,我国非金融类对外

---

① 国家统计局编:《国际统计年鉴 2021》,中国统计出版社,2021 年,第 3 页。

直接投资存量为 2.69 万亿美元,分布在全球 166 个国家(地区),资本双向流动进入快速发展的新阶段。

表 3-1 2013 年中国进出口贸易情况

年份	进出口贸易		外商直接投资		对外直接投资流量		
	总额 (亿美元)	增速 (%)	企业数 (个)	金额 (亿美元)	金额 (亿美元)	全球位次	同比 (%)
2013	41589.9	7.5	22773	1176	1078.4	3	22.8
2014	43015.3	3.4	23778	1196	1231.2	3	14.2
2015	39530.3	-8.1	26575	1263	1456.7	2	18.3
2016	36855.6	-6.8	27900	1260	1961.5	2	34.7
2017	41071.4	11.4	35652	1310	1582.9	3	-19.3
2018	46224.2	12.5	60533	1350	1430.4	2	-9.6
2019	45778.9	-1	40888	1381	1369.1	2	-4.3
2020	46559.1	1.7	38570	1444	1537.1	1	12.3
2021	60621.6	30.2	47673	1735	1451.9	1	12.3

资料来源:国家统计局编:《中国统计年鉴 2021》,中国统计出版社,2021 年,第 345、369 页;国家统计局编:《中国贸易外经统计年鉴 2021》,中国统计出版社,2021 年,进出口额同比增速(按美元计算),第 586 页;国家统计局编:《中华人民共和国 2021 年国民经济和社会发展统计公报》,中国统计出版社,2022 年;商务部、国家统计局、国家外汇管理局编:《2020 年度中国对外直接投资统计公报》,中国商务出版社,2021 年,第 6 页相关数据整理。

第二节 工业结构优化升级的主要特征

一、工业化和信息化融合发展

受国际金融危机和我国经济周期性调整的影响,从"十一五"开始,我国工业在国民经济中的结构地位有所下降。2013—2021 年,工业增加值占国内生产总值的比重平均为 33.5%,基本稳定;相比较,服务业比重从 46.9% 提升到 53.3%,第一产业比重从 8.9% 降至 7.3%(参见图 3-1)。

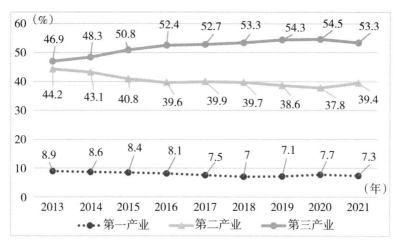

图 3-1 2013—2021 年中国产业结构变化 （单位:%）

资料来源:国家统计局编:《中国统计年鉴2021》,中国统计出版社,2021年,第80~81页;国家统计局编:《中华人民共和国2021年国民经济和社会发展统计公报》,中国统计出版社,2022年。

从就业结构来看,第二产业就业比重从 2013 年的 30.3% 降至 2020 年的 28.7%,第三产业就业比重则从 38.4% 上升到 47.7%(图 3-2)。根据工业化一般规律,在工业化后期,无论是就业还是增加值创造,第二产业比重都会下降,第三产业比重不断上升,但最终三次产业结构会趋于稳定。

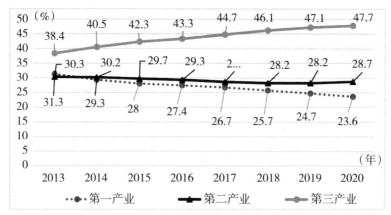

图 3-2 2013—2021 年中国就业结构变化 （单位:%）

资料来源:根据国家统计局编:《中国统计年鉴2021》,中国统计出版社,2021年,第120页相关数据整理。

从服务业和工业增加值的增长速度来看,2013—2021年,服务业增加值年均增速为7.3%,高于工业增加值年均6.1%的增速(图3-3)。

图3-3 2013—2021年中国工业、服务业增加值增速比较 （单位:%）

资料来源:国家统计局编:《中国统计年鉴2021》,中国统计出版社,2021年,第84~85页;《中华人民共和国2018/2021国民经济和社会发展统计公报》,中国统计出版社,2022年相关数据整理。

从发达国家和新兴工业国家的发展经验看,处于工业化后期的经济体通常把工业增长作为经济发展的主要动力,服务业增速持续高于工业增速的可能性不大,在相当长一段时间里,工业在我国国民经济中的主导地位不会改变。此外,通过国际比较发现,我国人均制造业增加值尚未达到中等收入国家的平均水平,我国工业还具有很大的发展潜力。同时,考虑到服务业发展在促进消费、增强经济增长稳定性和增加就业等方面具有不可替代的作用,在我国服务业发展相对滞后和新型城市化进程加快推进的背景下,加快服务业发展的必要性和可能性十分突出。综合分析,未来一段时期,我国工业和服务业将呈现出融合发展、快速增长的局面。在工业化后期和后工业化发展阶段,随着分工程度日益深化,工业生产所需要的条件日趋复杂,第二、三产业界限逐步被打破,第二产业尤其是制造业与金融服务业、教育培训业、咨询业、技术研发业、物流业之间将形成相互促进、融合发展的新格局,促使工业新的增长点和新业态加快发展。因此,服务业中与工业相关的生产性服务业比重会显著提高,并成为带动服务业乃至整个国民经济增长的重要力量。

工业化国家发展的历程表明,各个经济体特别是大国经济体在工业化发展到中后期阶段都会经历一个重化工业持续快速发展的过程。2013—2021年,规模以上工业企业主营业务收入中,制造业占比接近90%,工业结构重型化趋势十分显著(图3-4)。

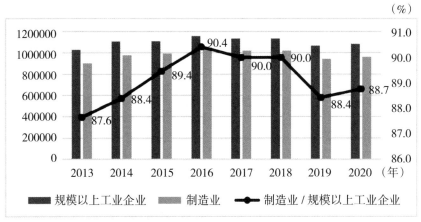

图3-4 制造业占规模以上工业企业主营业务收入的比重
资料来源:根据《中国统计年鉴2014—2021》相关数据计算整理。

在投资、消费和出口三大需求的共同推动下(图3-5),中国仍处于工业结构重化工业化继续推进阶段。一方面,投资对重工业增长的拉动作用依然存在。各级地方政府不断加大对基础设施建设的投资力度,南水北调、西气东输、中西部地区大规模改善基础设施、高速铁路网建设等新建和续建的重大投资项目推动钢铁、化工、设备制造、建材等重化工业的持续发展。另一方面,中国新型城市化正处于加速发展阶段,增加了对通信、水电煤气、住房、道路等公用基础设施的投资力度,为重制造业的发展提供广阔空间。同时,居民消费结构正处于由温饱型向享受型、发展型升级,以日用品、食品、服装为代表的轻工产品比重将不断下降，而以通信电子、汽车为代表的重工业产品比重将持续提高。从外贸出口结构变化趋势看，食品、烟草、饮料等轻工类产品出口增长放缓，而机械、汽车、装备等重工类产品出口增长较快。

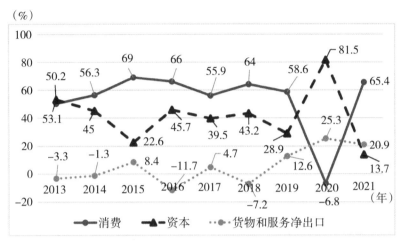

图3-5　2013—2021年中国三大需求对国内生产总值的贡献率
资料来源：国家统计局编：《中国统计摘要2022》，中国统计出版社，2022年，第35页。

然而重化工业的持续发展并没有完全承担起资源的影子价格、环境破坏以及劳动力补偿的真实成本，地方政府投资冲动在促进重化工业发展的同时，也造成了资源的浪费和对环境的破坏。随着国家对资源价格的改革、劳动保护的加强以及环保要求的提高，重化工业增长速度与增长质量的矛盾被激化，重化工业发展模式亟待改变，重工业占工业比重难以持续提高。因此，我国轻重工业结构总体稳定，但工业内部转型升级，高端装备、精细化工等产业比重将提高，而传统高污染、高耗能和低技术含量重工业部门增长基本稳定，在工业中的占比逐步降低。

高技术产业和科技创新取得巨大成就。2021年，我国基础研究经费从2012年的498.8亿元增至1696亿元，后者是前者的3.4倍，专利合作协定（PCT）国际申请量、国内发明专利跃居全球第一。科技创新事业发生整体性、格局性、历史性重大变化，中国全球创新指数排名从2012年的第34位提升到 2021 年的第 12 位,[1]成功迈入创新型国家行列。高技术产业发展和科技创新取得了四个方面的重大成就。5G 网络、高速铁路等建设世界领先,火星探测、载人航天等领域实现重大突破,新型显示、新能源汽车产业规模居世界第一。

一是高技术产业体量更大。2012—2021 年,高技术产业营业收入翻了一番,从 9.95 万亿元增长到 19.91 万亿元;在规模以上工业增加值中,高技术制造业占比从 9.4%提高到 15.1%,规模以上高技术制造业企业数从 2.46 万家增长到 4.14 万家,[2]培养出一大批创新型领军企业,高技术产业的国际竞争力显著增强。

二是高技术产品质量更优。2012—2021 年,高技术产业研发投入强度从 1.68%增长到 2.67%,实现了从低于全社会研发投入强度 0.23%到超过 0.23%的重大转变。[3]

三是高技术产业基础更牢。2012—2021 年,我国始终把前沿技术开发和基础研究摆在突出位置,建设了上海光源等重大科技基础设施,打造了北京、上海、粤港澳大湾区等国际科技创新中心,以及张江、合肥、怀柔、大湾区综合性国家科学中心。中国国内发明专利、PCT 国际申请量跃居全球第一。我国建成全球规模最大 5G 网络,2012—2021 年,网民人数从 5.64 亿增长到10.32亿人,互联网普及率从 42.1%增至 73%,[4]形成了全球最为庞大的数字社会。

---

① 国家统计局社会科技和文化产业统计司、科学技术部战略规划司编:《中国科技统计年鉴 2021》,中国统计出版社,2021 年,第 6 页;国家统计局:《中华人民共和国 2021 年国民经济和社会发展统计公报》,中国统计出版社,2021 年;国家统计局编:《国际统计年鉴 2021》,中国统计出版社,2021 年,第 360 页;国家统计局编:《国际统计年鉴 2014》,中国统计出版社,2014 年,第 376 页。

② 国家统计局社会科技和文化产业统计司编:《中国高技术产业统计年鉴 2022》,中国统计出版社,2022 年,第 6 页。

③ 国家统计局社会科技和文化产业统计司、科学技术部战略规划司编:《中国科技统计年鉴 2021》,中国统计出版社,2021 年,第 6 页;国家统计局:《中华人民共和国 2021 年国民经济和社会发展统计公报》,中国统计出版社,2021 年。

④ 国家统计局编:《中华人民共和国 2021 年国民经济和社会发展统计公报》,中国统计出版社,2022 年。

四是创新创业创造活力更强。随着体制机制改革的深化、创新环境的营造,中国成为全球高度活跃的创新创业沃土。区块链、智能驾驶、人工智能、量子通信等新技术开发应用走在全球前列,互联网医疗、快递外卖、新个体经济、无人经济、线上办公等新业态新模式不断创新,创造了数以亿计的灵活就业岗位。我国数字经济蓬勃发展,规模已连续多年位居全球第二。信息化服务全面普及,"互联网+医疗""互联网+教育"等深入推进,数字抗疫成效显著,数字乡村、数字政府建设加快推进。移动支付交易规模全球第一,电商交易额、产业数字化步伐持续加快,数字产业化基础更加坚实。

二、工业绿色低碳转型发展

进入 21 世纪,在保障能源供应和节约的思想指导下,中国的煤炭产量迅速上升。2000—2012 年, 煤炭在能源生产总量中的占比由 72.9%上升到76.2%,煤炭消费量在能源消费总量中的占比稳定在 70%左右,[①]这一发展趋势对环保形成较大压力。生态环境恶化的趋势,引起了党中央和政府的高度重视, 处理好生态环境建设和工业高质量发展成为新时代全面建成小康社会,实现工业现代化的重大任务。党的十八大报告将生态文明建设纳入社会主义现代化建设"五位一体"总体布局,标志着我们党对生态文明建设、社会发展规律的认识达到了新高度,对于建设美丽中国,实现生态文明与工业文明融合发展提供了根本遵循。党的十八大以来,从生态文明建设的高度对工业发展方式提出了严格要求,政策措施和理论体系更加完备。提出了五大发展理念, 要像保护生命一样保护生态环境, 实施最严格的生态环境保护制度,提出了以"保护优先、自然恢复"为主的方针,形成节约资源和保护环境的产业结构、生产方式和生活方式以及空间格局。与此同时,中国在国际舞

---

① 国家统计局编:《中国统计年鉴 2021》,中国统计出版社,2021 年,第 287、288 页。

台上展现出新姿态,参与引领全球气候变化大会谈判并提出自主减排方案,出台了《国家应对气候变化规划(2014—2020年)》,提出构建"人类命运共同体"倡议,强调中国要做生态文明的建设者、贡献者和引领者。与新型工业化道路的内容相比,这一时期中国形成了绿色发展的理论体系,是更全面、更系统的绿色发展。与西方可持续发展理论相比,中国倡导的绿色发展,是从生态文明建设的战略高度,提出解决好工业文明带来的矛盾与问题,是一种文明的进步。

生态文明强调人与自然和谐相处,是人类文明发展史的新阶段,绿色发展是其所对应的经济发展方式,低碳工业化是绿色发展道路的体验方式。为此,我们党和政府采取了一系列具体措施,建立健全自然资源资产产权制度,逐步完善空间规划体系与主体功能区制度建设、资源总量管理与全面节约制度、自然资源资产负债表,强化生态环境损害责任追究,推动资源有偿使用和生态补偿制度改革等促进低碳工业化发展的政策措施。从工业绿色发展的变化看,具体表现形式为:生产要素投入绿色化、生产过程绿色化、产品与服务绿色化。2015年,《中国制造2025》规划指出,转换经济增长新动力、重塑国际竞争新优势的重点,难点和出路均在制造业。要遵循"质量为先、创新驱动、绿色发展、结构优化"的基本方针,促进绿色工业发展。该规划中强调全面推行绿色制造,打造清洁、低碳、高效、循环的绿色制造体系。主要包括推广使用绿色制造研究,加快制造业绿色改造升级,助推资源高效循环利用。构筑绿色制造体系、开展绿色制造工程,具体包括提升传统制造业能效、清洁生产、循环利用、节水治污等专项技术改造。开展资源综合利用、重大节能环保、低碳技术产业化示范。实施重点流域清洁生产水平提升计划,夯实水、土壤、大气污染源头防治专项。制定绿色工厂、绿色园区、绿色企业、绿色产品标准体系,开展绿色评价等。为贯彻执行《国民经济和社会发展第十三个五年规划纲要》《中国制造2025》等战略部署,《工业绿色发展规划

（2016—2020年）》颁布了一系列促进工业绿色发展的政策措施。《中国制造2025》强调的是工业绿色、低碳发展战略。近年来，美国为了维持全球竞争优势，单方面发起的"贸易战"，直指《中国制造2025》战略，试图阻止中国经济在新一轮工业革命中乘势崛起。从绿色发展的外部环境来看，美国试图阻止中国工业现代化进程，也阻碍了全球工业的绿色低碳转型。

从单纯倡导能源资源节约利用，到环境保护、人力资源和经济效益协同发展的新型工业化道路，再到以生态文明建设为目标的绿色发展转型，标志着工业绿色发展理念经历了从"以物为本"到"以人为本"的转变，也标志着我们党对工业绿色发展认识的逐步深化，揭示了中国工业发展正在向绿色、低碳、智能方向转轨。工业的绿色低碳转型不是单纯的环境治理，而是建立工业制造体系、产业结构、国际分工等国家战略性问题。改革开放四十多年来，中国工业结构转型升级最为骄人的成绩之一是建立健全了工业制造体系，实现了由一个农业弱国到工业大国的转变，标志着中国工业现代化新征程的开启，促使中国从数百年的衰落中站立起来，重新回归到世界大国行列。工业占国内生产总值的比重并不能完全代表一个国家（地区）的经济发展水平，各国（地区）显著的差距在于农业占国内生产总值比重，高收入国家农业增加值占国内生产总值比重一般只有1%多一点，低收入国家的这一占比为20%以上。2012—2021年，中国农业增加值占国内生产总值比重平均为8%，处于中等收入国家平均8.8%与中高收入国家6.7%之间的水平（表3-2）。

表3-2　中国与中等收入国家、中高收入国家农业增加值占国内生产总值比重比较　（单位:%）

年份	中国	中等收入国家	中高收入国家
2012	9.11	8.76	6.76
2013	8.94	8.80	6.80
2014	8.64	8.82	6.79
2015	8.39	9.02	6.93
2016	8.06	9.03	6.87
2017	7.46	8.60	6.40

年份	中国	中等收入国家	中高收入国家
2018	7.04	8.26	6.13
2019	7.14	8.43	6.23
2020	7.70	9.26	6.99
2021	7.26	8.83	6.73

资料来源:根据世界银行数据库数据整理。

中国工业绿色发展成效主要用产出绿色化、投入绿色化、产业结构绿色化三项指标来分析。

(一)产出绿色化

主要评估污染物、温室气体的排放量下降程度,排放量越小,工业品制造与消费的环境负面影响就越小,用单位国内生产总值的资源消耗和能源消费弹性系数来反映。

世界银行数据显示,2012 年、2013 年、2014 年,中国国内生产总值的单位能源消耗分别为 4.8 美元/千克石油、5.0 美元/千克石油、5.3 美元/千克石油,分别低于美国 8.1 美元/千克石油、8.2 美元/千克石油、8.2 美元/千克石油,也低于世界 8.0 美元/千克石油、8.1 美元/千克石油、8.3 美元/千克石油的水平,[①]这体现了能源消费的两个趋势:在工业化进程中,单位产出能耗越来越少,能源利用效率越来越高;随着收入水平逐步提高,人均能源消费越来越多。中国以较低能源消耗增长支撑工业高速增长,完全不同于工业发达国家能源消耗轨迹。2012 年以来,随着工业化快速推进,中国能源消耗弹性系数低于"1"(图 3-6),而发达国家在工业化中期阶段这一数值基本上大于"1"。例如,1965—1973 年,日本经济增长率平均为 9.4%,而能源消费增长率为

---

① 世界银行数据库数据,单位:2011 年不变价购买力平价美元/千克石油当量。

11.8%。[①] 1970 年之前,日本能源消费弹性系数除了个别年份外,其他年份都大于"1"。

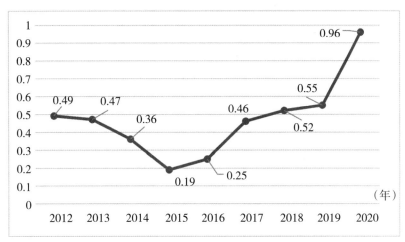

图 3-6　2012—2020 年中国能源消费弹性系数
资料来源:国家统计局编:《中国统计年鉴 2021》,中国统计出版社,2021 年,第 293 页。

(二)能源低碳化

能源低碳化、清洁化是工业绿色发展的基础。随着第三次工业革命,全球能源正处于向清洁低碳转型的新阶段。2012 年以来,在能源节能基础上开始重视清洁能源发展,我国颁布了一系列鼓励优惠政策措施,可再生能源迈入高速发展阶段。随着风电、水电、光伏发电快速发展,中国投资与发电装机均位居世界前列,对改善能源结构做出了重要贡献。2012—2021 年,煤炭在能源消费结构中的比重从 68.5%降至 56%,下降了 12.5 个百分点,清洁能源消费的比重从 14.5%提高到 25.5%(图 3-7),提高了 11 个百分点。向低碳能源转型导致中国能源市场根本性重塑,能源需求结构更趋多样化,化石燃料重要性逐渐下降,电气化程度越来越高,可再生能源在最终能源消费总量中

---

① 中国社会科学院工业经济研究所:《2018 中国工业发展报告——改革开放 40 年》,经济管理出版社,2018 年,第 99 页。

的份额逐步替代化石燃料,实现深度和快速脱碳,最终达到实现碳中和的目标。在全球减碳背景下,一系列其他能源和技术,包括现代生物能源、低碳氢和碳捕获、利用与封存的研发应用迫在眉睫。

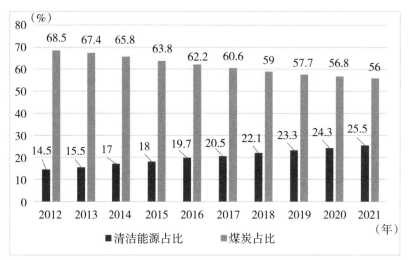

图 3-7　2012—2021 年中国煤炭、清洁能源占能源消费总量比重

资料来源:国家统计局编:《中国统计年鉴 2021》,中国统计出版社,2021 年,第 288 页。

(三)产业结构绿色化

产业结构绿色化主要分析节能环保产业发展程度。在绿色发展中,节能环保产业具有特殊作用。它本身并不生产用于消费的产品,而是用于处置和回收生产正常消费品过程中产生的对环境有害的副产品或富余能源,是国民经济中的静脉产业,与其他产业发展具有较大的关联性。一般说来,节能环保标准越高,环境规制越严格,节能环保产业发展的市场空间越大。此外,节能环保技术对节能环保产业发展具有决定性的影响,如果说其他产业是对资源的加工转换,那么节能环保产业则是对已加工转换过的资源再加工利用,因此节能环保产业发展状况是一国绿色发展政策的体现。

节能环保产业发展状况是一个国家(地区)技术发展水平和绿色发展政

策力度的集中体现。从全球来看,节能环保产业迈入较快发展阶段。全球环保产业市场规模已从2010年的2628.1亿英镑增至2016年的8225.14亿英镑,年均增长超过全球经济增长率。在全球市场中,美国、日本和欧盟环保产业占有较高份额,其中,美国的这一占比为1/3,是全球最大的环保市场。发达国家掌握了节能环保核心技术,已建立相对成熟的废旧物资回收网络市场、交易市场,产业发展总体处于成熟期,承担出口创汇的任务。例如美国每年回收处理含铁废料7000万吨,其中出口废钢铁1500万吨,占世界的30%;回收处理废纸6000万吨,其中出口1000万吨,占世界的40%。每年回收再生资源总值约1000亿美元,每年销售收入约200亿美元。[①]

我国节能环保关键核心技术相对短缺,环保企业中超过90%的环保设备技术水平落后发达国家约十年,但是产业发展处于成长期,产业投资增速高于欧美国家,市场潜力巨大。相关统计测算表明,在工业环保领域,每年工业危废处理的价值高达2000亿元。[②]《"十三五"节能环保产业发展规划》指出,到2020年我国节能环保产业成为国民经济支柱产业,节能环保产业增加值占国内生产总值比重为3%左右。"十三五"期间,我国环境治理营业收入年均增长率为15.4%,其中,2016—2018年增速相对稳定,约为18.6%。2019年以来,受新冠肺炎疫情和去杠杆紧缩等因素影响,营业收入增幅连续下滑,2020年首次降至7.3%。2020年环保企业资产营运能力基本保持稳定,盈利能力小幅下降。这主要是由于我国环保企业以小微型企业为主,抗风险能力相对较差,产业集中度较低。2020年小微型企业占环保型企业数量的比重为72.9%,大、中型企业比重分别为3.1%、24.0%。

---

① 刘文革:《世界节能环保产业发展动态与思考》,《中国能源报》,2011年11月7日。
② 史作廷:《需求驱动下的产业爆发》,《中国投资》,2018年第15期。

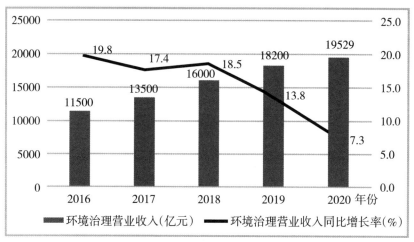

图 3-8 2016—2020 年中国环境治理营业收入状况

资料来源:生态环境部科技与财务司编:《中国环保产业发展状况报告(2021)》,中国环境保护产业协会,2021 年,第 1 页。

"十三五"以来,我国产业技术创新能力不断提升,环保装备水平大幅提高,袋式除尘、脱硫脱硝、电除尘等烟气治理技术已达国际先进水平;常规工业废水和城镇污水处理已形成多种成熟稳定的成套装备和工艺技术;挥发性有机物(VOCs)治理、污水深度处理、土壤修复、固废处理和资源化技术装备水平大幅提升;环境监测技术在成套化、智能化、立体化、自动化和支撑精准监管方面进步显著。为了推动环保产业拓展延伸,环保产业链逐步形成,带动了相关产业的发展。环保产业在水、土壤、大气、危废处理处置等领域,形成了包括环保咨询、环保设备、运营服务等多元化产业格局。伴随着电子制造业、专用化学产品制造业、金融业、能源产业等的投入,环保产业带动这部分产业迅速发展。但与国外成熟环保企业相比,我国环保上市公司整体收入偏低、利润规模偏小。

三、制造业质量竞争力显著增强

制造业高质量发展是经济高质量发展的重要支撑，是深化改革开放的必然要求。提高制造业产品质量，增加中高端和有效供给，促进供需有效衔接，有利于满足消费者多样化的消费需求，提高企业国际市场竞争力。目前，我国制造业质量的竞争力逐步提升，产品质量的抽查合格率保持在较高水平，总体创新能力稳步提高，单位增加值的能源消耗和污染排放降低。但是相比美国、日本、德国等发达国家，中国制造业产品质量仍有较大差距，产品单位价格较低，存在产品质量水平总体不高；劳动密集型制造业的国际竞争力较强，但资本密集型制造业的国际竞争力不足；研发经费投入占比与发达国家差距较大，创新支撑力不足等问题。要通过提高产品质量、推动技术创新以及促进金融发展等措施促进制造业的高质量发展。应该将制造业的高质量发展作为进一步深化改革和促进开放的重要手段，通过机构建设和体系建设来提升制造业质量，加快建设制造强国。

党的十九大报告指出，要把提高供给体系质量和效率作为主攻方向，不断增强我国经济的质量优势。党的二十大报告提出加快建设制造强国，为工业高质量发展指明了方向。制造业高质量发展是深化供给侧结构性改革的必然要求，是工业结构高质量发展的重要支撑。这既有利于增加有效和中高端供给，识别和清理"僵尸企业"，改善资源配置效率，也能满足消费者多样化的消费需求，增强制造业国际竞争力。补齐制造业发展的"短板"，优化工业结构，有利于降低企业生产成本，通过调整市场多样化需求，减少中低端产品和无效供给并消除中低端过剩产品，解决中低端企业去库存所面临的问题，促进我国由制造大国转变为制造强国。在开启全面建成社会主义现代化强国新征程的起点上，提高制造业质量是工业结构转型升级、深化改革开放的必然选择。制造业质量竞争力的进一步提升,为经济结构的战略性调整和经济发展方式的转变奠定了坚实的基础。

(一)具备举世瞩目的规模优势

新中国成立七十多年来,中国制造业发展取得举世瞩目的伟大成就,建成了独立完整、门类齐全的产业体系,规模跃居世界第一,工业创新能力不断增强。新时代下,中国制造业发展已经从粗放化、外延式发展方式向集约化、内涵式发展方式转变,从规模速度竞争模式向质量效益竞争模式转变,建设现代化制造业体系,是中国制造业肩负的时代使命。

2012—2021 年,中国制造业增加值从 26900 亿美元增加到 48700 亿美元,年均增长率高达 7.5%,2020 年是 2012 年制造业规模的 1.4 倍,超过美国、日本制造业增加值的总和。中国制造业增加值占世界比重由 22.3% 提高到 28.4%,在世界各主要经济体中居首位,到 2021 年连续 12 年成为全球货物贸易第一大出口国(表 3-3)。特别是 2020 年中国首次超过德国成为全球最大的机械设备出口国,进一步巩固了制造大国地位。

表 3-3 2012—2021 年中国、美国、日本制造业增加值比较

年份	增加值（亿美元）				同比（%）			中国/世界
	中国	美国	日本	世界	中国	美国	日本	
2012	26900	19300	12000	120000	11.1	3.4	1.3	22.3
2013	29400	19900	10000	123000	9.1	3.1	−18.3	23.9
2014	31800	20500	9600	127000	8.5	2.9	−4.8	25.1
2015	32000	21200	9100	123000	0.6	3.8	−5.2	26.0
2016	31500	21000	10000	123000	−1.5	−1.2	11.6	25.5
2017	34600	21900	10000	132000	9.7	4.5	−0.7	26.2
2018	38700	23300	10000	141000	11.8	6.2	3.1	27.4
2019	38200	23700	10000	140000	−1.2	1.6	−1.1	27.4
2020	38600	23400	10000	136000	1.0	−1.2	−3.1	28.4
2021	48700	−	−	−	26	−	−	−

资料来源:根据世界银行数据库数据计算整理。

2012—2021年,中国制造业出口占商品出口的比重接近95%,超过美国60.9%、日本87%的水平,中国从制造业贸易小国发展成为全球贸易大国（表3-4）。从这10年来中国制造业增加值、制造业出口占商品出口比重的变动趋势看,中国制造业出口的国际竞争力显著增强,持续良好的出口形势带动并支撑了制造业的规模扩张。

表3-4　2012—2021年中国、美国、日本制造业出口占商品出口的比重　　（单位:%）

年份	中国	美国	日本
2012	94.0	62.0	88.9
2013	94.0	61.2	87.6
2014	94.0	61.4	87.6
2015	94.3	63.7	87.3
2016	93.7	63.3	87.3
2017	93.5	61.4	86.6
2018	93.2	58.9	86.9
2019	92.9	59.1	86.6
2020	93.5	60.2	86.1
2021	93.6	57.5	85.6

资料来源:根据世界银行数据库数据整理。

（二）制造业质量竞争力显著提升

伴随着制造业规模优势不断凸显,制造业质量竞争力稳步攀升,总体发展态势良好,"中国制造"享誉全球,制造业产品质量和竞争力的提高,促使制造业规模优势不断增强。中国制造业企业的管理水平和整体素质不断提高,出现了华为、格力、海尔等一大批引领产业发展和较强质量竞争力的"走出去"企业。相关数据显示,2015年,中国制造业质量竞争力指数从2000年的76.28增至83.51（图3-9）,呈现出稳步攀升趋势。从制造业各行业看,2015年,仪器仪表制造业（90.20分）、计算机、通信和其他电子设备制造业（90.74

分)、医药制造业(91.43 分)的得分较高,处于卓越竞争力阶段。

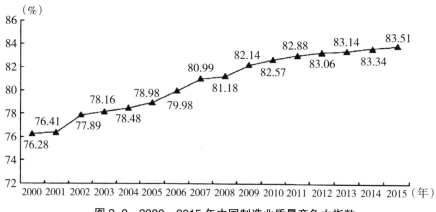

图 3-9 2000—2015 年中国制造业质量竞争力指数
资料来源:《2015 年全国制造业质量竞争力指数公报》。

自 2015 年起每年持续发布的中国制造强国发展指数,成为评价制造业整体水平的权威性指数,为制造强国建设提供量化参考的科学支撑。《2021中国制造强国发展指数报告》显示,2015—2020 年,"质量效益""结构优化""持续发展"指标对制造强国建设的制程能力较小(图 3-10),其中"质量效益"对制造强国贡献率仅提升 2 个百分点,远低于美国 30%、日本 27%左右的水平。2020 年,面对复杂严峻的国际环境,中国制造业深度参与国际市场竞争,经受住了巨大考验,实现了市场快速响应,中国制造强国发展指数由2015 年的 105.78 增长到 2020 年的 116.02,在世界主要国家中,实现了制造强国发展指数最大增幅,充分彰显了体系完整优势且不断向中高端跃升,加速融入全球产业链,展现出制造业强大的"韧性";规模优势唯一正增长,反映了我国制造业总体趋势稳中向好,质量效益基本稳定,强基固本初见成效,创新动能活力提升,绿色低碳践行有力。制造强国战略已成为引领制造业创新发展和转型升级的行动指南。该《报告》预测,2025 年我国能够如期实现迈入世界制造强国行列的目标。

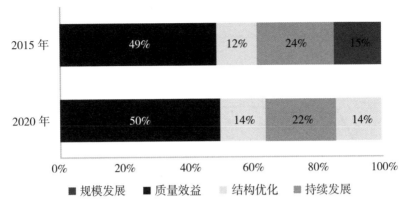

图 3-10　2015—2020 年中国制造强国发展指数分项数值贡献率
资料来源:《2021 中国制造强国发展指数报告》。

(三)产品质量合格率保持较高水平

2012—2021 年,中国产品质量监督抽查合格率由 88.9% 提升到 93.1%,总体提高了 4.2 个百分点(图 3-11)。从总体趋势来看,2017 年以后,产品质量监督抽查合格率连续 5 年均在 93% 以上,处于历史最高水平,质量竞争力水平不断提升。轨道交通、航空航天等高端装备制造类产品质量达到或接近国际先进水平。在城市推动质量基础设施互联互通,开展"一站式"服务,发展检验检测、知识产权、研发设计等生产性服务,改善银行、文娱、餐饮等生活性服务体验,为产业链供应链、产业集聚区质量升级提供有力支撑,为外贸迈向"优进优出"奠定基础。

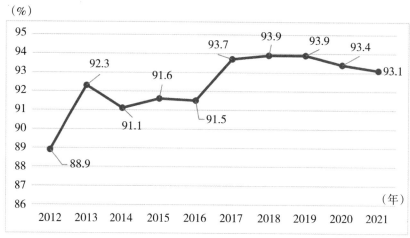

图 3-11 2012—2021 年中国监督抽查产品抽样合格率
资料来源:《质检总局关于公布 2017 年国家监督抽查产品质量状况的公告》,《中华人民共和国 2017—2021 年国民经济和社会发展统计公报》。

(四)科研投入有待提高,创新支撑力不足

目前,中国制造业发展存在诸多"短板",特别是创新体系不够完善,创新能力有所欠缺,核心技术和关键零部件依赖进口,科研投入严重不足。尽管伴随着研发经费投入的不断增加, 中国研发经费投入占国内生产总值的比重不断攀升,从 2012 年的 1.9%,到 2013 年首次突破 2%,直至 2021 年实现 2.4%(表 3-5)。然而低于日本 3.3%、韩国 4.8%、美国 3.5%,甚至低于世界平均 2.6%的水平。中国长期以来对研发投入经费相对较小,是导致制造业处于全球价值链中低端、产品质量不高的重要因素。未来一段时期,增加研发投入、提高科技创新是改善中国制造业发展困境的突破口,是促进制造业高质量发展的关键。

表 3-5　2012—2020 年中国、日本、韩国、美国、世界研发支出占国内生产总值的比例

（单位:%）

年份	中国	日本	韩国	美国	世界
2012	1.9	3.2	3.9	2.7	2.0
2013	2.0	3.3	4.0	2.7	2.0
2014	2.0	3.4	4.1	2.7	2.1
2015	2.1	3.2	4.0	2.8	2.1
2016	2.1	3.1	4.0	2.8	2.1
2017	2.1	3.2	4.3	2.9	2.1
2018	2.1	3.2	4.5	3.0	2.2
2019	2.2	3.2	4.6	3.2	2.3
2020	2.4	3.3	4.8	3.5	2.6

资料来源:根据世界银行相关数据计算整理。

四、创新型国家建设取得决定性成就

2012 年以来,创新型国家建设取得决定性成就,科技体制和治理改革更加深化,创新体系更加健全,科技实力进入世界前列,科技创新水平已在若干前沿领域处于世界前列、进入领跑阶段,科技创新的国际地位、科技总体发展水平实现巨大历史性变化,成为具有重要国际影响力的科技大国,科技创新为工业结构优化升级、经济高质量发展注入新动能,形成了科技对国家安全、经济发展、民生改善等各方面有力支撑的局面,在贯彻新发展理念、构建新发展格局中的地位和作用凸显,主要表现在以下四个方面:

（一）深入实施创新驱动发展战略,推进关键核心技术攻关和基础研究,科技创新能力实现"新跃升"

2020 年,我国基础研究占研发投入比重首次超过 6%,为 6.01%,2021 年这一比重为 6.08%;截至 2021 年末,已经建成国家重点实验室 533 个、国家

企业技术中心 1636 家、国家工程研究中心 191 个组成的国家实验室体系。①
在创新驱动战略指导下,我国科技进步贡献率从 2012 年的 57.8%提升到2020
年的 60.2%(表 3-6),实现了《国家中长期科学和技术发展规划纲要(2006—
2020 年)》提出的到 2020 年 60%的预期性目标,除了个别指标未能达到之外,
其他指标均超过预期目标,实现了 2020 年迈入了创新型国家行列的总目标。
2012—2021 年,我国创新指数由第 34 位上升至第 12 位,②已经超越英国,位
列发展中国家以及中高收入国家首位。中国在全球创新版图中的作用实现
跨越式发展,既是国际前沿创新的参与者,也是解决全球性问题的贡献者。③

表 3-6　2002—2020 年中国科技进步贡献率　　　(单位:%)

年份	科技进步贡献率	年份	科技进步贡献率
2002—2007	46	2009—2014	54.2
2003—2008	48.8	2010—2015	55.3
2004—2009	48.4	2011—2016	56.4
2005—2010	50.9	2012—2017	57.8
2006—2011	51.7	2013—2018	58.7
2007—2012	52.2	2014—2019	59.5
2008—2013	53.1	2015—2020	60.2

资料来源:《中国科技统计年鉴 2021》,第 14 页。

(二)全方位推动科技创新与经济社会深度融合,推动国家科技成
果融入经济社会主战场,为工业结构优化、经济高质量发展注入"新动能"

2020 年,科技进步贡献率为 60.2%,促进产业迈向中高端,高技术产业

---

① 国家统计局编:《中华人民共和国 2021 国民经济和社会发展统计公报》,中国统计出版社,
2022 年。

② 国家统计局编:《国际统计年鉴 2021》,中国统计出版社,2022 年,第 360~363 页。

③ 科技部:"十三五"以来我国创新型国家建设取得决定性成就。

营业收入达到 17.5 万亿元。[1]中国高科技出口占世界比重在 2011 年已经超过欧盟,居世界首位;科技转化能力显著增强,推动互联网、大数据、人工智能和实体经济深度融合,2021 年"三新"经济增加值占国内生产总值比重达到 17.25%。从三次产业看,在"三新"经济增加值中,第一、二、三产业增加值的比重分别为 4.0%,44.4% 和 51.6%(表 3-7)。

表 3-7 2021 年中国"三新"经济增加值变化情况

项目	增加值(亿元)	现价增速(%)	构成(%)
"三新"经济	197270	16.6	100
第一产业	7912	6.6	4
第二产业	87499	19.1	44.4
第三产业	101859	15.3	51.6

资料来源:国家统计局编:《国家统计年鉴 2021》,中国统计出版社,2021 年。

重大科技专项引领重点产业实现了跨越式发展,新药创制、核电、移动通信等领域取得重大突破。科技为港珠澳大桥、5G 规模化应用等重大工程提供保障。人工智能、新能源汽车等加快应用,北斗导航卫星全球组网,国家级科技企业孵化器 1287 家。[2]一批科技创新的增长极、增长点、增长带快速形成,例如粤港澳大湾区、北京、上海国际科技创新中心,培育和建立了一批独角兽、世界五百强创新企业、国际标准、知名品牌;建成了成都、西安、武汉等一批具有强大辐射带动作用的区域性创新中心。大力发展民生科技,补齐农业科技短板,科技支撑打赢脱贫攻坚战取得历史性成就,实现科技特派员对全国范围内建档立卡贫困村创业带动和科技服务的全覆盖。科技打造了"健康中国""平安中国""绿色中国"等一批国家级创新区和创新城市。2012—2019 年中国高科技出口占世界比重平均为 26.4%,超过欧盟 22.6%、美国 6.9% 的这一比值(表 3-8),提升了制造业的全球竞争力。

---

① 国家统计局社会科技和文化产业统计司编:《中国高技术产业统计年鉴 2021》,中国统计出版社,2021 年,第 3 页。

② 国家统计局编:《中华人民共和国 2021 国民经济和社会发展统计公报》,中国统计出版社,2021 年。

表 3-8 2011—2019 年中国、欧盟、美国高科技出口情况 （单位:%）

年份	中国/世界	欧盟/世界	美国/世界
2011	25.1	24.9	7.7
2012	26.9	23.9	7.7
2013	28.3	23.7	7.3
2014	27.7	24.1	7.4
2015	28.6	22.7	7.7
2016	26.6	24.1	7.8
2017	24.5	19.9	5.8
2018	25.1	19.6	5.3
2019	25.1	20.3	5.4

资料来源:根据世界银行数据库数据计算整理。

（三）贯彻实施科教兴国战略、人才强国战略成效显著,全面提高科技人才队伍的规模与质量,形成人才快速发展的"新态势"

2012—2021 年,全社会研发人员全时当量从 2012 年的 324.7 万人增至 2020 年的 523.5 万人,全社会研发投入从 1.03 万亿增至 2.79 万亿元,研发投入强度从 1.91% 增至 2.44%（表 3-9）。这加大了国家重点实验室、科技计划对青年人才的支持力度,涌现出一批优秀科技创新团队、领军人才和科学家。

表 3-9 2012—2021 年全国科技活动基本情况

年份	科学研究与试验发展（R&D）人员全时当量（万/人年）	R&D 经费支出（亿元）	R&D 经费支出与国内生产总值之比（%）
2012	324.7	10298.4	1.91
2013	353.3	11846.6	1.99
2014	371.1	13015.6	2.02
2015	375.9	14169.9	2.07
2016	387.8	15676.7	2.1
2017	403.4	17606.1	2.12
2018	438.1	19677.9	2.14
2019	480.1	22143.6	2.24

续表

年份	科学研究与试验发展（R&D）人员全时当量（万/人年）	R&D 经费支出（亿元）	R&D 经费支出与国内生产总值之比（%）
2020	523.5	24393.1	2.4
2021		27864	2.44

资料来源:《中国统计年鉴 2016》,第 638 页;《中国统计年鉴 2021》,第 638 页;《中华人民共和国 2021 国民经济和社会发展统计公报》。

(四)知识产权助力创新型经济发展

我国已成为世界技术创新中心、世界最大知识产权国之一。欧洲专利局数据显示,2017 年我国专利申请数量达到 8330 件, 首次取代瑞士成为仅次于美国、德国、日本、法国的第五大申请国。2017 年我国国内工业品外观设计、商标、专利等各类知识产权申请量均位列全球第一,分别占全球总量的50.6%、46.3%和 43.6%。[1]在若干技术领域表现突出。例如, 截至 2018 年 12 月,我国人工智能相关专利申请量超过 14.4 万件,占全球申请总量的43.3%,居全球首位。[2]我国知识产权发展水平从 2014 年的第 20 位跃升至 2017 年的第 8 位。世界知识产权组织总干事弗明西斯·高锐称:"中国已跻身全球知识产初引领者行列。"[3] 2021 年,共受理 PCT 国际专利申请 7.3 万件,发明专利申请量和授权量均居世界首位。[4]

2021 年全国专利转让、许可次数高达 42 万次,其中,绿色新能源等"双碳"产业专利转让许可更为活跃,转让许可次数的年均增速是全国平均水平的 2 倍多,助推了工业企业的低碳转型发展。高校科研院所专利转让许可的30%属于战略性新兴产业,为高价值专利转化的"源头活水"。知识产权的高

---

① 李嘉宝:《中国成全球知识产权引领者》,《人民日报(海外版)》,2018 年 12 月 8 日。
② 国务院研究室编写组:《十三届全国人大三次会议政府工作报告》[学习问答(2020)],中国言实出版社,2020 年,第 13 页。
③ 张兴华:《2017 年我国科技进步贡献率达 57.5%》,《光明日报》,2018 年 1 月 10 日。
④ 国家统计局编:《2021 国民经济和社会发展统计公报》,中国统计出版社,2021 年。

效流转，加速释放了创新活力，促进了创新资源要素的优化配置和有序流动，通过知识产权运营基金、证券化、质押融资等举措，为市场主体带来"真金白银"。知识产权推动了工业企业技术创新，促进了经济高质量发展。在推动创新型经济发展方面，2020 年专利密集型产业增加值高达 12.13 万亿元，同比增幅为 5.8%，高于国内生产总值增速 3.1 个百分点，对国内生产总值增长贡献率为 24.6%，经济增长拉动作用显著。[1]

第三节　工业结构优化调整的动因

一、实施创新驱动发展战略

中国特色社会主义新时代，实施创新驱动发展战略，建设创新型国家，成为工业结构优化升级的战略目标，科技自立自强就成为国家发展的战略支撑。以习近平同志为核心的党中央深入实施创新驱动发展战略，坚持走中国特色自主创新道路，促进中国由科技大国向科技强国的转变。

2012 年 7 月，全国科技创新大会提出了"坚持自主创新，重点跨越、支撑发展、引领未来"[2]的指导方针，以提高自主创新能力为核心，以促进科技与经济社会发展紧密结合为重点，深化科技体制改革，着力解决制约科技创新的突出问题，充分发挥科技在转变经济发展方式和调整经济结构中的支撑引领作用、加快建设国家创新体系，为全面建成小康社会进而建设世界科技强国奠定坚实基础。党的十八大报告提出："科技创新是提高社会生产力

---

[1]　《知识产权助力创新型经济发展》，《经济日报》，2022 年 8 月 25 日。

[2]　中华人民共和国科学技术部：《中国科技发展 70 年》(1949—2019)，科学技术文献出版社，2019 年，第 198 页。

和综合国力的战略支撑,必须摆在国家发展全局的核心位置。"这是我们党立足全局、面向未来、放眼世界做出的重大决策,是对坚持走中国特色新型工业化道路的进一步阐述。习近平在党的十九大报告中指出,创新是引领发展的第一动力,是建设现代化经济体系的战略支撑,要坚定实施创新驱动发展战略。实施创新驱动发展战略,全面提升经济增长的质量和效益,推动经济发展方式转变。面对美国发动的"贸易战",我国实施创新驱动发展战略,坚持"四个面向"的战略方向,即面向世界科技前沿、面向经济主战场、面向国家重大需求,面向人民生命健康,对全面提升经济增长的质量和效益,推动工业发展方式转变,实现由低成本优势向技术创新优势的转变发挥了重要作用。

为贯彻创新驱动发展战略,2016 年 2 月,国务院印发《国家中长期科学和技术发展规划纲要(2006—2020)若干配套政策的通知》,对自主创新战略进行了系统的政策部署。《国家中长期科学和技术发展规划纲要(2006—2020 年)》及其配套政策的出台,标志着我国科技创新战略由技术引进向自主创新的重大转变。党的十八大以来,国家发布了一系列自主创新战略的政策文件,如《中共中央国务院关于深化体制机制改革和加快实施创新驱动发展战略的若干意见》(2015 年)、《中国制造 2025》(2015 年 5 月)、《国家创新驱动发展纲要》(2016 年)等,是国家根据国内外竞争环境条件的发展变化而对自主创新战略的深化。

（一）自主创新能力显著提升

基础研究取得重大进展,在具有战略性、全局性、高技术重大领域取得重大突破,科技国际竞争力显著提高。2021 年全国 R&D 经费投入强度达到 2.44%, 基础研究占全国研发投入比例达到 6.0%, 规模以上工业企业 R&D 经费支出与营业收入之比为 1.41%,PCT 申请量达到 7.3 万件,居世界首位;

建成全球规模最大、效率最高的知识产权交易中心。[①]

中国工业企业自主创新能力显著提高。2012 年以来,中国规模以上工业企业专利申请数、发明专利数以及有效发明专利数逐年增加。2020 年专利申请数是 2012 年的 2.5 倍,其中有效发明专利数增长速度较快,2013—2020 年的增速达到 23.2%(表 3-10)。

表 3-10　2012—2020 年中国规模以上工业企业专利发明情况

年份	数量（件）			同比（%）		
	专利申请数	发明专利	有效发明专利数	专利申请数	发明专利	有效发明专利数
2012	489945	176167	277196			
2013	560918	205146	335401	14.5	16.4	21.0
2014	630561	239925	448885	12.4	17.0	33.8
2015	638513	245688	573765	1.3	2.4	27.8
2016	715397	286987	769847	12.0	16.8	34.2
2017	817037	320626	933990	14.2	11.7	21.3
2018	957298	371569	1094200	17.2	15.9	17.2
2019	1059808	398802	1218074	10.7	7.3	11.3
2020	1243927	446069	1447950	17.4	11.9	18.9

资料来源:国家统计局社会科技和文化产业统计司、科学技术部战略规划司编:《中国科技统计年鉴 2021》,中国统计出版社,2021 年,第 30~31 页。

(二)技术来源多元化

企业自主创新能力提升,主要是由于企业技术来源多元化、创新体系日趋完善。在技术引进消化吸收基础上,中国企业通过逆向收购海外高技术企业、设立海外研发中心等方式整合和利用全球科技资源,在加强消化吸收基础上,企业通过加强产学研合作和基础研究等方式提升原始创新能力。

首先,企业创新主体地位进一步稳固。企业的自主创新激励增强,研发强度加速提升。在产业转型升级和技术创新政策的激励下,2012 年以来,全

---

① 国家统计局社会科技和文化产业统计司、科学技术部战略规划司编:《中国科技统计年鉴 2021》,中国统计出版社,2021 年,第 6、30 页。

国 R&D 经费支出和工业企业的研发投入呈现持续快速增加的趋势。全国 R&D 经费支出由 2012 年的 10298.4 亿元增长到 2020 年的 24393.1 亿元,增长了 1.4 倍,年均增长 12.2%。同时,R&D 经费占国内生产总值比重逐年增加,从 2012 年的 1.91%上升到 2020 年的 2.4%。在全国 R&D 经费支出中,规模以上工业企业 R&D 经费逐年增加, 从 2012 年的 7200.6 亿元,2015 年首次突破万亿元规模,增长到了 2020 年的 15271.3 亿元,年均增长幅度达到了 9.9%。2012—2020 年,规模以上工业企业 R&D 经费占全国 R&D 经费的比例较高,平均为 67.9%。同时,我国企业加大了对科研人员的投入。规模以上工业企业 R&D 人员全时当量由 2012 年的 224.6 万人增至 2020 年的 346 万人,增长了 54%（表 3-11）。研发经费投入、研发人员大幅增长,极大提升了企业原始创新能力,表明创新能力已经成为工业企业的核心竞争力。

表 3-11　2012—2020 年中国规模以上工业企业 R&D 经费支出情况

年份	全国 R&D 经费支出（亿元）	R&D 支出占 GDP 比重（%）	规模以上工业企业 R&D 经费（亿元）	规模以上工业企业 R&D 支出占全国 R&D 比重（%）	R&D 人员全时当量（万/人年）
2012	10298.4	1.91	7200.6	69.9	224.6
2013	11846.6	2	8318.4	70.2	249.4
2014	13015.6	2.02	9254.3	71.1	264.2
2015	14169.9	2.06	10013.9	70.7	263.8
2016	15676.8	2.1	10944.7	69.8	270.2
2017	17606.1	2.12	12013	68.2	273.6
2018	19677.9	2.14	12954.8	65.8	298.1
2019	22143.6	2.24	13971.4	63.1	315.2
2020	24393.1	2.4	15271.3	62.6	346

资料来源:根据国家统计局社会科技和文化产业统计司、科学技术部战略规划司编:《中国科技统计年鉴 2021》,中国统计出版社,2021 年,第 30~31 页相关数据整理。

其次,伴随着企业研发能力的提升,技术消化吸收再创新能力显著提升。表 3-12 显示,2012 年以来,技术引进结构出现新变化,关键和成套设备引进占技术引进合同总额的比重呈下降趋势, 由 2012 年的 3.3%下降到了 2020

年的0.63%;相反,技术许可和转让、技术咨询和服务等"软技术"的比重呈增长趋势,由2012年的83.9%增长到2020年的91.8%。[①]在该阶段技术引进和获取的过程中,引进国外技术经费支出增幅相对较少,从2012年的393.9亿元减少到2020年的460亿元,增长了16.8%,而购买国内技术经费支出增幅较大,从2012年的201.7亿元增加到2020年的456.7亿元,增长了1.26倍。2012年,规模以上工业企业引进国外技术与购买国内技术经费支出比为1.95,而到2020年这一比例达到了1.01(表3-12),体现了随着国内技术水平的不断提升,国内企业间的技术交流更加活跃。技术改造经费支出成为企业技术的主要获取类经费支出,超过其他三种类型经费支出,反映了工业企业技术能力的重大转变,即技术引进、技术消化吸收和再创新能力的逐步提升,形成自主创新能力。

表3-12 2012—2020年规模以上工业企业技术获取情况 (单位:亿元)

年份	引进国外技术经费支出	引进技术消化吸收经费支出	购买国内技术经费支出	技术改造经费支出
2012	393.9	156.8	201.7	4161.8
2013	393.9	150.6	214.4	4072.1
2014	387.5	143.2	213.5	3798
2015	414.1	108.4	229.9	3147.6
2016	475.4	109.2	208	3016.6
2017	399.3	118.5	200.9	3103.4
2018	465.3	91	440.2	3233.4
2019	476.7	96.8	537.4	3740.2
2020	460	75.6	456.7	3516.7

资料来源:国家统计局社会科技和文化产业统计司、科学技术部战略规划司编:《中国科技统计年鉴2021》,中国统计出版社,2021年,第30~31页。

再次,从研发活动类型看,2012—2021年,我国基础研究经费从498.8亿元增长至1817亿元,增长了2.6倍,R&D经费增长了1.7倍。2017—2021年

[①] 国家统计局社会科技和文化产业统计司、科学技术部战略规划司编:《中国科技统计年鉴2021》,中国统计出版社,2021年,第207页。

的 5 年间,基础研究经费以年均 17.3% 的速度增长,比 R&D 经费年均增速高 7.1 个百分点,5 年间基础研究经费差不多翻番。2021 年,基础研究经费在 R&D 经费中的占比为 6.5%,达到历史新高(表 3-13)。

表 3-13　2012—2021 年中国研发活动情况

年份	金额（亿元）		同比增速（%）	
	R&D 经费支出	基础研究	R&D 经费支出	基础研究
2012	10298.4	498.8	15.9	21.1
2013	11846.6	555.0	12.6	11.3
2014	13015.6	613.5	8.8	10.6
2015	14169.9	716.1	8.9	16.7
2016	15676.8	822.9	9.1	14.9
2017	17606.1	975.5	7.8	18.5
2018	19677.9	1090.4	8.0	11.8
2019	22143.6	1335.6	11.1	22.5
2020	24393.1	1467.0	9.47	9.8
2021	27958.3	1817	14.6	23.9

资料来源:国家统计局社会科技和文化产业统计司、科学技术部战略规划司编:《中国科技统计年鉴 2021》,中国统计出版社,2021 年,第 6 页。

从国际比较看,我国 R&D 经费投入呈现大体量、高增长特点。从投入规模看,2021 年我国 R&D 经费总量稳居世界第二。从增长速度看,2016—2021 年,我国 R&D 经费年均增长 10.0%(表 3-13),超过美国(7.8%)、韩国(7.6%)、德国(3.5%)、日本(1.0%)等发达国家的增速。从投入强度看,2021 年我国研发投入强度为 2.44%,位居世界主要国家排名的第 13 位,超过荷兰(2.29%)、法国(2.35%)等创新型国家。[1]

最后,构建起全球化企业创新体系。2012—2020 年,中国规模以上工业企业有 R&D 活动的企业个数增长了 2.1 倍,在所有规模以上工业企业中的占比由 13.7% 大幅上升到 36.7%。该期间,多数企业相继开办了 R&D 机构,2012 年,有 45937 家规模以上工业企业拥有 R&D 机构。在 2020 年,具有 R&D 机

---

[1]　《我国研发经费投入连续 6 年保持两位数增长》,《光明日报》,2022 年 9 月 1 日。

改革开放以来中国工业结构转型升级研究

构的企业数上升到了 105094 家（表 3-14）。例如，华为在中国深圳、北京、南京、上海等地设立了研究所，在德国、瑞典、俄罗斯、印度等地设立了海外分支研究机构，构建起了"研发中心—创新中心—创新社群"研发体系。中国工业企业原始创新力的形成，得益于不断完善的研发体系和实验体系。

表 3-14　2012—2020 年中国规模以上工业企业科技活动情况

年份	有 R&D 活动企业数（个）	有 R&D 活动企业所占比重（%）	R&D 经费内部支出（亿元）	机构数（个）
2012	47204	13.7	7200.6	45937
2013	54832	14.8	8318.4	51625
2014	63676	16.9	9254.3	57199
2015	73570	19.2	10013.9	62954
2016	86891	23	10944.7	72963
2017	102218	27.4	12013	82667
2018	104820	28	12954.8	83115
2019	129198	34.2	13971.1	95459
2020	146691	36.7	15271.3	105094

资料来源：国家统计司社会科技和文化产业统计司、科学技术部战略规划司编：《中国科技统计年鉴2021》，中国统计出版社，2021 年，第 30~31 页。

二、科技体制改革迈出坚实步伐

我国已形成了中央、地方科研机构、大学、部门行业研究机构、国防科技研究机构（即五路大军）的国家创新体系，也形成了特有的非国有与国有研发创新体系。重点领域科技创新体制机制改革不断深化，科技机构改革稳妥推进，科技领域"放管服"持续深化，形成创新创业"新生态"。科技计划管理、资源开放共享、成果转化等初步实现改革目标。企业（包括外资企业）成了最大的技术创新主体，与五路大军在国家科技规划指导下既相互竞争、又相互合作，极大地释放了科技创新力、解放了科技生产力。设立了科创板，打通科技、产业和金融之间的连接通道。①

我国建设世界创新强国已具备加快发展的基础,科技发展正进入由数量高增长向高质量发展的提升期,科研体系不断完备,人才队伍日益壮大,工程、产业、科学、技术的自主创新能力快速提升。同时要看到,我国科技创新水平虽然在主要指标上已与创新型国家相当,但综合创新能力仍有待提高,创新发展不平衡不充分等问题仍较突出。主要表现在以下三个方面:

第一,科技创新发展不平衡,原始创新能力不强,自主提出重大科学命题和有效解决关键产业问题能力不强。中高端科技供给能力与发达国家相比仍存在明显差距,关键核心技术"心脏病"问题突出、"缺芯少基"现象普遍;再创新能力不足,某些集成能力较强,但集聚整合全球科技创新资源能力不够;基础性研究成为最关键产业领域对国外产业技术依赖较强。研发投入结构失衡,基础性研究成为最大的短板。基础研究、应用研究与试验发展经费极不平衡,2020年,这3项研发经费所占比分别为6.0%、11.3%和82.7%;②基础研究人员全时当量2017年为29.01万人年,③居世界首位,但仅占全国研发人员总全时(403.4万人年,2017)的7.1%。基础研究根基不牢是制约原始创新能力提升的最大瓶颈,也是未来科技发展需要着力解决的重点问题。

第二,社会创新活动发展不充分,创新主体潜力与活力尚未充分发挥。2020年,各类企业研究与试验发展经费支出占全国总支出比重的76.6%,但与创新领先国家相比,企业整体研发投入强度仍然较低,高技术制造业研究与试验发展投入强度为2.67%,装备制造业研发投入强度为2.22%。④此外,我国拥有世界最大规模的研发机构,但定位不清,相互交叉,缺乏合作,未能

---

① 胡鞍钢、周绍杰、鄢一龙:《"十四五"大战略与2035远景》,东方出版社,2020年,第137页。

② 参见《2020年全国科技经费投入统计公报》。

③ 李静海:《抓住机遇推进基础研究高质量发展》,《中国科学院院刊》,2019年第5期。

④ 国家统计局社会科技和文化产业统计司、科学技术部战略规划司编:《中国科技统计年鉴2021》,中国统计出版社,2021年,第6页。

发挥协同效应。科技创新高端人才支撑不足。我国已拥有世界最大科技人才队伍,但大而不优、多而不强,缺乏战略科学家、世界级科学家、科技领军人才、高层次科技人才、冷门偏门短缺人才、拔尖创新人才、中青年人才,人力资源国际化程度有待提升;我国科技领域全职研究人员总数上远远超过美国、欧盟,但每千人劳动力中研究人员比重远低于美国、欧盟等发达国家。研发产业与研发服务业发展不充分。科学研究和技术服务业规模较小、创新研发支撑作用较弱。2020 年全国 R&D 人员全时当量为 523.5 万人,仅占第三产业从业人员人数(35806 万人)的 1.5%,[①]这与我国建成创新人才强国、创新市场强国目标极不相符。

第三,创新引领尚未全面实现,科技创新的高端供给能力不足。核心技术对外依存度较高导致关键领域技术创新受制于人,难以满足依靠创新引领产业转型升级的需求。科技成果转化体系不够完善。存在创新成果转化相关政策法规不完善、专业服务机构与专业人才缺乏、有利于成果转化的评价体系尚未有效建立等问题。创新驱动发展战略需要向引领型转变,更有效地应对国际科技竞争和对创新"无人区"的探索。

三、深化国有企业混合所有制改革

2013 年 1 月,党的十八届三中全会通过《中共中央关于全面深化改革若干重大问题的决定》,指出:"经济体制改革是全面深化改革的重点,核心问题是处理好政府和市场的关系"[②],确立了"让市场在资源配置中起决定性作用"的改革目标,从广度和深度上助推市场化改革,促进资源配置依据市

---

① 国家统计局编:《中国统计年鉴 2021》,中国统计出版社,2021 年,第 120、638 页。
② 中共中央文献研究室编:《十八大以来重要文献选编》(上),中央文献出版社,2014 年,第778 页。

场价格、市场竞争、市场规则实现效率最优化和效益最大化。《决定》提出了有关国有资本布局的相关部署,即"国有资本投资运营要服务于国家战略目标,更多投向关系国家安全、国民经济命脉的重要行业和关键领域,重点提供公共服务、发展重要前瞻性战略性产业、保护生态环境、支持科技进步、保障国家安全"①,这成为新时代深化国资国企改革的重要里程碑。党的十九大报告进一步提出"加快国有经济布局优化、结构调整、战略性重组",为今后国有经济发展指明了方向。

在过去国有企业改革取得成效的基础上,新时代下以国有企业分类改革为基本原则,着力推进混合所有制改革、员工持股制度、三级国资管理体制、职业经理人制度等多个领域的改革。根据分类改革思路,国有企业功能定位和承担的使命,将其划分为商业类和公益类,其中商业类分为商业一类和商业二类。按照不同类型的国有企业,采取差异化的考核评价体系和监督管理体制,并形成与之相匹配的差异化公司治理模式。在新时代国有企业公司治理转型中,改革举措主要包括,重组国有资本投资、运营公司,完善国有资本授权经营体制,建立以"管资本"为主的国有资产管理体制。国有企业围绕三项制度改革在更深层次、更大范围破冰破局。围绕"管理人员能上能下",实施经理层成员契约化和任期制管理。围绕"员工能进能出",实施公开招聘、竞争上岗、末等调整和不胜任退出等系统化市场化用工制度。围绕"收入能增能减",广泛应用中长期激励政策工具,采取按业绩贡献确定薪酬的分配机制。

2013年以来,通过混合所有制改革,国有企业招募各类社会资本高于2.5万亿元,2021年地方企业和中央国有企业混合所有制企业数量比重分别超

---

① 中共中央文献研究室编:《十八大以来重要文献选编》(上),中央文献出版社,2014年,第501页。

过 54%和 70%。①国资监管体制健全完善,国资监管效能逐步增强。逐步完善"三统一、三结合"国资监管职能体系。根据国资委职责定位,推动国资监管机构职能转变,实施动态完善监管权力和责任清单制度,将出资人、专司国有资产监管和党建"三项职责"统一起来,将管资本与管党建、出资人与国资监管、党内监督与出资人监督结合起来。

(一)国有经济战略性调整

国有企业由以规模和速度为主的粗放型增长向以质量和效率为主的集约型增长转变。伴随着国有企业公司制改革的全面完成,政府与企业的职责边界进一步厘清,从根本上确立了企业独立市场主体地位,更加成熟更加定型的中国特色现代企业制度和国资监管体制逐步建立,促使一批动力充沛、活力迸发的现代新国企涌现出来。国有企业规模实力稳步提升,增强了国民经济实力。截至 2021 年末,我国国资系统监管企业资产总额为 259.3 万亿元,比 2012 年末增长 2.6 倍,年均增幅高达 15.4%。2012—2021 年,国资系统监管企业增加值总额为 111.4 万亿元,年均增速 9%,高于国内生产总值年均增长 2.3 个百分点。②

国有经济布局优化和结构调整成效显著。党的十八大以来,有 26 组 47 家中央企业实施专业化整合和战略性重组,2021 年,中央企业数量从十年前的 117 家缩减至 97 家。有效解决了历史遗留问题、剥离企业办社会职能,基本完成国资系统监管企业 1500 万户职工家属区、2 万多个各类公共服务机构"三供一业"分离移交工作。③

从规模以上工业企业实收资本的构成比例看,2020 年,六类投资主体的

---

① 《国有企业,迈出高质量发展坚实步伐》,《人民日报》,2022 年 6 月 18 日。
② 《国有企业,迈出高质量发展坚实步伐》,《人民日报》,2022 年 6 月 18 日。
③ 《国有企业,迈出高质量发展坚实步伐》,《人民日报》,2022 年 6 月 18 日。

资本占实收资本的比重分别为:法人资本的 43.6%、国家资本 24%、个人资本 17%、外商资本 8.7%、港澳台资本 5.2%、集体资本 1.5%。从变动趋势看,2020 年与 2012 年相比,六类投资主体所占比重除了国家资本和法人资本比例增加外(分别增加 5.8 个和 7.5 个百分点),其他四类投资占比是减少的,集体资本、个人资本、港澳台资本和外商资本分别减少了 0.4 个、2 个、6.5 个、4.3 个百分点(表 3-15)。值得一提的是,国家资本的比重由 2012 年的 18.2%增至 2020 年的 24%,总体来看,国有资本比重低于其他类型经济的占比。这说明经过三十多年的布局调整,国有经济不断向关系国家安全、国民经济命脉的重要行业和关键领域集中,国有资本的比重减少,不代表国有经济的影响力、控制力减弱,相反,这是新形势下坚持公有制主体地位,增强国有经济活力、控制力、影响力的有效途径和必然选择。

表 3-15　2012 年、2020 年,规模以上工业企业实收资本所有制结构　(单位:亿元)

所有者权益合计（亿元）						
年份	实收资本	国家资本	集体资本	法人资本	个人资本	港澳台资本	外商资
2012	161029.6	29227.9	3118.1	58093.9	30627.5	18857.5	20925.1
2020	280495.9	67261.0	4117.0	122411.8	47751.1	14611.6	24409.1
所有者权益占比（%）						
	实收资本	国家资本	集体资本	法人资本	个人资本	港澳台资本	外商资
2012	100	18.2	1.9	36.1	19.0	11.7	13.0
2020	100	24.0	1.5	43.6	17.0	5.2	8.7

资料来源:中华人民共和国国家统计局工业统计司编:《中国工业统计年鉴 2013》,中国统计出版社,2013 年,第 8~13 页;中华人民共和国国家统计局工业统计司编:《中国工业统计年鉴 2021》,中国统计出版社,2021 年,第 2~5 页。

　　肩负着服务和保障国家重大战略的时代重任。国有企业服务长江经济带发展、京津冀协同发展、长三角一体化发展、粤港澳大湾区建设等国家重大区域发展战略,央地协同合作持续深入,党的十八大以来,参与雄安新区项目超过 900 个。共建"一带一路"高质量发展,截至 2021 年底,中央企业分布在 180 多个国家和地区,海外资产近 8 万亿元,项目超过 8000 个。[1]

---

[1] 《国有企业,迈出高质量发展坚实步伐》,《人民日报》,2022 年 6 月 18 日。

从行业分布看,工业、交通运输仓储业、房地产业和社会服务业是国有资产高密集区域。表3-16所示,2020年,国有资产在这四个行业占比分别是21.3%、12.5%、12.7%和21.6%,合计高达68.1%。从发展趋势来看,国有资产在工业的占比总体走低,在房地产业和社会服务业的占比呈不断走强态势,交通运输仓储业比重基本稳定。2012年,国有资产在工业行业的占比高达38.9%,随后逐渐降至2020年21.3%;而国有资产在房地产业和社会服务业的占比则从2012年的7.3%和12.8%分别增至2020年的12.7%和21.6%;在交通运输仓储业比重基本维持在12%~14%。

表3-16　2012—2020年中国国有企业资产行业分布　　（单位:%）

项目	2012年	2013年	2014年	2015年	2016年	2017年	2018年	2019年	2020年
农林牧渔业	0.8	0.8	0.8	0.8	0.7	0.7	0.7	0.8	1.1
工业	38.9	36.7	34.8	30.1	28.3	26.3	24.5	23.0	21.3
建筑业	6.4	6.7	6.7	7.0	7.3	8.2	9.2	9.5	10.1
地质勘查及水利业	0.4	0.4	0.4	0.5	0.5	0.6	0.6	0.7	0.8
交通运输仓储业	14.1	14.1	13.7	13.8	14.3	13.6	13.2	12.9	12.5
邮电通信业	4.3	3.8	3.5	3.1	2.9	2.6	2.3	2.2	2.0
批发和零售、餐饮业	5.8	6.0	6.2	5.7	5.5	5.4	5.0	4.5	4.2
房地产业	7.3	8.2	8.8	9.1	9.8	10.6	11.4	12.3	12.7
信息技术服务业	0.1	0.2	0.2	0.2	0.3	0.3	0.3	0.3	0.3
社会服务业	12.8	13.4	14.4	16.0	17.3	18.5	19.9	19.7	21.6
卫生体育福利业	0.1	0.1	0.1	0.1	0.2	0.1	0.1	0.2	0.3
教育文化广播业	0.5	0.5	0.5	0.5	0.5	0.4	0.5	1.8	1.7
科学研究和技术服务业	0.7	0.9	0.9	0.9	0.9	0.9	0.9	0.9	0.9
机关社团及其他	7.9	8.1	8.8	12.2	11.6	11.8	11.4	11.3	10.8

资料来源:中华人民共和国财政部主管编:《中国财政年鉴2021》,中国财政杂志社,2021年,第394~395页相关数据计算整理。

工业是国有资产占比最高行业。煤炭工业、石油和石化工业、冶金工业、机械工业、电力工业则是工业内部国有资产密集的行业(表3-17)。2020年,国有资产在这五个行业中分别为854191亿元、78558.7亿元、119260.9亿

元、94310.8 亿元、226166.9 亿元;国有资产在这五个行业中的占比分别为
9.2%、14.0%、10.2%、11.0%和 26.5%,合计达到 70.9%,表明国有资产高度集
中在重化工领域。

表 3-17　2012—2020 年中国国有企业工业内部分布　　　(单位:%)

项目	2012 年	2013 年	2014 年	2015 年	2016 年	2017 年	2018 年	2019 年	2020 年
煤炭工业	10.3	10.1	10.5	10.3	10.1	10.1	9.9	9.1	9.2
石油和石化工	18.7	19.0	19.1	15.8	14.6	15.3	14.7	14.9	14.0
冶金工业	13.6	13.3	12.7	12.3	12.3	11.8	11.6	10.8	10.2
建材工业	2.4	2.5	2.5	2.6	2.8	2.8	2.8	2.8	2.8
化学工业	4.8	4.7	4.7	5.3	5.1	5.2	5.4	5.1	5.7
森林工业	0.0	0.0	0.0	0.0	0.1	0.1	0.1	0.1	0.0
食品工业	0.8	0.8	0.8	0.8	0.8	0.8	0.7	0.7	0.7
烟草工业	2.6	2.6	1.7	1.8	1.8	1.7	1.6	1.5	1.5
纺织工业	0.3	0.2	0.2	0.3	0.3	0.2	0.2	0.2	0.2
医药工业	0.8	0.9	0.9	1.0	1.0	0.9	1.0	1.0	1.1
机械工业	9.7	10.4	10.6	11.1	11.8	11.4	11.6	11.5	11.0
电子工业	1.9	2.0	2.2	2.5	2.7	3.0	3.4	3.6	3.5
电力工业	23.7	22.9	23.4	25.1	25.7	25.3	25.5	26.2	26.5
市政公用工业	3.5	4.0	4.2	4.6	4.8	5.1	5.6	6.2	7.0
其他工业	6.9	6.5	6.5	6.4	6.2	6.3	6.1	6.1	6.6

资料来源:根据中华人民共和国财政部主管编:《中国财政年鉴 2021》,中国财政杂志
社,2021 年,第 394~395 页相关数据计算整理。

(二)国资国企是科技自立自强的"国家队"

国有企业是推进高水平科技自立自强的"国家队"。2012—2021 年,国有
企业建成了 7 个创新联合体,700 多个国家级研发平台,累计投入研发经费
6.2 万亿元,年均增长率高于 10%。2021 年底,拥有研发人员高达 107 万人,
比 2012 年底增长 53%,两院院士人数为 241 名,约占全国院士总数的 1/7。
国有工业企业聚焦自主可控,全力开展关键核心技术攻关,填补了多领域空
白,不同程度地缓解了集成电路、5G 通信、大飞机、发动机、工业母机、能源电
力、高速铁路等领域"卡脖子"问题。

国有工业企业取得了以探月工程、深海探测、载人航天、北斗导航、国产航母、5G 应用等具有世界先进水平的重大成果,建成了白鹤滩水电站、港珠澳大桥、深海一号油气田、石岛湾高温气冷堆核电站示范工程、华龙一号核电机组等一批标志性重大工程,有力提振了中华民族自信自强的底气。

面对新一轮科技革命和产业变革迅猛发展,国有企业以智能制造为主攻方向,开展数字化转型,搭建高水平工业互联网平台,设立人工智能技术研发机构,推动实时制造、柔性生产等先进生产方式的实施。国有企业结构调整基金在布局新兴产业、推动产业转型升级方面,做了大量积极有效的工作。例如持续加大新兴产业投入,2017—2021 年, 从不足 7000 亿元到超过1.3 万亿元,年均增速超过 20%。推动建设北斗、电子商务、区块链、新能源汽车等一批数字创新平台,创建海工装备、物流大数据等协同创新平台,积极打造自主可控天翼云,有效发挥产业引领带动作用。在新型基础设施方面,近 70 家国有企业超过 700 户的子企业加大新基建领域布局,2021 年投资高于 4000 亿元。2017—2021 年国有企业实施产业基础再造工程,积极发展战略性新兴产业,在新材料、5G 应用、新能源等战略性新兴领域的投资额年均增速超过 20%。[①]

四、对外贸易高质量发展

党的十八大以来,我国加大开放领域制度创新力度,推出"一带一路"建设、成立亚洲基础设施投资银行、加快自贸试验区试点、实行负面清单管理等一系列开放新战略新措施。党的十八届三中全会通过《中共中央关于全面深化改革若干重大问题的决定》,提出构建开放型经济新体制,"放宽投资准

---

① 《国资国企这十年:科技自立自强的"国家队"》,《科技日报》,2022 年 6 月 18 日。

入、加快自由贸易区建设、扩大内陆沿边开放"[1]，掀起了创新外经贸管理方式、深化外贸体制改革的新高潮。党的十八届五中全会包含开放在内的五大发展理念，开启了主动、全面、共赢、高质量对外开放的帷幕。面对国际金融危机后全球经济复苏疲软导致外需下滑的复杂形势以及"逆全球化"带来的严峻挑战，通过深化外经贸领域供给侧结构性改革，推动发展外贸新业态，促进贸易投资便利化，我国进出口贸易呈现稳中向好的发展态势。党的十九大强调"推动形成全面开放新格局"。在全球化进程遭遇挫折的背景下，中国坚持维护多边贸易体制，主动担负起推动全球化发展的大国历史重任。充分利用 G20、APEC、中非论坛等国际平台，增强自身制度性话语权，倡导构建人类命运共同体，打造创新、活力、联动、包容的世界经济体系，为促使全球贸易走出阴霾做出了积极而富有建设性的努力，使中国对全球经济增长继续发挥"稳定之锚"的重要作用。2018 年 4 月，习近平在博鳌亚洲论坛上宣布了中国将实施大幅度放宽市场准入、创造更有吸引力的投资环境、加强知识产权保护、主动扩大进口等扩大对外开放新的重大举措，向世界传递出清晰有力的声音——"中国开放的大门不会关闭，只会越开越大"[2]。这是中国基于发展需要做出的重大战略抉择，也是在以实际行动推动经济全球化造福世界各国人民。为加快新一轮全面开放，中央政府决定 2018 年 11 月在上海举办首届中国国际进口博览会，在海南全岛建设自由贸易试验区和中国特色自由贸易港，促使中国由"卖世界"的"世界工厂"转向"买世界"的"世界市场"，敞开大门，为世界各国提供多样化、潜力巨大的商机。在主动开放市场的同时，树立共商共建共享的全球治理观，不断推动经济全球化朝着更加开

---

① 中共中央文献研究室编：《十八大以来重要文献选编》（上），中央文献出版社，2014 年，第 525~526 页。

② 《中国开放的大门只会越开越大——五论习近平主席博鳌亚洲论坛主旨演讲》，《人民日报》，2018 年 4 月 15 日。

放、包容、普惠、平衡、共赢的方向发展。[①]

(一)世界第一货物贸易大国地位更加巩固

2013年中国超过美国成为世界第一货物贸易大国，这是对外贸易发展的里程碑，也是坚持对外开放的重大成果。从贸易差额变动趋势看，改革开放前的近3年，由于出口创汇能力较低，外汇储备较少，无法满足技术引进和商品进口的需求。改革开放以来特别是中国特色社会主义建设新时代，出口规模持续扩大，促使贸易顺差大幅增加，我国贸易顺差由2012年的1303.1亿美元增至2020年的6773.2亿美元(表3-18)。规模庞大的贸易顺差为中国工业高质量发展提供了有力的资金支撑，2012年至2020年的外汇储备平均为33171亿美元，从根本上缓解了国际收支的压力，是中国综合国力提升的重要标志；巨额的贸易顺差加剧了进出口发展不平衡的矛盾，极易导致与部分贸易伙伴的经贸摩擦。

表3-18　2012—2020年中国进出口规模及贸易差额的变化　（单位:亿美元）

年份	进出口总额	出口总额	进口总额	差额	外汇储备
2012	38671.2	20487.1	18184.1	2303.1	33115.9
2013	41589.9	22090	19499.9	2590.2	38213.2
2014	43015.3	23422.9	19592.4	3830.6	38430.2
2015	39530.3	22734.7	16795.6	5939	33303.6
2016	36855.6	20976.3	15879.3	5097.1	30105.2
2017	41071.4	22633.5	18437.9	4195.5	31399.5
2018	46224.2	24866.8	21357.3	3509.5	30727.1
2019	45778.9	24994.8	20784.1	4210.7	31079.2
2020	46559.1	25899.5	20659.6	5239.9	32165.2
2021	60621.6	33697.4	26924.2	6773.2	—

资料来源:国家统计局编:《中国统计年鉴2021》,中国统计出版社,2021年,第345、600页。

---

① 钟山:《开放的中国与世界共赢——写在〈中国与世界贸易组织〉白皮书发表之际》,《人民日报》,2018年7月2日。

(二)服务贸易高质量发展

服务贸易是国际经贸合作和国际贸易的重要组成部分和重要领域,对于构建新发展格局具有重要作用。2012年来,中国进一步完善服务贸易政策体系,构筑服务贸易发展平台和载体,推动服务贸易高质量发展,在全球贸易中的大国地位更加巩固。

服务贸易规模稳定增长,连续8年稳居世界第2服务贸易大国地位。2012—2021年,服务贸易总额从4828.8亿美元增至8214.4亿美元,贸易规模增长了70.1%(表3-19),占世界服务贸易总额的比重由5.28%提高至6.69%,连续8年稳居全球第2位。其中,服务出口额从2015.8亿美元增至3943.4亿美元,在世界服务出口中的占比由4.29%增至5.6%,已成为世界第3大服务出口大国;服务进口额从2813亿美元增至4271亿美元,占世界服务进口的比重由6.33%增至7.88%(图3-12),成为仅次于美国的服务进口大国。在外部环境复杂严峻,国际贸易和世界经济持续疲弱的形势下,我国服务贸易蓬勃发展,成为外贸保稳提质的重要推动力。

表3-19 2012—2021年中国服务进出口额变化情况 (单位:亿美元)

年份	进出口	出口	进口	差额
2012	4828.8	2015.8	2813	−797.3
2013	5376.1	2070.1	3306.1	−1236
2014	6520.2	2191.4	4328.8	−2137.4
2015	6541.6	2186.2	4355.4	−2169.2
2016	6616.3	2095.3	4521	−2425.7
2017	6956.8	2280.9	4675.9	−2395
2018	7918.8	2668.4	5250.4	−2582
2019	7850	2836	5014	−2178
2020	6617.2	2806.3	3810.9	−1004.6
2021	8214.4	3943.4	4271	−327.6

资料来源:国家统计局编:《中国统计年鉴2021》,中国统计出版社,2021年,第367页。

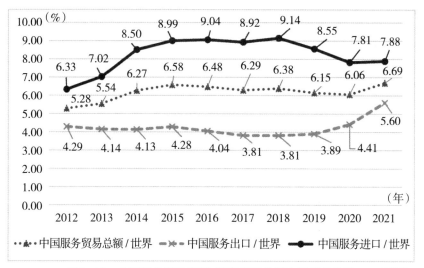

图 3-12　中国服务贸易总额、服务出口总额占世界的比重　　（单位:%）

资料来源:根据世界银行数据库数据计算整理。

　　服务贸易结构稳步优化,成为工业转型升级的重要动力。传统领域服务贸易优势延续发展,知识密集型服务贸易比重提高。2012—2021 年,传统领域、知识密集型领域、其他领域进出口结构由 61:34:5 转变为 52:43:3,[①]知识密集型服务贸易成为提高服务出口能力、稳定外贸增长的动力源。金融服务、保险服务、电信计算机和信息服务、个人文化娱乐服务、其他商业服务知识产权使用费等知识密集型服务持续较快增长。剔除受疫情影响的 2020 年后,2015—2019 年知识密集型服务贸易总额年均增长 11%,对服务贸易增长贡献率达 70.9%。2021 年,电信计算机和信息服务、知识产权使用费、个人文化和娱乐服务、出口同比分别增长 22.3%、26.9%、35%。[②]"中国服务"国际品牌影响力大幅提升,多个服务贸易领域位居世界前列。我国在运输、建筑、电信计算机和信息服务等领域出口规模逐步扩大,世界影响力持续提升,成为具有较强影响力和竞争力的大国。2021 年,我国运输服务、建筑服务进出口

---

①　《推动服务贸易实现跨越式发展》,《经济日报》,2022 年 8 月 26 日。

②　《推动服务贸易实现跨越式发展》,《经济日报》,2022 年 8 月 26 日。

总额分别为2607.4亿美元和402.7亿美元，贸易规模居于世界第一位；电信、计算机和信息服务进出口总额为1195.8亿美元，已超过美国。①

（三）贸易结构持续优化

2012—2021年,初级产品出口占出口总额比重平均为5%左右,工业制成品出口额占出口总额的比重平均为95%左右(图3-13)。中国既是劳动密集型产品出口国,也是全球机电产品和高技术产品的主要生产和提供者,工业制成品竞争优势显著提升。

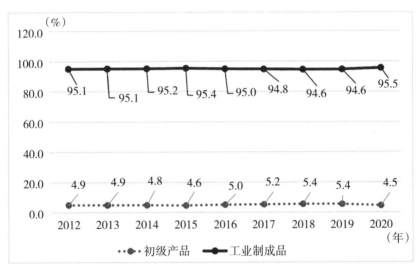

图 3-13　2012—2020 年中国按国际贸易标准分出口商品构成　（单位:%）
资料来源:根据国家统计局贸易外经统计司编:《中国贸易外经统计年鉴 2021》,中国统计出版社,2021 年,第 597 页相关数据计算整理。

2012—2021年,高技术产品出口占商品出口总额的比重基本稳定在29%左右(表3-20),在战略性新兴产业快速发展、工业结构转型升级的拉动下,航空航天器、光通信设备、无人机等一批高技术产品成为出口新亮点,增强

① 国家统计局贸易外经统计司编:《中国贸易外经统计年鉴 2022》,中国统计出版社,2022 年,第 662 页相关数据计算整理。

了工业的国际竞争力。在优化贸易结构的同时,中国制造业质量和国际形象不断提升。2021年,我国装备制造产品和高附加值机电产品出口继续保持良好增势,如集成电路增长23.4%、液晶显示板增长30.5%、汽车增长104.6%,增长速度均超过当年货物出口同比21.2%的增速;部分关键零部件和重要设备进口也实现较快增长,如集成电路增长15.4%、铁矿砂及其精矿增长39.6%,进出口质量和效益进一步改善。

表3-20　2012—2021年中国出口商品结构变化　　　（单位:%）

年份	占出口商品总额的比重		增速	
	机电产品	高新技术产品	机电产品	高新技术产品
2012	57.6	29.3	8.7	9.6
2013	57.3	29.9	7.3	9.8
2014	56.0	28.2	2.6	−1
2015	57.6	28.8	1.1	0.4
2016	57.7	28.8	−1.9	−2.1
2017	58.4	29.4	12.1	13.3
2018	58.8	30.1	7.9	9.3
2019	58.4	29.3	4.4	2.1
2020	59.4	29.9	6	6.5
2021	59.0	29.1	20.4	17.9

资料来源:根据《中华人民共和国2012—2021年国民经济和社会发展统计公报》相关数据计算整理。

出口竞争优势显著提升。中国成为全球机电产品和高技术产品的主要生产国和提供者,无人机、航空航天器、光通信设备等一批具有国际竞争力的高技术产品成为出口新亮点。表3-20所示,我国高技术产品出口占制成品出口的比重平均为28.0%,不仅高于世界平均18.8%的水平,而且超过高收入国家18.0%的水平(表3-21)。这一比值体现了中国在全球价值链的终端制造环节的总体分工地位,体现了中国急剧扩张的高技术产品的加工和出口能力。

表3-21 2012—2020年中国与世界主要国家(地区)
高技术产品出口额占制成品出口额的比重 (单位:%)

	2012年	2013年	2014年	2015年	2016年	2017年	2018年	2019年	2020年
世界	17	17.1	17.1	19.9	17.9	16.1	20.8	20.7	22.2
高收入国家	16.7	16.4	16.8	19.5	17.8	16	20.2	20.2	21.7
中国	26.3	27	25.4	30.4	25.2	23.8	31.4	30.8	31.3
美国	17.8	17.8	18.2	21.4	20	13.8	18.9	18.7	19.5
德国	15.8	16.1	16.0	17.8	16.9	13.9	15.8	16.4	15.5

资料来源:根据国家统计局编:《国际统计年鉴2015/2018/2019/2020/2021》,中国统计出版社,2015、2018、2019、2020、2021年,第344、342、340、340、336页相关数据整理。

从进出口市场结构看,我国主要贸易伙伴发生了根本性变化,由过去的社会主义阵营国家扩展到东南亚国家(地区)再到全球市场。2021年,中国对前五大贸易伙伴东盟、欧盟、美国、日本和韩国的进出口额合计占进出口总额的56.2%,其中东盟连续两年成为中国第一大贸易伙伴(表3-22),国际市场布局更趋多元化。[1]

表3-22 2021年中国对主要国家和地区货物进出口情况 (单位:亿元,%)

国家和地区	出口额(亿元)	同比增长(%)	占全部出口比重(%)	进口额(亿元)	同比增长(%)	占全部进口比重(%)
东盟	31255	17.7	14.4	25489	22.2	14.7
欧盟	33483	23.7	15.4	20028	12.1	11.5
美国	37224	19	17.1	11603	24.2	6.7
日本	10722	8.5	4.9	13298	10.1	7.7
韩国	9617	23.5	4.4	13791	15.1	7.9
中国香港	22641	20.3	10.4	627	30.2	0.4
中国台湾	5063	21.7	2.3	16146	16.5	9.3
巴西	3464	43.4	1.6	7138	20.3	4.1
俄罗斯	4364	24.7	2	5122	28.2	2.9
印度	6302	36.6	2.9	1819	25.1	1
南非	1365	29.4	0.6	2147	49.4	1.2

资料来源:国家统计局编:《中华人民共和国2021年国民经济和社会发展统计公报》,中国统计出版社,2022年。

---

[1] 中华人民共和国商务部综合司、国际贸易经济合作研究院:《中国对外贸易形势报告2021年春季》,第5页。

　　"一带一路"沿线国家成为中国进出口贸易新的增长点和对外开放新亮点。在货物贸易方面,2013—2021年,中国与"一带一路"沿线国家货物贸易额由1.04万亿美元增至1.80万亿美元,占中国货物贸易总额的比重由25%升至29.7%(表3-23)。

表3-23　2013—2021年中国与"一带一路"沿线国家货物贸易情况

年份	中国与"一带一路"货物贸易额			全国货物贸易总额 (亿美元)	"一带一路"货物贸易额/全国 (%)
	出口 (亿美元)	进口 (亿美元)	进出口贸易额 (亿美元)		
2013	5691.9	4713.6	10405.5	41589.9	25.0
2014	6370.7	4835.6	11206.3	43015.3	26.1
2015	6146.1	3883.6	10029.7	39530.3	25.4
2016	5817.4	3660.3	9477.7	36855.6	25.7
2017	6356.1	4535.9	10892	41071.4	26.5
2018	7047.3	5630.7	12678	46224.2	27.4
2019	7606.5	5817	13423.5	45778.9	29.3
2020	7838.6	5699.1	13537.7	46559.1	29.1
2021	10220.8	7760.5	17981.3	60621.6	29.7

资料来源:商务部国际贸易经济合作研究院:《中国"一带一路"贸易投资发展报告2021》,商务部国际贸易经济合作研究院,2021年,第27页相关数据计算整理。

　　服务贸易方面,2020年,中国与"一带一路"沿线国家完成服务进出口额从2015年的748.4亿美元增至844.7亿美元;其中,服务出口377.3亿美元,服务进口467.4亿美元(图3-14)。

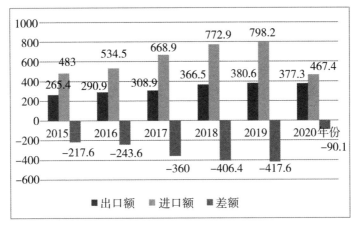

图 3-14　2015—2020 年中国与"一带一路"沿线国家服务贸易情况(单位:亿美元)

资料来源:商务部国际贸易经济合作研究院:《中国"一带一路"贸易投资发展报告2021》,商务部国际贸易经济合作研究院,2021年,第28页。

共建"一带一路"高质量发展。2012 年以来,党中央统筹谋划构建新发展格局、共建"一带一路"高质量发展,坚持共商共建共享原则,以基础设施"硬联通"为方向,以规则标准"软联通"为支撑,以共建国家人民"心联通"为基础,共建"一带一路"取得实打实、沉甸甸的成就。2021 年,中国对沿线国家进出口总额达到 1.8 万亿美元,创 8 年来新高,占中国外贸总额比重为29.7%。其中,出口 10220.8 亿美元,进口 7760.5 亿美元(表 3-24)。"一带一路"沿线国家在我国新发展格局中的地位不断提升,成为工业结构优化升级的新引擎和对外开放的新亮点。

表 3-24　2013—2020 年中国与"一带一路"沿线国家货物贸易额　　(单位:亿美元)

年份	2013 年	2014 年	2015 年	2016 年	2017 年	2018 年	2019 年	2020 年	2021 年
出口	5691.9	6370.7	6146.1	5817.4	6353.1	7047.3	7605.5	7838.6	10220.8
进口	4713.6	4835.6	3883.6	3660.3	4535.9	5630.7	5817.0	5699.1	7760.5
差额	978.4	1535.1	2262.6	2157.0	1817.2	1416.6	1789.5	2140.0	2460.3

资料来源:商务部国际贸易经济合作研究院:《中国"一带一路"贸易投资发展报告 2021》,中国商务部,2021年,第27页。

跨境电商等外贸新业态新模式迅速发展。2021 年,第一个"海外仓服务在线"正式上线,这是我国设立的海外智慧物流平台,可以进行海外仓供需对接服务。2021 年,中欧班列开行从 2013 年的 80 列增长到 1.5 万列,增长了 186.5 倍(图 3-15)。中欧班列逆势增长,是中国构建国内国际双循环相互促进新发展格局的创新型成果,有效保障了国内进出口商贸物资快速流通,对全球产业链供应链稳定起到重要作用。

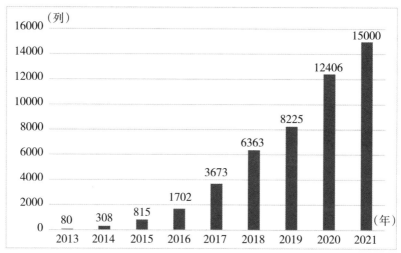

图 3-15 2013—2021 年中欧班列开行情况

资料来源:商务部国际贸易经济合作研究院:《中国"一带一路"贸易投资发展报告 2021》,商务部国际贸易经济合作研究院,2021 年,第 19 页;郑青亭:《2021 年"一带一路"成绩单:中国与沿线国家货物贸易创 8 年来新高》,《21 世纪经济报道》,2022 年 3 月 7 日。

党的十八大以来,以习近平同志为核心的党中央牢固把握在开放发展中战略主动,推动更深层次改革,建设更高水平开放型经济新体制,推出了一系列新的开放举措,取得了历史性显著成就。例如举办高水平的进博会、服贸会、消博会等展会,高质量共建"一带一路";建设 21 个自贸试验区、海南自由贸易港;缩减外资准入负面清单,有序扩大医疗、电信等服务业领域开放;签署 19 个自由贸易协定、正式实施《区域全面经济伙伴关系协定》(RCEP);快速推进"钢铁驼队"中欧班列、中老铁路全线贯通等。

中国国际进口博览会是世界上首个以进口为主题的国家级展会,这是国际贸易发展史上的伟大创举,是中国主动向世界开放市场的战略举措,是立足促进新一轮高水平对外开放的务实行动。中国国际进口博览会汇聚"国际采购、投资促进、人文交流、开放合作"四大平台为一体,高度契合世界开放发展的新要求,实现了"买全球、惠全球"的价值准则。自 2018 年至 2021 年,我国成功举办了四届进博会,累计成交额高达 2722.7 亿美元。[①]

自贸试验区、自由贸易港是对外开放的新高地,在促进更高水平开放中发挥着示范和引领作用。自 2013 年上海自贸试验区设立之后,我国不断调整、优化自贸试验区布局。2021 年,21 个自贸试验区以低于 4‰的国土面积,实现了全国 17.3%的进出口和 18.5%的外商投资, 累计推广制度创新成果 278 项。[②]

服务贸易领域主动开放,以风险防控为底线,增强开放压力测试,充分发挥自由贸易港模范带头作用。2021 年,我国在海南自由贸易港推出第一张跨境服务贸易负面清单,是制度型开放安排,这是对服务贸易管理模式的重大创新。首张跨境服务贸易负面清单的开放程度,高于中国加入世贸组织时的承诺,也超过已生效的自贸协定相应领域的开放水平。

2021 年我国关税总水平降至 7.4%,低于 9.8%的入世承诺。对外签署的自由贸易协定量由 2012 年的 10 个增至 2021 年的 19 个。在中国全部贸易额中,自贸伙伴贸易额的占比由 2012 年的 17%增至 2021 年的 35%。[③] 2022 年 1 月 1 日,《区域全面经济伙伴关系协定》(RCEP)生效实施,标志着全球经贸规模最大、最具发展潜力的区域统一大市场正式开始运转,是我国对外开放新的里程碑,成为连接国内国际双循环的桥梁和纽带,为构建新发展格局提供强大的支撑,对世界经济增长注入新的动力。2022 年 8 月,中国申请加入《数字经济伙伴关系协定》(DEPA),体现了我国迈出高标准自贸协定的新

① 冯其予:《全方位高水平对外开放获新进展》,《经济日报》,2022 年 8 月 25 日。

② 冯其予:《全方位高水平对外开放获新进展》,《经济日报》,2022 年 8 月 25 日。

③ 冯其予:《全方位高水平对外开放获新进展》,《经济日报》,2022 年 8 月 25 日。

改革开放以来中国工业结构转型升级研究

步伐。通过大规模减税降费,放管服改革的深入推进,从 2013 年到 2021 年,我国营商环境全球排名从第 96 位跃升至第 31 位。中国成为大型经济体中自 2005 年以来营商环境改善幅度最大的经济体。

2012—2021 年,中国出口贸易额的世界排名已连续 10 年位居世界第一位,作为世界贸易大国的地位巩固提高。2021 年,中国占世界货物贸易出口额的比重达到 15.0(表 3-25),中国在全球供应链中的角色发生了深刻变化,不仅是全球贸易和经济增长的新引擎,也是世界经济的稳定器。

表 3-25　2012—2021 年中国出口额占世界出口总额的比重和位次

年份	世界出口总额 (亿美元)	中国出口额 (亿美元)	中国出口额占世界出口总额的比重(%)	位次
2012	185145	20487	11.1	1
2013	189699	22090	11.7	1
2014	190111	23423	12.3	1
2015	165581	22735	13.8	1
2016	160452	20976	13.1	1
2017	177429	22633	12.8	1
2018	195504	24867	12.8	1
2019	190147	24995	13.2	1
2020	175829	25900	14.7	1
2021	223931	33600	15.0	1

资料来源:国家统计局贸易外经统计司编:《中国贸易外经统计年鉴 2021》,中国统计出版社,2021 年,第 588 页;2021 年数据来自世界银行数据库。

外贸发展的新动能不断焕发,绿色新能源产业迅速崛起,满足了跨境电商企业的有效需求,使"买全球""卖全球"成为现实。例如,"江苏造"手机、锂离子蓄电池、太阳能电池出口保持强劲势头,体现了中国不仅是"世界工厂",也是"世界市场"。

对外贸易高质量发展,充分展现了"中国制造"向"中国智造"转型升级,中国外贸的国际竞争力更强,世界经济增长的新引擎作用更大,长期向好发展的基础更雄厚。

五、"双向"投资高质量发展

立足新发展阶段、贯彻新发展理念、构建新发展格局,中国对外直接投资进入转型升级的新阶段,从追求投资规模转向追求投资质量和效益,由粗放投资转向高质量发展。2020年、2021年,中国对外直接投资连续两年位居世界首位,成为世界经济增长的主要稳定器和动力源。

对外投资高质量发展,对外投资的全球影响力不断扩大。2020年,中国对外直接投资从2013年的1078.4亿美元增至1537.1亿美元,增长了42.5%,流量规模首次位居全球第一(表3-26)。2020年末,中国对外直接投资存量从2013年的6604.8亿美元增至2.58万亿美元,次于美国(8.13万亿美元)和荷兰(3.8万亿美元),位居全球第三。截至2020年底,中国2.8万家境内投资者在全球189个国家(地区)设立对外直接投资企业4.5万家,全球80%以上国家(地区)都有中国的投资,年末境外企业资产总额7.9万亿美元。[1]中国"走出去"实现跨越式发展,在全球疫情仍然严峻的2021年,中国对外直接投资1136亿美元,稳居世界第一位,对外直接投资已涵盖全部国民经济行业门类,对外直接投资存量分布于全球189个国家(地区)。[2]

---

① 中华人民共和国商务部等编:《2020年度中国对外直接投资统计公报》,中国商务出版社,2020年,第4页。

② 国家统计局编:《中华人民共和国2021年国民经济和社会发展统计公报》,中国统计出版社,2022年;中华人民共和国商务部、国家统计局、国家外汇管理局编:《2020年度中国对外直接投资统计公报》,中国商务出版社,2021年,第4页。

表 3-26　2013—2020 年中国对外直接投资情况

年份	流量				存量	
	金额（亿美元）	全球位次	同比（%）	全球占比（%）	金额（亿美元）	全球位次
2013	1078.4	3	22.8	7.8	6604.8	11
2014	1231.2	3	14.2	9.0	8826.4	8
2015	1456.7	2	18.3	8.5	10978.6	8
2016	1961.5	2	34.7	12.7	13573.9	6
2017	1582.9	3	−19.3	9.9	18090.4	2
2018	1430.4	2	−9.6	14.5	19822.7	3
2019	1369.1	2	−4.3	10.4	21988.8	3
2020	1537.1	1	12.3	20.2	25806.6	3

数据来源：中华人民共和国商务部编：《2020 年度中国对外直接投资统计公报》，中国商务出版社，2020 年，第 6、7 页。

　　"一带一路"经贸合作是推动对外直接投资高质量发展的重要组成部分。作为系统性、综合性的国际经济合作平台，"一带一路"建设通过深入的战略对接、规划衔接，以基础设施联通和民心相通为抓手，为我国同沿线国家贸易投资创造了良好基础和条件，极大地释放了沿线国家之间的贸易潜力和投资潜力。2021 年，中国对沿线国家直接投资 203 亿美元，占对外投资总额的比重从 2013 年的 11.7% 提高到 17.9%（表 3-27）。

表 3-27　2013—2021 年中国对"一带一路"沿线国家直接投资

年份	对沿线国家全行业直接投资额（亿美元）	对全行业直接投资总额（亿美元）	对沿线国家投资占对外投资的比重（%）
2013	126.3	1078.4	11.7
2014	136.6	1231.2	11.1
2015	189.3	1456.7	13.0
2016	153.4	1961.5	7.8
2017	201.7	1582.9	12.7
2018	178.9	1430.4	12.5
2019	186.9	1369.1	13.7

续表

年份	对沿线国家全行业 直接投资额（亿美元）	对全行业直接投资总额 （亿美元）	对沿线国家投资 占对外投资的比重（％）
2020	186.1	1329.4	14.0
2021	203	1136	17.9

资料来源:商务部国际贸易经济合作研究院:《中国"一带一路"贸易投资发展报告2021》中国商务部,2021年,第36页。

2021年,沿线国家企业对我国直接投资从2013年的89.2亿美元增至112亿美元,首次超百亿美元(表3-28)。"一带一路"项目建设稳步发展,一批"小而美"的卫生、教育、体育、减贫等民生领域援助项目落地见效。

表3-28　2013—2021年"一带一路"沿线国家对中国投资流量　　（单位:亿美元,%）

年份	实际投入外资金额（亿美元）	占中国实际吸收外资总额的比重（％）
2013	89.2	7.6
2014	68.3	5.7
2015	84.6	6.7
2016	69.9	5.6
2017	55.6	4.2
2018	64.5	4.8
2019	84.2	6.1
2020	82.7	5.7
2021	112	6.5

资料来源:商务部国际贸易经济合作研究院:《中国"一带一路"贸易投资发展报告2021》,中国商务部,2021年,第37页。

在新一轮科技革命和产业变革背景下,"一带一路"沿线国家对绿色低碳、数字经济等领域合作意愿增强。我国着力发展"丝路电商",加强新型基础设施、数字贸易等领域合作,构建数字合作新格局,积极培育合作新增长点。中国推动对外投资合作绿色发展,加强节能环保、新能源、绿色基础设施等领域合作。2021年,我国加入《全面与进步跨太平洋伙伴关系协定》之后,申请加入《数字经济伙伴关系协定》,这是中国在数字贸易规则领域的重大战略举措,为拉近数字经济合作纽带,促进成员间可持续发展和创新作出贡献。

吸引外资规模和质量双提升。自2013年我国在自贸试验区推出首张外商投资准入负面清单之后,2017年又推出了第一张全国版外商投资准入负面清单。建立健全外商投资法律体系。2020年,《中国外商投资法》正式生效实施,以高水平对外开放为主基调,确立了促进、保护、管理外商投资的基本制度,为外商投资权益提供了更全面、更有力的法治保障,体现了高质量对外开放的时代特征。不断推进外商投资管理制度改革创新,2021年,全国和自贸试验区负面清单由最初的93项和190项缩减至31项和27项。[①]在采矿业、制造业、金融业、农业等领域实施了一系列重大开放措施,在放宽市场准入上"做减法",在吸引外商直接投资优惠政策上"做加法"。我国拥有丰富的人力资源、良好的创新环境、完善的产业配套体系和无可比拟的内需潜力,外资企业一直看好中国经济发展前景,通过鼓励外商投资扩大范围,引导外资产业投向,提振外资信心,保证外资产业链供应链总体稳定,中国成为全球外商投资最受欢迎的目的地之一。

中国吸引外资规模不断扩大,全球引资大国地位更加巩固。2021年达到15800亿美元,首次突破万亿美元,中国实际使用外资占全球比重从2012年的8.1%提升到11%(表3-29),进一步夯实了全球引资大国的地位。

表3-29　2012—2021年中国实际使用外资全球占比情况

年度	全球 FDI		中国实际使用外资			外商直接投资企业数（个）
	金额（亿美元）	同比（%）	金额（亿美元）	同比（%）	占全球比重（%）	
2012	14938.3	-7.5	1210.8	-2.3	8.1	24925
2013	14563.2	-2.5	1239.1	2.3	8.5	22773
2014	14038.6	-3.6	1285	3.7	9.2	23778
2015	20323	44.8	1355.8	5.5	6.7	26575
2016	20652.4	1.6	1337.1	-1.4	6.5	27900
2017	16473.1	-20.2	1363.2	2	8.3	35652
2018	1436703	-12.8	1383.1	1.5	9.6	60533

①　冯其予:《全方位高水平对外开放获新进展》,《经济日报》,2022年8月25日。

年度	全球 FDI		中国实际使用外资			外商直接 投资企业数 (个)
	金额 (亿美元)	同比 (%)	金额 (亿美元)	同比 (%)	占全球比重 (%)	
2019	15302.3	6.5	1412.3	2.1	9.2	40888
2020	9988.9	−34.7	1493.4	5.7	15	38570
2021	15800.0	64.0	1735.0	20.2	11.0	47643

数据来源:中华人民共和国商务部:《中国外资统计公报(2021)》,第 39 页;杨海泉:《联合国贸发会议报告显示　全球外国直接投资趋于疲软》,《经济日报》,2022 年 6 月 11 日;《中国统计年鉴2021》,第 369 页。

中国对外资保持强劲的吸引力,2014 年,中国吸引 FDI 排名首次跃升为全球首位,随后 2015—2016 年下降至第三位;2017—2020 年的 4 年来,中国一直是全球第二大外国直接投资流入国,排名仅次于美国。2021 年,我国吸引外资稳中有增,实际使用外资 1735 亿美元,同比增长 20.2%,稳居全球第二位,连续 30 年位列发展中国家(地区)之首。[1]

引资结构优化,提质增效。2012 以来,我国吸引外资总体规模保持增长态势, 实际使用外资从 2012 年的 1210.8 亿美元增至 2021 年的 1735 亿美元,增长了 43.3%;新设外资企业从 2.5 万家提高到 4.8 万家,增长了近 1 倍。引进外资结构不断优化,2021 年, 高技术产业实际使用外资 522 亿美元,增长 22.1%,占实际使用外商直接投资额的 30%;在 2021 年外商直接投资中,制造业外商直接投资占比为 19.3%,信息传输、软件和信息技术服务业占比为 11.7%。[2]外商直接投资投向先进制造业、数字经济、绿色发展以及战略性新兴产业领域,有利于中国工业结构转型升级,国民经济质量效益提高。中国经济韧性强,在市场规模、基础设施、营商环境、产业配套等方面具有综合

①　中华人民共和国商务部:《中国外资统计公报(2021)》,中华人民共和国商务部,2021 年,第 21 页。

②　国家统计局编:《中华人民共和国 2021 年国民经济和社会发展统计公报》,中国统计出版社,2022 年。

竞争优势,外商投资企业看好中国经济发展的前景,渴望深耕中国市场,在中国投资总体预期良好。这反映了从改革开放初期依靠"两头在外"的加工贸易,到新时代下加快全链条自主研发生产,通过主动融入全球价值链促进我国出口制造深化发展,对中国从投资大国向投资强国的转变形成了较强的吸引力。

第四节 工业结构优化的辉煌成就及主要问题

一、从制造大国迈向制造强国

制造业高质量发展,既是工业结构优化升级的必然结果,也是经济高质量发展的重中之重。党的十九届五中全会明确提出:要坚持把发展经济的着力点放在实体经济上,坚定不移建设制造强国。党的十八大以来,我国围绕发展实体经济,加快科技创新,坚持走中国特色新型工业化道路,提出"必须发展实体经济""制造业是国家经济命脉所系""避免经济脱实向虚"等一系列关于制造强国战略的重要观点。制造强国战略已成为引领我国创新发展和制造业转型升级的一面旗帜,为制造业发展指明了正确方向和前进道路。在制造强国战略指引下,我国推进产业基础高级化、产业链现代化,提高经济质量效益和核心竞争力。这十年,我国工业产业链更加完整、产业体系更加健全,产业整体实力、质量效益以及竞争力、创新力、抗风险能力显著提升。我国制造业大国地位稳固发展,重点领域取得重大突破,工业化与信息化融合发展,产业结构持续优化升级,正在努力实现从"网络大国""制造大国"向"网络强国""制造强国"的历史性跨越。

（一）制造业升级稳步发展

以高技术、柔性化、智能化为代表的先进制造业发展迅猛，涌现出一批重大创新成果，推动工业体系加快完善，质量不断提升。在规模以上工业增加值中，高技术制造业、装备制造业增加值比重呈逐年增长趋势，占比分别从2014年的10.6%和30.4%提高到2021年的15.1%和32.4%（表3-30）。截至2021年底，制造业增加值已连续12年位居世界第一。"中国制造"正迈向"中国创造"。《2021中国制造强国发展指数报告》的相关数据显示，2020年我国制造业增加值为3.9万亿美元，与美国、德国、日本三国之和（4.0万亿美元）大体相当。通信设备、输变电装备、先进轨道交通装备、家电、纺织等5类世界领先产业和新能源汽车、航天装备、发电装备、钢铁、石化、工程机械、建材等7类世界先进产业的增加值在中国制造业增加值的占比超过40%。

表3-30 2014—2021年中国高技术制造业、装备制造业增加值变化

（单位：%）

年份	高技术制造业增加值占规模以上工业增加值比重	增速	装备制造业增加值占规模以上工业增加值比重	增速
2014	10.6	12.3	30.4	10.5
2015	11.8	10.2	31.8	6.8
2016	12.4	10.8	28.1	9.5
2017	12.7	13.4	32.7	11.3
2018	13.9	11.7	32.9	8.1
2019	14.4	8.8	32.5	6.7
2020	15.1	7.1	33.7	6.6
2021	15.1	18.2	32.4	12.9

资料来源：根据《2014—2021年国民经济和社会发展统计公报》相关数据整理。

（二）中国制造业正在从"大而不强"向"大而有韧性"转变

十年来，在有效市场、有为政府、信息技术和制造业的深度融合以及国际竞争倒逼等因素作用下，制造业深度参与国际市场竞争，加速向产业链价值链中高端迈进，实现创新投入与产出双提升。制造业强大"韧性"，来自于坚实的制造基础、不断健全的产业链、完整的工业体系、丰富的人力资源及持续提升的创新能力。特别是制造强国战略的持续推进充分凝聚了各方共识，有效动员了全社会力量向制造业聚集。

（三）制造业为国民经济高质量发展提供了强力支撑

2012—2021年，中国制造业总体发展平稳，为经济高质量发展提供了强力支撑。2012—2021年，制造业增加值占国内生产总值的比重呈现倒 V 字态势，2021年这一比值重回增长趋势，为27.4%，较2020年的26.3%增长1.1个百分点（图3-16）。

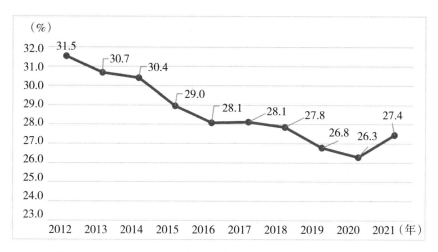

图3-16　2012—2021年中国制造业增加值占国内生产总值比重（单位：%）
资料来源：根据世界银行数据库数据计算整理。

（四）装备制造业成为制造业的脊梁

党的十八大以来,习近平始终关心装备制造业发展,指出"要加大投入、加强研发、加快发展,努力占领世界制高点、掌控技术话语权,使我国成为现代装备制造业大国",到强调"关键核心技术必须牢牢掌握在自己手里。要坚定不移把制造业和实体经济做强做优做大"[①]。

装备制造业成为国家制造业的脊梁。党的十八大以来,以盾构机、起重机为代表的工程机械装备制造依靠自主创新取得一系列成就,自主化、国产化程度显著提高。我国国产盾构机实现了从刀具刀盘到液压系统、控制系统等关键核心技术的重大突破,攻破了各种复杂地质环境施工技术等世界级难题。中国盾构机及其技术服务,构成了完整的中国盾构品牌。2020年、2021年,我国机械出口额连续两年位居世界第一。在盾构机、起重机、港口机械等技术上领先世界,成为世界市场领域的主流参与者,成为新的中国制造名片。目前,中国成为全球工程机械产业链最完整、门类最齐全的国家。

二、工业增长动能持续转换

2012—2021年,中国产业逐步迈向中高端水平,服务业占比进一步上升。第三产业增加值占国内生产总值的比重从2012年的45.5%增至2021年53.3%,对经济增长贡献率从2012年的44.9%提高至2019年的63.5%,创历史新高(表3-31)。

工业增长动力发生变化,新旧动能持续转换,新产业、新业态、新模式、新技术蓬勃涌现,信息、数据、技术等新生产要素为推进工业结构优化升级

---

① 习近平:《在推动高质量发展上闯出新路子　谱写新时代中国特色社会主义湖南新篇章》,《新湘评论》,2020年第19期。

改革开放以来中国工业结构转型升级研究

提供强力支撑,数字产业化和产业数字化快速发展,促进了制造业和服务业融合发展。我国网民规模从 2012 年的 5.64 亿增至 2021 年的 10.32 亿,互联网普及率从 42.1%增至 73%,形成了全球最大规模、生机勃勃的数字社会。

表 3-31　2012—2021 年中国第三产业发展状况　　　　（单位:%）

年份	第三产业 占国内生产总值比重	第三产业 对经济增长贡献率	第三产业就业比重
2012	45.5	44.9	36.1
2013	46.9	47.2	38.4
2014	48.3	49.9	40.5
2015	50.8	55.9	42.3
2016	52.4	60	43.3
2017	52.7	61.1	44.7
2018	53.3	61.5	46.1
2019	54.3	63.5	47.1
2020	54.5	47.3	47.7
2021	53.3	42.8	—

资料来源:根据国家统计局贸易外经统计司编:《中国贸易外经统计年鉴 2021》,中国统计出版社,2021 年,第 5 页;国家统计局编:《中国统计年鉴 2021》,中国统计出版社,2021 年,第 80~81 页;相关数据整理。

作为世界第一大农业生产国,我国农业增加值占世界总量比重,从 2012 年的 25.6%增至 2021 年的 30.9%,粮食总产量连续 5 年稳定在 6.6 亿吨以上,人均主要农产品产量和消费量均超过世界平均水平。2020 年、2021 年间,我国小麦、稻谷库存充足,大体相当于全国人民一年的消费量,市场总体平稳(表 3-32)。2021 年我国稻谷、小麦产量分别为 21284 万吨、13695 万吨,分别增产 0.5%、2.0%。

---

①　《中华人民共和国 2012/2021 年国民经济和社会发展统计公报》。
②　《中华人民共和国 2021 年国民经济和社会发展统计公报》。

表 3-32 2012—2021 年中国农业生产情况

年份	中国农业增加值占世界的比重（%）	中国粮食产量（万吨）
2012	25.6	58958
2013	26.6	60194
2014	27.5	60703
2015	29.3	62144
2016	28.4	61624
2017	27.3	66161
2018	28.7	65789
2019	29.0	66384
2020	30.4	66949
2021	30.9	68285

资料来源:根据世界银行数据库数据计算整理。

基本实现工业化,世界制造业大国地位更加巩固。从国际比较来看,2012—2021 年,工业增加值从 3.89 万亿美元提高到 6.99 万亿美元,年均增长 7.4%,工业增加值占世界比重从 18.3%增至 25.7%;制造业增加值从 2.69 万亿美元提高到 4.87 万亿美元,占世界比重从 22.3%增至 29.8%(表 3-33),显著超过中国人口占世界人口的比重,这表明我国作为世界最大的工业化国家的地位更加巩固。在世界 500 种主要工业产品中,我国超过 40%的产品产量位居世界第一,拥有全球最为完整的工业产业链。从全球工业体系的地位来看,中国工业发展水平不断迈向中高端,更广泛、更深入地融入全球产业链、供应链和价值链体系,成为全球最大的高技术出口国。2019 年中国高科技出口额占世界比重为 25.1%,相当于美国高科技出口额的 4.65 倍。尽管新冠肺炎疫情和中美贸易摩擦对我国产业产生了极大的影响和冲击,但我国国际竞争力逐步提高,在全球产业链、价值链中的地位不断攀升,世界高技术出口大国地位进一步巩固。

表 3-33　2012—2021 年中国工业、制造业增加值变化

年份	工业增加值（％）				制造业增加值（％）		
	中国	世界	中国/世界	中国工业增速	中国	世界	中国/世界
2012	3.88	21.2	18.3	10.3	2.69	12.0	22.3
2013	4.23	21.5	19.6	9.1	2.94	12.3	23.9
2014	4.51	21.9	20.6	6.8	3.18	12.7	25.1
2015	4.52	20.1	22.4	0.1	3.2	12.3	26.0
2016	4.45	20.1	22.2	−1.6	3.15	12.4	25.5
2017	4.91	21.7	22.6	10.3	3.46	13.2	26.2
2018	5.51	23.5	23.5	12.4	3.87	14.1	27.4
2019	5.51	23.4	23.6	−0.1	3.82	14.00	27.4
2020	5.56	23.4	24.9	0.9	3.86	13.6	28.4
2021	6.99	27.2	25.7	25.8	4.87	16.4	29.8

资料来源：根据世界银行数据库数据计算整理。

三、数字中国建设取得显著成就

　　党的十八大以来，以习近平同志为核心的党中央抓住全球数字化转型与数字化发展的历史契机，统筹推进数字中国建设。2017 年，党的十九大报告明确提出建设"网络强国、数字中国、智慧社会"，数字中国首次写入党和国家纲领性文件。2021 年，《中华人民共和国国民经济和社会发展第十四个五年规划和 2035 年远景目标纲要》系统部署"加快数字化发展 建设数字中国"，《"十四五"国家信息化规划》《"十四五"数字经济发展规划》等重大战略规划相继出台，为数字中国建设指明了根本方向，是引领数字中国奋力前行的行动指南。在创新型国家战略指导下，随着一系列创新驱动战略任务、重点举措政策文件的发布，各领域数字化转型持续加速，促使生产方式、生活方式以及国家治理方式发生深刻变革，数字中国建设正从夯基垒台向积厚成势的转变，日益成为推动工业结构转型升级的关键力量。

(一)数字基础设施实现跨越发展

全球技术领先、规模最大的网络基础设施已经建成。2021 年,我国已建成的 5G 基站总量占全球比重超过 60%,覆盖我国所有地级市城区。农村、城市实现"同网同速",行政村、脱贫村宽带覆盖率为 100%,行政村通 4G、通光纤比例都超过 99%。IPv6 规模部署和应用取得重大突破, 截至 2021 年底,IPv6 地址资源总量位居世界第一。[①]

(二)数字技术创新能力快速提升

2021 年,我国 PCT 国际专利申请量从 2017 年的 48903 件增至 69540 件,连续 3 年位居全球第一,信息领域 PCT 国际专利申请量从 2017 年的 19111 件增至 31085 件,增长了 60%,占全球比重为 37.8%(图 3-17)。关键核心技术创新能力快速提高,云计算、人工智能、大数据、量子信息、区块链等新兴技术跻身全球第一梯队。

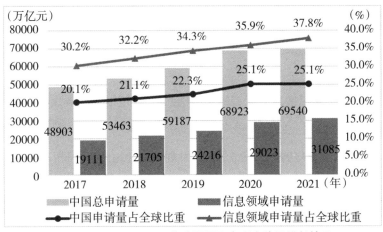

图 3-17　2017—2021 年我国国际专利申请量增长情况

数据来源:王开前主编:《中国数字商务发展报告(2021 年)》,社会科学文献出版社,2021 年,第 5 页。

---

① 王开前主编:《中国数字商务发展报告(2021)》,社会科学文献出版社,2021 年,第 2 页。

(三)数字经济发展规模全球领先

党的十八大以来,我国数字经济规模持续大幅提高,总量连续多年稳居世界第二。从 2014 年到 2021 年,数字经济规模从 16.2 万亿元增长到 45.5 万亿元,年均复合增长率高达 16.0%,占国内生产总值比重由 26.1%增至 39.8%,成为推动工业结构转型升级和经济高质量发展的主要引擎之一(图 3-18)。

图 3-18　2014—2021 年我国数字经济规模及占国内生产总值比重
资料来源:中国信息通信研究院:《中国数字经济发展与就业白皮书(2018 年)》,中国信息通信研究院,2018 年,第 2 页。

数字产业规模快速壮大,2017—2021 年,规模以上计算机、通信和其他电子设备制造业营业收入由 10.6 万亿提高到 14.1 万亿元;规模以上软件业营业收入由 5.5 万亿提高到 9.5 万亿元;规模以上互联网和相关服务业营业收入由 7101 亿提高到 15500 亿元(图 3-19)。数字化转型蓬勃发展,农业数字化水平大幅跃升,数字化管理、精准作业等推广普及。农村电子商务发展活力增强,2021 年我国农村网络零售额是 2017 年的 1.6 倍。制造业数字化转型向纵深推进,国民经济重要行业中工业互联网覆盖率迅速提升。2017—2021 年,规模以上工业企业数字化研发设计工具普及率、关键工序数控化率分别由 63.3%、46.4%,上升至 74.7%、55.3%。电子商务迅猛发展,成为稳增长、保就业、促消费的强力支撑。2017—2021 年,我国电子商务交易额从 29 万亿提高到 42 万亿元,网上零售额从 7.18 万亿提高到 13.09 万亿元。

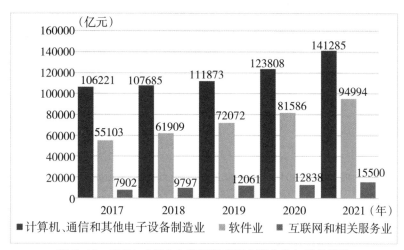

图 3-19　2017—2021 年我国数字产业营业收入增长情况

资料来源:王开前主编《中国数字商务发展报告(2021 年)》,社会科学文献出版社,2021 年,第 7 页。

(四)数字政府治理服务效能显著增强

数字政府建设向纵深推进。我国电子政务在线服务指数大幅提高,全球排名跃升至第 9 位,"指尖办""掌上办"已成为各地政务服务标配,"跨省通办""一网通办"已成为现实。我国一体化政务服务平台汇聚高频应用标准化服务,注册的实名用户超过 10 亿人,各地省级平台都特设"跨省通办"专区。数字政府建设驱动营商环境加快优化。在省级行政许可事项办理中,2019—2021 年,网上审批和"零跑动"比例从 34.55% 提高到 56.36%,网上受理和"最多跑一次"比例从 82.13% 提高到 90.50%。

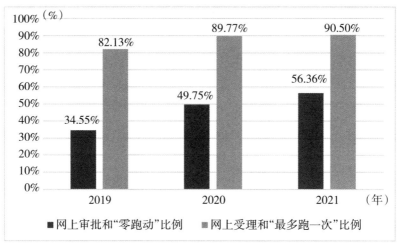

图 3-20　2019—2021 年我国省级行政许可事项办理情况
资料来源：中央党校（国家行政学院）电子政务研究中心。

（五）数字社会服务更加普惠便捷

2012—2021 年，我国网民规模由 5.64 亿增至 10.32 亿，互联网普及率由 42.1%提高到 73%，尤其是农村地区互联网普及率增至 57.6%，城乡地区互联网普及率差距逐步缩小（图 3-21）。从宽带成本支出占人均国内生产总值比重看，我国固定宽带价格可负担性逐步增强，全球排名从 2017 年的第 71 位跃升至 2021 年的第 3 位，移动宽带价格可负担性连续 5 年低于全球平均水平。①"互联网+教育"迅速发展，国家智慧教育平台建设稳步推进，我国所有中小学全部实现联网。国家全民健康信息平台基本建成，在线挂号、预约就诊普及范围逐步扩大，远程医疗县区覆盖率高于 90%。②逐步建成全国统一的医保信息平台，跨省异地就医自助备案、住院直接结算基本实现。数字化出行服务便利化程度大大提高，电子客票在民航、铁路领域基本实现全覆盖。数字乡村和网络扶贫建设接续推进，逐步实现了城乡居民共享数字化发

---

①　王开前主编：《中国数字商务发展报告（2021）》，社会科学文献出版社，2021 年，第 9 页。

②　王开前主编：《中国数字商务发展报告（2021）》，社会科学文献出版社，2021 年，第 9 页。

展成果。

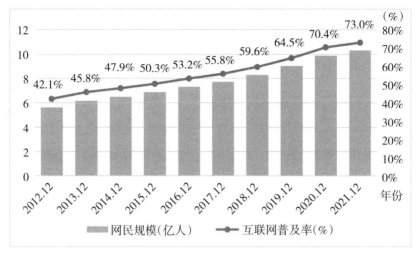

图 3-21 2012—2021 年我国网民规模及互联网普及率
资料来源:中国互联网信息中心:《第 49 次中国互联网络发展状况统计报告》,中国互联网信息中心,2022 年,第 25 页。

(六)数字安全保障能力大幅提升

为进一步夯实国家网络安全和数据安全保障体系,我国逐步制定和实施了《网络安全法》《数据安全法》《关键信息基础设施安全保护条例》《党委(党组)网络安全工作责任制实施办法》等一系列安全保障措施,网络安全审查、关键信息基础设施安全保护、云计算服务安全评估、汽车数据安全管理、网络安全漏洞管理等重要制度逐步健全。进一步完善网络安全标准体系,制定发布国家标准 300 余项,推动发布我国主导和参与的国际标准 10 余项。不断健全国家网络安全应急工作体系。网络安全产业规模快速发展。逐步加强网络安全人才培养和学科建设,国家网络安全人才与创新基地投入运行,全国高校设立网络安全学院 60 余所, 高校设立网络安全本科专业达 200 余所,网络安全专业毕业生高于 2 万人/年。[1]国家网络安全宣传周等活动持续

---

① 王开前主编:《中国数字商务发展报告(2021)》,社会科学文献出版社,2021 年,第 10 页。

举办,全社会共同维护网络安全营造了良好氛围。

(七)数字领域国际合作稳步拓展

中国积极搭建世界互联网大会、世界人工智能大会、世界 5G 大会等高水平开放平台,与各国加强数字领域合作,开展双边、多边数字经济治理机制活动,积极参与网络空间国际规则和标准制定,为全球数字领域交流合作贡献了中国智慧和中国方案。我国从提出《全球数据安全倡议》《携手构建网络空间命运共同体行动倡议》《"一带一路"数字经济国际合作倡议》《中国-东盟关于建立数字经济合作伙伴关系的倡议》等国际合作倡议,到申请加入《全面与进步跨太平洋伙伴关系协定》和《数字经济伙伴关系协定》,始终秉持构建开放、公平、非歧视的数字合作营商环境,有助于各国共享数字经济红利。"数字丝绸之路"建设取得显著成效,截至 2021 年底,与我国签署"数字丝绸之路"合作谅解备忘录的国家已达 17 个,与我国建立"丝路电商"双边合作机制的国家已有 23 个。数字贸易竞争力持续增强,国家数字服务出口基地、国家数字经济创新发展试验区等加速建设,2021 年我国跨境电商贸易额达 1.98 万亿元;2020 年我国可数字化交付服务贸易额达 2939.8 亿美元,位居全球第五。[①]

四、人民生活质量和社会共享水平全方位跃升

(一)我国经济实力迈上大台阶

2012—2021 年,我国国内生产总值从 8.5 万亿美元增至 17.7 万亿美元,占世界的比重由 11.3% 上升到 18.5%(图 3-22),作为世界第二经济大国地

---

① 王开前主编:《中国数字商务发展报告(2021)》,社会科学文献出版社,2021 年,第 11 页。

位进一步巩固提升。人均国内生产总值从2012年的6301美元增至2021年的1.26万美元（现价美元），人均国民收入居世界位次从2012年的第112位提高到2020年的第63位,[1]跨越了中等收入国家"陷阱"，接近高收入国家门槛。这10年，我国对世界经济增长的贡献率保持在30%左右，成为最大的增长引擎。

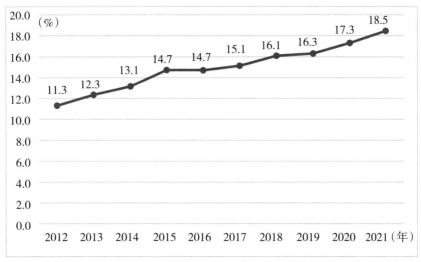

图3-22　2012—2021年中国国内生产总值占世界比重情况
资料来源：根据世界银行数据库数据计算整理。

(二)从中人类发展水平阶段跨入高人类发展水平阶段

从全面建成小康社会的国际标准看，最有意义的是我国作为世界人口最多的国家实现了人类发展的巨大进步，为人类发展做出了重大贡献。中国人类发展指数从2013年的0.72上升至2019年的0.761,跨入高人类发展水平国家。[2]其中,2021年,我国新生儿死亡率从2012年的6.9‰降为3.1‰、婴儿死亡率从2012年的10.3‰降为5.0‰、5岁以下儿童死亡率从2012年的

①　中华人民共和国国家统计局编：《国际统计年鉴(2014)》,中国统计出版社,2014年,第3页。
②　世界银行数据库数据：《国际统计年鉴2021》,中国统计出版社,2021年,第344~347页。

13.2‰降为 7.1‰、孕产妇死亡率从 2012 年的 24.5/10 万降为 16.1/10 万(表
3-34),主要健康指标总体上优于中高收入国家平均水平。

表 3-34　2012—2021 年我国监测地区孕产妇和儿童死亡率

年份	新生儿死亡率 (‰)	婴儿死亡率 (‰)	5 岁以下儿童死亡率 (‰)	孕产妇死亡率 (10/10 万)
2012	6.9	10.3	13.2	24.5
2013	6.3	9.5	12	23.2
2014	5.9	8.9	11.7	21.7
2015	5.4	8.1	10.7	20.1
2016	4.9	7.5	10.2	19.9
2017	4.5	6.8	9.1	19.6
2018	3.9	6.1	8.4	18.3
2019	3.5	5.6	7.8	17.8
2020	3.4	5.4	7.5	16.9
2021	3.1	5.0	7.1	16.1

资料来源:中华人民共和国国家统计局编:《中国统计年鉴 2021》,中国统计出版社,
2021 年,第 727 页。

《中国人力资本报告 2021》显示,1985—2018 年,全国劳动力人口平均
受教育程度从 6.1/年提高到 10.5/年,其中城镇从 8.2/年提高到 11.4/年,乡村
从 5.5/年提高到 9.1/年。这标志着中国特色社会主义现代化的实质是全体人
民现代化,即通过教育现代化使所有人的人力资本水平和发展能力都得到
明显提高,从中人类发展水平跃居世界高人类发展水平,为未来进入极高人
类发展水平奠定了人力资本基础。

(三)彻底消除绝对贫困

从全面建成小康社会的国际社会目标看,我国从世界最大规模的贫困
人口社会转变为世界最大规模的全面小康社会。党的十八大以来,党中央把
脱贫攻坚作为实现全面建成小康社会的重中之重,组织实施人类历史上力
度最大、规模空前、惠及人口最多的脱贫攻坚战。经过艰苦奋斗,到 2020 年

如期高质量打赢了脱贫攻坚战,现行标准下 9899 万农村贫困人口实现全部脱贫,贫困县全部摘帽,贫困村全部出列,彻底消除绝对贫困,走出了一条中国特色减贫道路。这是促进全体人民共同富裕的重大举措,标志着中国彻底告别了千百年来绝对贫困的历史,也标志着中国提前实现了"千年发展目标(MDG)"和"可持续发展目标(SDG)"关于减贫的核心目标,对全球减贫贡献率超过 70%。彻底消除绝对贫困,不仅在中华民族发展史上具有重要里程碑意义,更是中国人民对全球反贫困事业和人类文明的重大贡献。

(四)城乡差距、居民收入、消费差距持续缩小

我国各地区人均国内生产总值差异系数 2004 年达到历史最高峰,之后下降;我国城乡居民人均可支配收入差距从 2012 年的 2.88 倍降至 2021 年的 2.50 倍。从全部人口的收入差距来看,根据世界银行数据库,我国基尼系数 2012 年达到 0.422,到 2019 年降至 0.382(表 3-35),2012 年以来,我国基尼系数始终低于 0.4 的国际警戒线。上述指标表明,我国开辟了社会主义共同富裕的道路。针对收入差距问题,我国幅员辽阔,各地情况千差万别,发展不平衡,城乡、区域、人群之间存在收入差距是正常的,实现了全面小康,也会有差别,不可能是同一水平。

2012—2021 年,我国紧紧抓住了重要战略机遇期,经济实力、科技实力、综合国力跃上新的大台阶,如期全面建成惠及 14 亿多人口的更高水平的小康社会,成为中国特色社会主义现代化最重大的标志,不仅载入中国发展的史册,而且也载入人类发展史册。

表 3-35　2012—2021 年全国城镇、农村居民人均可支配收入

年份	城镇（元）	城镇（元）	农村（元）	城乡差距（倍）	基尼系数（%）
2012	16510	24127	8389	2.88	42.2
2013	18311	26467	9430	2.81	39.7
2014	20167	28844	10489	2.75	39.2
2015	21966	31195	11422	2.73	38.6
2016	23821	33616	12363	2.72	38.5
2017	25974	36396	13432	2.71	39.1
2018	28228	39251	14617	2.69	38.5
2019	30733	42359	16021	2.64	38.2
2020	32189	43834	17131	2.56	
2021	35128	47412	18931	2.50	

资料来源：根据世界银行数据库数据整理。

　　城乡居民收入差距缩小。2012—2021 年,城镇居民和农村居民的收入水平都在提高,差距也逐步缩小。这段时期,全国城镇居民人均可支配收入从24127 元增至 47412 元,年均增速为 6.1%;农村居民人均可支配收入从 8389元增至 18931 元,年均增速为 7.65%,农村居民人均可支配收入的年均增速大于城镇,导致城乡居民人均可支配收入的差距逐步缩小(图 3-23)。

图 3-23　2012—2021 年全国城镇、农村居民人均可支配收入及其增长速度
　　资料来源：国家统计局编：《中华人民共和国 2021 年国民经济和社会发展统计公报》,中国统计出版社,2021 年。

城乡居民消费水平差距缩小。2012年以来,居民消费水平伴随着城乡居民收入水平实现了同步提高。2012—2021年,城镇居民和农村居民的消费水平都在提高,差距也逐步缩小。这段时期,全国居民人均消费支出从12053.7元增至24100元,其中城镇从17106.6元增至30307元,年均增速为6.97%;农村从6667.1元增至15916元,年均增速为10.5%,农村居民人均消费水平增长大于城镇,导致城乡居民人均消费差距持续缩小,从2.57倍缩小到1.9倍(表3-36)。

表3-36 2012—2021年全国城乡居民人均消费支出

年份	全国		城镇		农村		城乡差距(%)
	金额(元)	同比增速(%)	金额(元)	同比增速(%)	金额(元)	同比增速(%)	
2012	12053.7	11.4	17106.6	10.0	6667.1	13.2	2.57
2013	13220.4	9.7	18487.5	8.1	7485.1	12.3	2.47
2014	14491.4	9.6	19968.1	8.0	8382.6	12.0	2.38
2015	15712.4	8.4	21392.4	7.1	9222.6	10.0	2.32
2016	17110.7	8.9	23078.9	7.9	10129.8	9.8	2.28
2017	18322.1	7.1	24445	5.9	10954.5	8.1	2.23
2018	19853.1	8.4	26112.3	6.8	12124.3	10.7	2.15
2019	21558.9	8.6	28063.4	7.5	13327.7	9.9	2.11
2020	21209.9	-1.6	27007.4	-3.8	13713.4	2.9	1.97
2021	24100	13.6	30307	12.2	15916	16.1	1.90

资料来源:国家统计局:《中国统计年鉴2021》,中国统计出版社,2021年,第188页。

总体来看,2012年以来,居民消费、居民收入、人均国内生产总值呈现高度吻合的发展态势(图3-24)。全国居民恩格尔系数不断下降,其中城镇居民从2012年的36.2%降至2021年的28.6%,农村居民从39.3%降至32.7%,[1]居民的消费结构正在从相对富裕走向富足阶段。

---

① 国家统计局编:《中国统计年鉴2014》,中国统计出版社,2014年,第158页。

图 3-24　2012—2021 年全国居民收入、消费水平、人均国内生产总值走势（单位：%）
资料来源：国家统计局编：《中国统计年鉴2021》，中国统计出版社，2021 年，第 84~85 页。

(五)公共服务全方位普及普惠

2012 年以来,农村地区、边疆民族地区、脱贫地区、革命老区教育水平取得了历史性提升,区域城乡校际差距显著缩小,义务教育普及程度高于高收入国家的平均水平,主要教育指标达到世界中高收入国家前列,2012—2020年,我国学前毛入学率从 68.4% 提高至 90.5%,小学学龄儿童净入学率从99.9%提高到 100%,初中阶段升学率从 88.4% 提高至 94.6%,说明初中教育从高普及到高度普及阶段(90%以上),高中阶段毛入学率从 42.8% 提高至 89.5%,说明高中教育从大众化(小于 50%)跨越到高度普及化阶段,高等教育毛入学率从 28.7% 提高至 58.4%(表 3-37),说明高等教育从精英化(小于 15%)跨越到普及化(50%以上)阶段。①各级各类教育极大促进了我国人口预期受教育年限持续增长。根据联合国计划开发署提供的数据,我国人口预期受教育年限从 2013 年的 12.9 年提高至 2019 年的 14 年, 高于世界 12.7 年的平

———————
① 胡鞍钢、周绍杰、鄢一龙：《"十四五"大战略与 2035 远景》,东方出版社,2020 年,第 9 页。

均年限。①公共卫生服务体系普遍增强,应对突发公共卫生事件的能力显著提升,惠及城乡居民的基本公共卫生服务提质增效,优质医疗资源辐射带动成效显著提升,基层医疗机构的服务能力全面增强。2019 年,我国人均预期寿命为 76.9 岁,比世界平均预期寿命(72.8 岁)高出 4.1 岁②,位列高人类发展水平行列;截至 2021 年底,全国基本医疗保险参保率稳定在 95%以上。

表 3-37　2012—2020 年中国教育情况　　　　　(单位:%)

年份	学前班入学率	小学学龄儿童净入学率	小学升学率	初中升学率	高等院校入学率
2012	68.4	99.9	98.3	88.4	28.7
2013	72.8	99.7	98.3	91.2	32.4
2014	76.1	99.8	98	95.1	42.4
2015	78.7	99.9	98.2	94.1	46.0
2016	82.4	99.9	98.7	93.7	48.0
2017	84.8	99.9	98.8	94.9	49.1
2018	88.1	100	99.1	95.2	50.6
2019	89.1	99.9	99.5	95.5	53.8
2020	90.5	100	99.5	94.6	58.4

资料来源:学前班入学率、高等院校入学率来源于世界银行数据库,其他数据来源于国家统计局编:《中国统计年鉴 2021》,中国统计出版社,2021 年,第 693 页。

(六)社会保障网全方位织密织牢

党的十八大以来,我国将城镇居民医保和农村新农合进行整合,全面建立了城乡统一的居民大病保险和基本医保制度,彰显了我国医疗保障制度更加公平统一。中国基本形成以基本医疗保险为主体,医疗救助为托底,商业健康保险、补充医疗保险等多层次医疗保障体系,不断提高群众多元化医疗保障需求。2012—2021 年,参加基本养老保险人数由 7.9 亿增至 10.3 亿,

---

① 中华人民共和国国家统计局编:《国际统计年鉴 2021》,中国统计出版社,2021 年,第 344~347 页。

② 中华人民共和国国家统计局编:《国际统计年鉴 2021》,中国统计出版社,2021 年,第 344~347 页。

居民基础养老金最低标准、退休人员基本养老金均稳步提高,基本医疗保险的参保人数由 5.4 亿增至 13.6 亿,[《2012/2021 年全国医疗保障事业发展统计公报》;《2012/2021 年度人力资源和社会保障事业发展统计公报》]。城乡居民医保的人均财政补助标准从 240 元增至 610 元,体现了减轻人民群众就医负担、增进民生福祉的价值理念。在经济高质量发展中使得人民群众享有更高品质的生活,向共同富裕的目标迈进。社会保障兜底网更加牢固有力,特殊困难人员、低收入家庭、城乡低保对象等做到应保尽保、应救尽救,保障标准随着工业高质量发展逐步提升。

(七)就业结构显著改善,就业质量大幅提升

党的十八大以来,我国坚持把就业创业摆在国民经济高质量发展中更加突出的位置,把就业工作作为工业结构转型升级、民生改善的优先目标,创新宏观调控方式,将稳定和扩大就业作为区间调控的下限。就业成为经济高质量发展、工业结构优化升级中的突出亮点。2012—2021 年,城镇新增就业一直保持在较高水平,连续 7 年保持在 1300 万人以上,城镇登记失业率保持在 4% 左右。农民工已经成为产业工人的主体,2021 年全国农民工总量从 2012 年的 26261 万人增至 29251 万人,其中外出农民工从 16336 万人增至 17172 万人(表 3-38)。以农民工为主体的流动人口数量揭示了中国工业化和城镇化的快速进程。2012—2021 年,全社会劳动力三次产业就业结构由 33.5:30.4:36.1 转变为 22.9:29.1:48,城乡就业比重由 48.4:51.6 转变为 62.7:37.3,无论是三次产业就业结构还是城乡就业结构都呈现优化升级的特征(表 3-39)。

表 3-38 2012—2021 年全国城镇就业、农民工变动情况 （单位：万人，%）

年份	城镇新增就业人员（万人）	城镇登记失业率（%）	全国农民工（万人）	外出农民工（万人）
2012	1266	4.1	26261	16336
2013	1310	4.05	26894	16610
2014	1322	4.09	27395	16821
2015	1312	4.05	27747	16884
2016	1314	4.02	28171	16934
2017	1351	3.9	28652	17185
2018	1361	3.8	28836	17266
2019	1352	3.62	29077	17425
2020	1186	4.24	28560	16959
2021	1269	3.96	29251	17172

资料来源：《中华人民共和国 2012—2021 年国民经济和社会发展统计公报》。

表 3-39 2012—2021 年中国三次产业、城乡就业结构变化情况 （单位：%）

年份	三次产业就业结构			城乡就业结构	
	第一产业	第二产业	第三产业	城镇	乡村
2012	33.5	30.4	36.1	48.4	51.6
2013	31.3	30.3	38.4	49.7	50.3
2014	29.3	30.2	40.5	50.9	49.1
2015	28	29.7	42.3	52.2	47.8
2016	27.4	29.3	43.3	55.2	44.8
2017	26.7	28.6	44.7	56.8	43.2
2018	25.7	28.2	46.1	58.4	41.6
2019	24.7	28.2	47.1	60.0	40.0
2020	23.6	28.7	47.7	61.6	38.4
2021	22.9	29.1	48	62.7	37.3

资料来源：国家统计局编：《中国统计年鉴 2021》，中国统计出版社，2021 年，第 119 页。

五、亟待解决的主要问题

制造业是实体经济的主体，是技术创新的主战场和供给侧结构性改革的重要领域,也是现代化经济体系建设的"底座"和"根基"。制造业高质量发展是工业结构优化升级的重要内容,也是社会主义现代化强国建设的引擎,从根本上决定着中国未来的综合实力和国际地位。2012 年以来,我国制造业增加值稳居全球第一,2021 年我国制造业增加值已达 4.9 万亿美元,是对国内生产总值实际增长拉动最大的行业,对全球制造业贡献率高达约 30%,超过美国和日本。目前,我国是全球唯一拥有完整工业体系的"全产业链"国家,其中钢铁、手机、汽车等 220 多种工业制成品产量居世界第一,进出口贸易额连续多年位居世界第一。制造业国际竞争力强劲增长,第三代核电"华龙一号""墨子号"量子科学实验卫星、蛟龙号深海载人潜水器、C919 大飞机等多个大国重器展现了中国制造自主创新实力。然而随着国际、国内政治经济环境的深刻变化,我国制造业发展呈现放缓趋势,制造业高质量发展面临新的挑战。

(一)存在"过早去工业化"趋势

对比发达国家经验,我国制造业占国内生产总值比重降低得过早、过快。2012—2021 年,我国制造业增加值占国内生产总值比重由 31.5% 降至 27.4%,十年下降了 4.1 个百分点,而美国、日本、德国分别降低了 0.7 个、0 个、1.9 个百分点(表 3-40)。从发达国家的增长规律来看,在人均国内生产总值由 8000 美元跃升至 1.2 万美元的过程中,保持制造业合理比重是跨越"中等收入陷阱"的重要保障。虽然 2021 年中国已经跨入了中高收入国家行列。但是对比发达国家的工业化进程,中国在人均 GDP 为 6301 美元时,制造业增加值占国内生产总值比重就开始下降,下降速度明显快于美国、日本、德国,存在过早、过快"去工业化"现象,对实现制造业高质量发展造成一定程度的冲击。

导致这种现象的原因主要有以下四点:一是 2012 年以来,中国经济增长进入"三期叠加"时期,工业企业产业结构升级、技术提升的同时,面临劳动力、土地、资源环境等成本的不断上涨,生产要素价格上涨迫使制造业企业成本上升,利润偏低,未来预期不确定因素等问题持续存在,生产要素逐步向房地产、服务业行业集聚,此消彼长的过程导致制造业占比下降。二是传统统计方式尚未真实反映出制造业领域延伸形成的新模式、新业态,部分新型制造业企业被纳入服务业统计范畴,也会造成制造业增加值占比降低。例如发展初期的集成电路产业包括设计、制造、检测、封装四个环节,四个环节相辅相成,紧密结合在一起,它们的产业增加值都列入制造业。但随着科技发展和产业分工,四个环节独立成了四个产业,设计和检测划入服务性产业,制造和封装列入制造业统计范围内。三是随着工业化和信息化的深度融合,不能完全从制造业比重数据来科学判断中国制造业占比是否合理。一方面,由于中国特殊国情,中国较后实现工业化,2020年中国基本实现了工业化,实现工业化时的制造业比重不可能跟美国、日本、德国等发达国家完全一致;另一方面,技术进步导致的产业融合加深,也会造成制造业占比降低。四是随着居民消费结构从均衡发展型向文明提升型的转变,消费需求由购买物质产品转变为旅游、网购等服务消费,服务业增加值增速大于制造业,导致制造业占比降低。

表3-40　2012—2021年中国、美国、日本、德国制造业增加值/
国内生产总值的比重

年份	中国人均 国内生产总值 (现价美元)	制造业增加值/国内生产总值的比重(%)			
		中国	美国	日本	德国
2012	6301	31.5	11.9	19.7	20.2
2013	7020	30.7	11.8	19.3	19.9
2014	7636	30.4	11.7	19.6	20.2
2015	8016	29.0	11.7	20.5	20.3
2016	8094	28.1	11.2	20.3	20.7
2017	8817	28.1	11.3	20.4	20.4
2018	9905	27.8	11.3	20.6	20.0

年份	中国人均国内生产总值（现价美元）	制造业增加值/国内生产总值的比重（%）			
		中国	美国	日本	德国
2019	10144	26.8	11.1	20.1	19.4
2020	10409	26.3	11.2	19.7	18.2
2021	12556	27.4	—	—	18.3

资料来源：根据世界银行数据库数据整理。

（二）数量型人口红利逐渐减弱冲击制造业基石

改革开放以来，中国经济实现了三十多年的高速增长，根本上得益于有利的人口结构。2012年以来，中国经济结构性减速与数量型人口红利减弱密切相关。主要有以下三点，一是劳动年龄人口增长率降低。2012—2021年，中国劳动年龄人口（15~64岁）比重出现连续十年降低现象（表3-41），直接导致劳动力不再无限供给，普通劳动者工资上涨成为必然，支撑中国制造业高质量发展的劳动人口变得越来越少。2021年，外出务工人员17172万人，比2012年的16336万人，减少了836万人。[①]江苏、广东、浙江等制造业大省，曾一度是务工人员流入大省，目前面临着"用工荒""招工难"的问题。工厂过度提高工资势必面临利润降低、无利可图的窘境。二是从中国人口结构整体的变化趋势来看，2012—2021年，中国0~14岁人口比重逐渐降低，降低趋势放缓，2021年稳定在17.6%左右的水平；15~64岁人口比重在2010年达到73.3%的峰值后，开始呈下降趋势，2021年下降到70.0%；65岁及以上人口占比上升势头明显，2021年达到12.4%的水平，并呈逐渐加快趋势。从国际比较的角度来看（表3-41），2012—2021年，中国0~14岁人口占比平均为18.0%，低于中高等收入国家平均20.5%的水平，面临0~14岁人口比重过低的问题。

---

① 根据《2012/2021年国民经济和社会发展统计公报》相关数据计算整理。

这 10 年,15~64 岁人口比重虽仍处于较高水平,平均为 71.8%,但人口占比优势总体呈不断降低趋势,65 岁及以上人口比重呈上升趋势,整体水平高于中高等收入国家平均水平。同时,与人均国内生产总值水平相近的国家相比,我国 65 岁及以上人口比重超过它们的平均水平,出现未富先老的人口结构,[1]对制造业发展也造成一定影响。

表 3-41　2004—2021 年中国与中高等收入国家的人口结构变化情况　（单位:%）

年份	0~14 岁占比	15~64 岁占比	65 岁及以上占比	0~14 岁占比	65 岁及以上占比
	中国	中国	中国	中高等收入国	中高等收入国家
2004	21.1	71.5	7.4	23.6	7.5
2005	20.4	72.2	7.5	23.0	7.6
2006	19.7	72.7	7.6	22.5	7.7
2007	19.3	73.0	7.7	22.1	7.7
2008	19.1	73.1	7.8	21.8	7.8
2009	18.9	73.2	7.9	21.6	7.9
2010	18.7	73.3	8.1	21.4	8.0
2011	18.5	73.2	8.3	21.2	8.2
2012	18.4	73.2	8.5	21.0	8.3
2013	18.2	73.1	8.7	20.9	8.5
2014	18.1	72.9	9.0	20.8	8.7
2015	18.1	72.6	9.3	20.7	9.0
2016	18.0	72.2	9.8	20.6	9.4
2017	17.9	71.7	10.3	20.5	9.8
2018	17.9	71.2	10.9	20.4	10.2
2019	17.8	70.7	11.5	20.2	10.6
2020	17.7	70.3	12.0	20.1	11.0
2021	17.6	70.0	12.4	20.0	11.4

资料来源:根据世界银行数据库数据整理。

---

[1] "中国宏观经济形势分析与预测"课题组、上海财经大学高等研究院:《中国宏观经济形势分析与预测年度报告(2020—2021)"双循环"新发展格局下的中国经济:挑战与机遇》,上海财经大学出版社,2021 年,第 8 页。

三是新一代年轻人就业选择与价值观多样化，对普通制造业的热情正在下降。2012年以来，中国"90"后年轻人的成长环境得到大幅度改善，农村孩子不愿再像父辈那样，从事工作环境简陋、高强度加班、低福利保障以及流水线、螺丝钉式的低端制造工作。更多年轻人转而投向打车、快递、直播、外卖等新兴的服务行业。劳动密集型制造业对年轻人的吸引力逐步减弱。2012—2021年，从事制造业的务工人员数量和比重从35.5%降至27.3%（表3-42），连续十年呈下滑态势。中国拥有大量低廉劳动力成本优势成为历史，制造业走到了变革的关键节点。中国数量型人口红利逐步减弱，深度老龄化迫近，原材料、土地、海运物流等成本持续快速上涨，中国制造业高质量发展面临新的挑战。

表3-42　2012—2021年中国从事制造业的务工人员数量和比重　　（单位:万人,%）

年份	务工人员总人数（万人）	从事制造业务工人员数（万人）	从事制造业务工人员占比（%）
2012	26261	9375	35.7
2013	26894	8444	31.4
2014	27395	8574	31.3
2015	27747	8629	31.1
2016	28171	8592	30.5
2017	28652	8566	29.9
2018	28836	7958	27.6
2019	29077	7967	27.4
2020	28560	7796	27.3
2021	29251	7927	27.1

资料来源:根据《2012—2021年农民工监测调查报告》相关数据计算整理。

(三)研发经费投入占比有待提高,创新支撑力不足

随着改革开放,我国制造业总体规模大幅度提升,生产能力快速扩张,综合实力不断增强,已成为全球第一制造业大国。党的十八大以来,中国制造业正从规模扩张向提质增效转变,还存在许多方面"短板",特别是创新体

系不够完善,创新能力有所欠缺,核心技术和关键零部件还需依赖进口,科研投入亟待提升,成为影响中国从制造大国向制造强国转变的主要因素。2020年,中国研发经费投入占国内生产总值的比重从2012年的1.9%增长到2.4%,但仍低于发达国家美国3.5%、日本3.3%、韩国4.8%的水平,甚至低于世界平均2.6%的水平(表3-43)。可以看出,中国长期以来研发投入的资金占比相对较小,这是造成制造业产品质量不高、位居全球价值链中低端的重要因素。未来增加研发经费投入强度、提高自主创新能力,是解决制造业"中低端"困境的突破口,是促进制造业高质量发展的关键。

表3-43 2012—2020年中国、美国、日本、韩国、世界研发经费投入强度 (单位:%)

年份	中国	日本	韩国	美国	世界
2012	1.9	3.2	3.9	2.7	2.0
2013	2.0	3.3	4.0	2.7	2.0
2014	2.0	3.4	4.1	2.7	2.1
2015	2.1	3.2	4.0	2.8	2.1
2016	2.1	3.1	4.0	2.8	2.1
2017	2.1	3.2	4.3	2.9	2.1
2018	2.1	3.2	4.5	3.0	2.2
2019	2.2	3.2	4.6	3.2	2.3
2020	2.4	3.3	4.8	3.5	2.6

资料来源:根据世界银行数据库数据整理。

第四章 开启全面建设社会主义现代化国家新征程下的工业结构

第一节 外部环境和内部基础

一、全球价值链深度调整和重构

目前,新一轮科技革命和产业变革迅猛发展,催生新产业、新业态、新技术、新模式,保护主义、单边主义抬头,世界各国比较优势发生深刻变化,诸多因素助推全球价值链深度调整和重构。所谓"逆全球化"不应被简单看作民粹主义者的鼓噪或者一连串的偶发政治事件,这些纷繁表象的实质是世界实体经济的重大变革。一方面,随着 2020 年中国基本完成工业化,参与全球价值链分工方式不再仅仅局限于承接国际产业转移,而是凭借日益活跃的创新活动和更加完善的产业生态不断向全球价值链高端环节攀升。自从

2010 年中国成为世界第二大经济体以后，中国第二产业实际使用外资占实际使用外资的比重逐渐降低，从 2010 年的 50.9% 降至 2020 年的 25.3%，不足 30%，同期加工贸易出口占出口总额中的比重也由 46.9% 降至 27.1%，这两组数据在一定程度上说明中国在全球价值链上的作用转变以及出口企业供应链整合的新动向。另一方面，高端机器人、人工智能、工业互联网等新兴科技的发展和应用迅速提升制造业的绿色化、服务化、智能化水平，催生了新兴产业群，使得机械加工、纺织服装等传统产业的部分环节被重新整合到发达国家的可能性增大。目前，尽管制造业回流尚未完全取代外包成为全球价值链调整的主导范式，但日益增多的制造业回流实例反映了全球价值链在空间布局上的收缩趋向，这表明世界范围内以资本要素为核心的比较优势对全球化的助推作用弱化，"逆全球化"成为发达国家以维护自身利益为目的的政治尝试和制度选择。

图 4-1　2010—2020 年中国加工贸易出口、第二产业利用外资变化（单位：%）
资料来源：根据国家统计局贸易外经统计司编：《中国贸易外经统计年鉴 2021》，中国统计出版社，2021 年，第 590 页。

　　一是"逆全球化"冲击国际制造分工秩序。新时代下，"逆全球化"暗流涌动,并在世界范围内呈现蔓延态势。曾经广受推崇的"地球村"理念正被以保护主义、孤立主义、单边主义等形式现身的"逆全球化"思潮掩盖,部分国家出现"内向收缩"动向,全球化进程接连受挫。"逆全球化"思潮加剧了全球经济治理的复杂性,冲击了国际产业体系和分工秩序。部分发达国家把"逆全球化"作为转移国内矛盾的借口,将2008年国际金融危机以来本国的工人失业、国际贸易失衡、难民问题都归因于全球化,对技术流、资金流、产品流、人员流、产业流等交流与合作设置障碍。2017年7月,英国经济政策研究中心发布的《全球贸易预警》报告显示,2008年11月至2017年6月,G20中的19个成员国(除了欧盟)出台贸易和投资限制措施高达6616项,然而贸易和投资自由化措施只有2254项。其中,美国在2008年国际金融危机后累计出台贸易和投资限制措施高达1191项,位居全球第一位,保护主义措施占G20成员国家总数的18.0%,比排名第2的印度多462项,是中国的4.5倍多,成为全球贸易保护主义的主要推手。

二是一些发达国家"再工业化"政策影响国际制造区域分布。2008年国际金融危机爆发,美国等发达经济体重新意识到了强大的制造业是打造经济增长与创新型经济体的关键因素,出台了一系列如"重振制造业"的产业政策。美国提出的"制造业回流"引发世界广泛关注。部分发达国家认为全球化使其制造业逐渐失去了全球竞争力,要想重振经济,必须重振制造业。发达国家"再工业化"政策促进了其制造业再次重塑全球产业链供应链格局,国际制造在一定程度上呈现重返发达国家特征。

三是新一轮产业与技术革命重塑全球价值链。每一次工业与技术革命都极大地塑造了全球经济、生产与交流状态,产业与技术革命则重塑了全球生产链与全球价值链。传统国际贸易理论下,商品和服务生产的相对优势取决于劳动、资本和资源等生产要素的禀赋,商品和服务贸易的流量则取决于经济规模和地理距离。新一轮工业革命打破了传统国际贸易理论,人工智能、机器人以及智能制造、工业互联网等技术不断成熟，"机器换人"成为一种普遍现象，产业的知识密集度、资本密集度不断提高，使得过去依靠全球劳动力成本套利的产业链，在一国内部布局变得有利可图。正如日内瓦高级国际关系与发展学院教授理查德·鲍德温指出，全球价值链正在由"地理近邻性"向更重视法律、语言、技术等因素的"制度近似性"发展。

四是中美贸易摩擦持续、制造业外部需求不足。自 2018 年起，中美贸易摩擦在波动反复中延续。2018 年 3 月 23 日，美国总统特朗普签署总统备忘录，对价值 600 亿美元中国商品加征 25% 的关税。尽管中美经过磋商达成"避免贸易战"的协定，6 月 15 日，特朗普仍决定对价值 500 亿美元商品征收 25% 的关税。这些商品主要分布在科技、通信和知识产权领域，包括航空航天、现代铁路、新能源汽车以及半导体、电信设备和电脑组件。中美贸易摩擦使国际贸易格局的不确定性加剧。与此同时，金融危机之后全球经济遇冷，全球经济处于下行周期，国际贸易在中国经济和就业中的贡献率有所下降，制造业外部需求不足。更为重要的是，中国制造业参与全球贸易的部分集中于中低端且可替代性强的生产环节，制造业外部需求可能面临持续下降的风险，以国际代工为主"两头在外"的外向型经济发展模式和"世界工厂"模式将难以延续。

当前，供应链危机是世界各国稳定经济发展亟待解决的首要问题，不是依靠哪一个国家能够单独解决的，必须加强世界各国贸易协作。首先，发达国家应该抛弃逆全球化和贸易保护主义思潮和举动，助推世界经济重回全球化的轨道上来。其次，关键零部件例如芯片需要全球性的政治协调，避免局部冲突、地缘政治影响全球整体产业发展。最后，为保障产业链供应链稳定畅通，我国亟待加强科技创新和研发，促使供应链不断健全，提升供应链现代化水平。在不确定性因素加剧的背景下，我国形成以国内循环为主体，国内外联动的双循环体系，为更安全、更高效的产业链供应链体系提供可靠保障。

外部环境诸如地缘政治、气候变化等不可控因素复杂严峻,为我国制造业高质量发展带来诸多挑战。同时,我国在创新能力、产业基础、市场规模、人力资源等方面优势凸显,为我国制造业向全球价值链高端跃升、向高质量发展迈进、增强在全球产业体系中的竞争力和话语权,奠定了坚实基础。总体来讲,全球制造业格局重塑、科技革命和产业变革深刻影响,为我国在高端制造、智能制造、战略性新兴产业等领域实现并跑乃至领跑,提供了重要战略机遇。

二、科技创新成为大国竞争的重中之重

2012 年以来,发达国家高度重视实体经济结构转型和科技创新的战略布局,引领全球新一轮科技革命和产业变革。从科技发展规律来看,颠覆性创新属于"少数派"游戏,全球创新的集中度呈不断提高的新趋势。欧盟、美国、日本等传统科技强国的研发经费投入强度依然占世界创新总投入的大部分。其中,美国长期以来是科技创新最活跃、科技成果转化效率最高的国家之一,其全球科技霸主地位在未来一段时期虽然会受到更多挑战,但难以被全面超越。科技创新成为衡量大国综合国力、国际竞争力的竞技场,系统化、组织化的科研方式是主要因素。发达国家已经形成了较为稳定高效的科研体制,国家的科技投入能够撬动更多社会资源和企业资本,提高了科技创新及产业化效率。

我国创新驱动发展经历了"科学技术是第一生产力"到"创新是引领发展的第一动力"的转变过程。目前,我国已经进入世界创新型国家行列,科技创新水平已在若干前沿领域处于世界前列,进入领跑阶段,科技创新的国际地位、科技发展总体水平发生了历史性巨变,成为有影响力的科技大国,科

技创新为工业结构优化升级注入了新动能。然而与发达工业化国家相比,我国科技领域仍面临诸多"短板"。

首先,一些关键核心技术受制于人的局面尚未根本改变。近年来,受到贸易保护主义、逆全球化冲击,全球产业技术贸易壁垒日益增多。同时,随着"技术加速迭代"趋势增强,先进技术的产业效益周期加速缩短,中国过去的技术引进、消化吸收再创新的科技发展路径捉襟见肘。只有走中国特色自主创新道路,摆脱发达国家"技术封锁"和制造业的低端压制,赢得全球产业体系的话语权。

其次,基础研究依然是科技创新领域的短板。尽管我国科技创新整体实力实现了跨越性发展,但与美国、日本等发达国家相比,仍有较大差距,原创性基础研究薄弱,基础研究转化为生产力水平较低,基础研究领域的重大突破亟须国家持续稳定的研发投入。2021年,我国基础研究经费占全部研发经费的比重达到6.5%,连续3年超过6%。但与一些发达国家百分之十几的水平相比,还有很大的提升空间。

应对新一轮工业革命和科技变革,世界主要工业化国家各有优势(图4-2)。我国科技创新的整体水平有了实质性进步,具备了与发达国家同步竞争的能力,但随着我国科技实力与世界先进水平差距逐渐缩小,能够模仿或赶超的目标日益减少,在重大装备、核心零部件和尖端技术等领域,凭借承接全球产业转移、国际贸易分工"轻松"摘下发达国家技术转让的"低垂果实"的科技进步路径势必越走越窄,中国从跟跑者、并跑者到领跑者角色的转变存在诸多风险和不确定性。

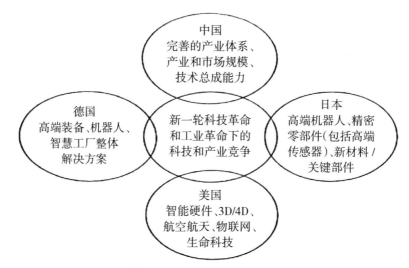

图 4-2　主要工业大国科技创新能力和产业优势

资料来源:中国社会科学院工业经济研究所:《2018中国工业发展报告——改革开放40年》,经济管理出版社,2018年,第207页。

三、改革进入深水区,全面开放难度增大

近年来,劳动力、能源、土地等生产要素价格持续攀升导致我国以要素成本为核心的传统比较优势逐渐被削减。在全球化进程受阻的情况下,中国要坚持倡导全球化,坚守贸易和投资自由化的基本方向。然而进一步扩大开放却面临种种压力和障碍。

首先,尽管出口规模稳中有增,但与加入WTO后的那一轮高速增长相比,中国出口增速放缓,净出口对国内生产总值的贡献明显下降,出口对经济增长的拉动作用减弱。2006年净出口对国内生产总值的贡献度达到15.3%的高位,2017年这一比率已降至4.7%,2018年受中美贸易摩擦影响,当年的净出口贡献率为-7.2%,2019年回升至12.6%。2020年,中国对世界经济发展作出了最大的贡献,当年净出口贡献率为12.6%(图4-3)。

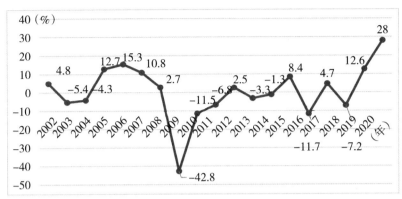

图 4-3　2002—2020 年中国货物和服务净出口贡献率

资料来源：国家统计局贸易外经统计司编：《中国贸易外经统计年鉴 2021》，中国统计出版社，2021 年，第 6 页。

　　再从利用外资的区位条件来看，随着国内资本积累和技术创新能力不断提高，外商投资在我国资本形成中的作用逐渐减弱，20 世纪 90 年代中期，FDI 占全社会固定资产投资比值达到历史新高，1994 年高达 17.08%，进入21 世纪后持续快速回落，2010 年降至 3.27%，2020 年为 1.89%。尤其是 2012—2021 年的这十年，FDI 占固定资产投资的比重平均仅为 2.0% 左右（图 4-4），这些指标的变化说明外资在中国工业结构优化升级中的作用相对弱化。

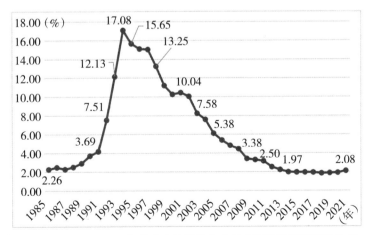

图 4-4　1985—2021 年外商直接投资占全社会固定资产投资的比重

资料来源：国家统计局编：《中国统计年鉴 2021》，中国统计出版社，2021 年，第 308、369 页。

其次,经过四十多年侧重点不同的对外开放,冲击小、成本低、相对比较容易凝聚共识的领域逐步开放到位,经济社会体系内部存在的许多大矛盾和老问题逐步凸显。要啃下体制机制中的"硬骨头",需要改革与开放协同推进。然而2012年以来,改革进入深水区、攻坚期,这意味着各种利益纠葛更加多样化、复杂化,渐进式的增量开放模式遭到更多的困难和障碍,以高水平对外开放实现高质量发展受到了掣肘。一些部门领域由于利益减弱,"对外开放对内设限""内外有别"的状况导致贸易政策导向与产业政策工具选择出现错配。在利用外资方面,新时代下我国营商环境大幅改善,但有些地区扩大吸收外资动力不足,简化行政管理不彻底,投资软环境不佳。这些问题严重制约高水平对外开放的政策效果和战略布局。[①]

四、迈向工业强国进程中的不平衡不充分问题

新中国成立七十多年来,为建成社会主义现代化强国,中国共产党领导集体先后提出了工业化、"四个现代化"、新型工业化、"四化同步"等工业化发展战略。[②]特别是改革开放四十多年来,中国工业化进程快速推进,创造了人类工业化史的奇迹。中国作为人口规模巨大的发展中国家,实现了从工业化初期向基本实现工业化的历史性跨越。然而在以"后发赶超"为战略导向的工业化取得重大成就的同时,工业化发展不平衡不充分问题日益凸显,主要表现为以下三个方面。

一是产业发展的结构不平衡,供给侧结构性矛盾凸显。钢铁、水泥、石化、建材、平板玻璃等传统行业存在低水平产能过剩,而价值链的高端环节

[①] 中国社会科学院工业经济研究所:《2018中国工业发展报告——改革开放40年》,经济管理出版社,2018年,第209页。

[②] 黄群慧:《"十四五"时期深化中国工业化进程的重大挑战与战略选择》,《中共中央党校(国家行政学院)学报》,2020年第2期。

和高端产业发展不足,先进基础工艺、核心基础零部件、产业共性技术基础和关键基础材料等"工业四基"严重依赖外资企业和进口,个性化、高品质、高复杂性、高附加值的产品供给不够。

　　二是经济发展呈现"脱实向虚"倾向,高质量实体经济供给不充分。2012—2019 年的 8 年间,制造业增加值占国内生产总值比重降低了 4.6 个百分点,金融业增加值占国内生产总值比重提高了 1.2 个百分点。2015 年、2016 年金融业增加值占国内生产总值比重分别为 8.4%、8.0%(图 4-5),这超过了美国 2008 年金融危机时的历史最高点。[1]作为实体经济主体的制造业增速下降,实体经济的供给质量亟待提升。虽然我国高速工业化进程提高了产品供给能力,然而产品可靠性和标准化水平有待提高,高质量的产品供给不足,产品的品牌知名度亟待提升,制造业依然处于全球价值链的中低端。制造业供给质量与消费结构转型升级错配,直接造成制造业供给与需求失衡,加剧了实体经济与虚拟经济的失衡。

图 4-5　2012—2019 年制造业、金融业增加值国内生产总值的比重
资料来源:国家统计局编:《中国统计年鉴 2021》,中国统计出版社,2021 年,第 88 页相关数据计算整理。

　　三是工业化与信息化的深度融合不充分,信息鸿沟、信息孤岛的现象比较明显。大数据、互联网、人工智能和实体经济的深度融合亟待加强,制造业数字化转型、智能制造能力有待提升。工业化与城镇化良性互动不充分,城

---

① 黄群慧:《论新时期实体经济的发展》,《中国工业经济》,2017 年第 9 期。

乡基本公共服务、基础设施一体化发展有待加强,城乡产业发展存在着"孤岛化"、城市与农村发展存在着"空心化"问题。农业现代化是制约"四化同步"发展的短板、弱项。无论是农业的机械化、水利化和电气化水平,还是农业的产业化、绿色化、信息化水平亟待提高,农业发展方式粗放、农业供给结构性失衡、农产品质量安全风险等一系列问题,都依靠农业现代化水平提高来解决。

五、工业结构加速优化调整

一是供给侧结构性改革持续深入,制造业产能布局趋于优化。以供给侧结构性改革为主线和背景,中国制造业发展经历了质量变革、效率变革、动力变革。供给侧结构性改革以质量效益为中心,坚持"三去一降一补",优化存量资源配置,扩大优质增量供给。一方面,改造提升了传统动能,有序化解低水平落后过剩产能,积极引导过剩行业平稳退出要素市场、劳动力市场以及产品市场。另一方面,在技术进步和市场力量的推动下,新动能、新产业、新业态蓬勃发展,在中高端消费、创新引领、绿色低碳、共享经济、现代供应链、人力资本服务等领域培育新增长点、形成新动能。供给侧结构性改革提高了有效供给和高技术产业的劳动生产率,并通过创新与技术的扩散效应,促进了制造业布局优化和制造业新旧动能转换。一方面,高技术企业快速迭代发展,引导其他企业实现产业升级;另一方面,高技术产业反哺其他产业,通过引入新技术,起到了去产能和降成本的作用。

二是创新驱动能力加强,制造业价值链位置显著提升。中国研发创新能力显著提高,专利数量跃居全球首位,创新驱动能力明显增强。创新与技术重塑了中国制造业参与全球价值链的方式和位置。在过去,中国通过承接发达国家劳动密集型产业转移的方式成为"世界工厂",形成了以国际代工为主的外向型经济发展模式,多数代工企业处于全球价值链低端,主要从事加工组装等低附加值、微利化的生产环节。相比美国、欧盟等国家和地区,中国的贸易就业创造主要集中在附加值低的简单价值链领域。2012年以来,中国参与全球制造业已经发生了深刻的变化。伴随着中国创新驱动能力增强,"干中学"等模式培养了大量从事高技术行业生产的产业工人群体,积累了迈向全球价值链中高位置的资本、劳动和技术基础,制造业价值链位置有所提升。目前,全球产业链是一个"三足鼎立"的状态,即以美国为主的北美供应链区域、以德国为主的欧洲供应链区域、以中国为主的亚洲供应链区域。这三个区域内部贸易非常紧密,三大体系共同形成了全球供应链的体系。全球价值链的增长主要集中在机械、电子和交通行业,东亚、北美和西欧等地区成为全球价值链的三大网络。中国是全球价值链扩张过程中最大的受益者和贡献者,在全球价值链的参与度上,中国已超越美国、德国、日本等传统制造业大国。麦肯锡研究院针对基础产业和制造业的研究发现,伴随着中国制造深度融入全球价值链,尤其是在电子、机械和设备制造领域,中国在全球价值链中既是扮演"世界工厂"角色的供应方,又是扮演"世界市场"角色的需求方,这种角色越发重要。

三是制造业产品与生产辐射能力提升,支撑"中国制造"走向全球。不断提升制造业产品质量与技术含量,强化生产辐射能力和全球价值链地位,支撑"中国制造"走向全球。在"逆全球化"时期主动争取和引导全球合作,进一步扩大开放,加强技术、资本交流,加强制造业产品在全球生产网络的不可替代性和嵌入性。中国制造业产业门类齐全,具有全产业链优势;同时市场潜力巨大,有强大的快速生产组织能力,伴随中国制造业产品质量与技术含量提高,形成以中国为中心之一的全球生产体系,支撑"中国制造"走向全球,进一步巩固和提升在全球供应链和价值链的地位。

四是资源、环境、气候集约化发展不断加强。资源、环境、气候集约化发展不断加强,绿色发展体制机制日趋完善,成为制造业高质量发展的有力支撑。实施绿色政策,推动绿色生产、绿色制造、绿色能源、绿色消费,将绿色发展作为加快转变经济发展方式的重要着力点,成为未来制造业发展的重要方向。在"十四五"期间,走生态文明建设之路,牢固树立尊重自然、顺应自然、保护自然的意识;坚持走绿色、低碳、循环、可持续发展之路,推动节能减排行动,共同应对气候变化,不断创新绿色贸易、绿色金融,为全球生态安全和绿色发展作出新贡献。

六、科技自立自强筑牢国家强盛的根基

"十四五"时期是推动制造业高质量发展的关键五年,又是承上启下建成世界制造强国的重要五年规划。在"十三五"基础上,"十四五"时期要坚持走中国特色新型工业化道路,以促进制造业创新发展为主题,以提质增效为中心,以加快新一代信息技术与制造业深度融合为主线,以推进智能制造为主攻方向,以满足经济社会发展和国防建设对重大技术装备的需求为目标,强化工业基础能力,提高综合集成水平,完善多层次多类型人才培养体系,促进产业转型升级,培育有中国特色的制造文化,实现制造业由大变强的历史跨越。

关于制造升级和人工智能发展,《中国制造 2025》《新一代人工智能发展规划》制定了实现制造强国、新一代人工智能发展的"三步走"战略目标,旨在占领未来全球竞争的制高点。其中《中国制造 2025》圈定了五大重点建设工程,即制造业创新中心建设工程、智能制造工程、工业强基工程、绿色制造工程、高端装备创新工程。打造具有国际竞争力的制造业,是保障我国国家安全、提升综合国力、建设世界强国的必由之路。构筑人工智能发展先发优势,为中国迈入创新型国家前列、建成世界科技强国提供重要支撑。

一是提高自主创新能力,实现高水平科技自立自强。期间"十四五"是我国引领第四次工业革命的战略机遇期,也是我国加强科技创新能力、增强国际科技竞争力的关键时期。关键行业研发能力达到世界先进水平,提高研发经费支出和有效发明专利数。针对我国关键技术自给率低、原创性创新少、创新能力薄弱等问题,进一步把提高自主创新能力摆在全部科技工作的突出位置,以重点领域与重大专项为引领,布局前沿技术与基础科学,增强科技竞争力。

二是质量效益明显提高,推进制造业结构和区域结构优化调整。"十四五"期间,优化产业结构,调整区域结构,形成更为优化和完善的国内区域经济合作与一体化体系。在产业结构方面,保持制造业比重基本稳定,巩固壮大实体经济根基。"十四五"工业化后期阶段要实现产业结构的优化和转型,不仅要夯实工业化根基,而且要加强高端制造业和高技术制造业,提高制造业发展质量。在区域结构方面,要改善区域发展不平衡问题,通过"腾笼换鸟"和产业转移带动国内欠发达地区制造业水平提升,增强区域内产业集群和区域间经济合作,促进区域经济一体化,极大提高制造业对全国经济发展的拉动和保障作用。

三是国际化能力显著提升,工业迈向全球价值链中高端。"十四五"期间,提升产业链供应链现代化水平,不断提升全球价值链位置,迈向全球价值链中高端。坚持自主可控、安全高效,分行业做好供应链战略设计和精准施策,推动全产业链优化升级。"微笑曲线"表明,一国参与全球价值链的位置决定了其增加值分成与可替代性。在不确定性上升、全球生产网络脆弱性加剧的时代,避免发达国家高技术水平和发展中国家廉价劳动力的双重挤压,需要不断提高技术水平和劳动生产率,增强比较优势,提升在全球价值链中的重要性和位置。锻造产业链供应链长板,立足我国产业规模优势、配套优势和部分领域先发优势,打造新兴产业链,推动传统产业高端化、智能化、绿色化,发展服务型制造。"十四五"期间需要完善产业链的全球布局,增强技术和创新,形成以中国为中心的产业链和价值链,形成一大批具有国际竞争力的全球跨国公司和高技术产业集群,增强价值链稳定性和嵌入性,延长价值链以嵌入更多加工制造环节和更多国家,在全球产业分工和价值链中的地位明显提升,整体进入中高端水平。"十四五"期间,要进一步提高国际化能力,深入融合嵌入国际发展和国际竞争的大格局之中。到2025年,我国新兴制造业总体实力更加强大,产业结构更加优化,整体产业素质大幅提升,总增加值和出口增加值占世界比重进一步提高。一是要充分发挥大国优势,尤其是大国市场优势、大国人才优势、大国资源优势,建设以中国为中心的深层次国家合作组织。二是充分参与国际标准制定,参与组建重点领域标准推进联盟,推进跨国产品研发与标准制定,鼓励和支持企业、科研院所、行业组织等参与国际标准制定,加快我国标准国际化进程。

四是绿色低碳发展协同能力显著提高。"十四五"期间,大力提高绿色发展协同能力,用绿色政策引领产业发展新风向。一是大力发展绿色技术,推进绿色制造,将绿色指标进行细化,并作为发展评估的重要约束性指标。对绿色产业给予政策扶持,引导产业发展方向。二是积极建设绿色高技术园区,坚持生态环保优先,大力发展循环经济。三是发展以绿色信贷为核心的绿色金融,规范发展绿色债券、绿色信贷、评估认证、信息披露等一系列具体政策。四是建设绿色高技术产业供应链示范标杆。将碳排放等绿色指标作为产品纳入市场交易,让企业公平竞争碳排放权,充分调动个体、企业、社会组织等市场主体积极性,全民参与绿色建设。

第二节　重大战略任务

一、实现由高速度工业向高质量工业化的转变

　　面对工业化发展的诸多不平衡不充分问题，新时代新征程工业结构优化升级面临着新的工业化战略选择，即从高速工业化转变为高质量工业化。党的二十大作出了全面建成社会主义现代化强国的战略部署，提出中国式现代化的本质要求以及到 2035 年的总体目标，以中国式现代化全面推进中华民族伟大复兴。高质量工业化战略，充分体现新发展理念要求，以创新绿色为主题，具有创新是第一动力、协调是内生需要、绿色是普遍形态、开放是必由之路、共享是根本目的的基本特征。[①]高质量工业化战略主要满足以下三个方面的要求：一是实施创新驱动发展战略，依靠科技创新实现产业结构智能化、高级化、服务化、绿色化；二是满足联合国《2030 年可持续发展议程》提出的可持续发展目标的要求；三是满足"四化同步"发展的要求。具体来说，推进工业化进程从高速度工业化向高质量工业化转变，实施高质量工业化战略，主要从以下四个方面着力。

　　一是实现工业发展动力从要素驱动向创新驱动的转变。中国工业经济发展面临着从"重视数量"向"提升质量"，从"规模扩张"向"结构升级"的转型，工业发展动力从"要素驱动"向"创新驱动"的转型，谋求由制造向"智造"的转变，是新时代新征程工业结构优化升级的需要。实施创新驱动发展战略，以高水平科技自立自强带动工业高质量发展。加快实现科技发展从引进

---

　　① 黄群慧：《"十四五"时期深化中国工业化进程的重大挑战与战略选择》，《中共中央党校(国家行政学院)学报》，2020 年第 2 期。

模仿向创新引领的转变,通过供给侧结构性改革,在科技前沿领域实现从知识利用者向创造者的转化,建立工业化的科技创新驱动机制,形成创新驱动的现代化经济体系,为实现从创新型国家行列向创新型国家前列的转变提供强大动力。以国家战略需求为导向,聚焦原创性引领性科技攻关,打赢关键核心技术攻坚战,实施具有战略性全局性前瞻性的国家重大科技项目,增强自主创新能力。

二是提升实体经济供给质量推动高质量工业化进程。制造业是实体经济的核心,工业是实体经济的主体。目前,我国已经是世界性实体经济大国,然而实体经济"大而不强"的问题十分显著。实体经济供给数量庞大,但供给质量和效率不高,尚不能有效满足消费升级的需求,低端产能过剩与高端产业不能同时并存,创新能力不强和产业链供应链价值链高端环节占有不足,成为影响实体经济供给质量提升的突出问题。新时代新征程,以提升实体经济供给质量为核心,深化供给侧结构性改革,以产业、企业和产品三个层面为突破口,建设以科技创新、现代金融、实体经济、人力资源协同发展的现代化产业体系,促进产业结构高级化,实现实体经济从大到强的转变。在产业层面,发挥竞争政策与产业政策的协调作用,首先,发挥竞争政策的基础作用,以培育科技创新生态系统为着力点,培育公平市场竞争环境,促进传统产业升级改造与战略性新兴产业发展相结合,促进互联网与传统制造业的深度融合,促进工业发展新旧动能平稳接续和快速转换。其次,发挥产业政策促进实体经济产业结构高级化作用,要通过科技体制机制改革加强公共服务体系建设,提升实体经济共性技术服务和共性质量服务水平。在企业层面,合理处置"僵尸企业"与培育世界一流企业相结合。深化国有企业改革,解决企业素质结构与需求结构不匹配问题,积极处置"僵尸企业"及其遗留问题;培养更多优质企业和世界一流企业,弥补与世界 500 强企业在创新能力、商业模式、世界知名品牌、国际化程度等方面的短板和不足,切实提升实体经济供给质量。在产品层面，培育现代工匠精神与激发企业家精神相结合。建立和完善有利于现代产业工人精益求精和企业家创新的制度设计，这既包括促进公平竞争、保护知识产权等能够激励企业家专注创新发展的体制机制，又包括薪酬和奖励制度、职业培训体系等方面的激励现代产业工人专心致志、精益求精的制度体系。

三是实现新型工业化、信息化、城镇化和农业现代化的协同发展。当前产业共性技术、通用技术供给不足，农村缺乏科技创新、制度创新支撑，以及人力资本投入等内生性物质基础，这些严重制约"四化"协同发展。首先，把握融合创新发展大趋势，促进信息化与工业化深度融合，一是加快工业互联网普及。加快发展基于平台的工业应用程充和数字化软件工具，培育和推广"平台+模式""平台+产品""平台+行业/区域"等解决方案，提高平台服务水平。二是培养新产品新模式新业态，这是两化深度融合发展的切入点和落脚点，代表了未来制造业的发展方向。在存量变革方面，新技术增强传统制造业数字化改造能力，促进工业发展从要素驱动向创新驱动的转变；在增量培育方面，能够挖掘数据作为新型生产要素的隐性价值，打造制造业发展新动能。其次，从根本上消除影响城乡融合发展的体制机制，构建新型工农城乡关系。其一，要通盘谋划、整体推进城乡融合发展，着力破除土地、资本、公共服务、户籍等方面的体制机制制约，用足用好人才下乡、技术下乡、工商资本下乡、户籍制度改革、土地制度改革等相关政策。加强制度供给，推动城市技术、人才、信息、资本等资源要素更多流向农村，强化城乡融合发展的要素保障。其二，要协同推进新型城镇化与全面乡村振兴，坚决补齐"三农"短板。培育拓展乡村多种功能，充分发挥新型工业化技术助农、新型城镇化以城带乡、乡村振兴支农投入、人才回流的多重推力与拉力作用，增强农业农村发展的活力，激活乡土社会发展内生动力。同时，以新型工业化引领农业现代化，以新型城镇化促进全面乡村振兴，统筹产业发展、生态涵养、城市建设、基础设施和公共服务。持续推动城乡"人、业、地"联动,整体推进城乡生产空间、生活空间与生态空间协同发展,促进城乡融合发展行稳致远。全面推进乡村振兴,弥补"三农"的短板,破除城乡二元结构,构建完善的要素市场化配置机制,加快城乡融合发展。

四是实现数量型人口红利向质量型人口红利的转变。在全球价值链格局重塑的背景下,随着数量型人口红利等生产要素红利减弱,中国制造业亟须由大谋强,实施人才强国战略,提供人力资本,投资教育事业,充分利用人工智能、物联网、大数据、云计算等信息技术,培养更多"紫领"复合型人才,促进产业智能化转型升级,使人口质量红利发挥产业结构优化升级的促进效应。其一,要持续实施人口均衡发展战略,促进生育率合理回升,避免人口数量红利过快衰减,减缓制造业劳动力供给总量减少;其二,教育是积累人口质量红利的关键因素,促进教育由基础建设向现代化高水平发展转变,坚持教育革新,加大人力资本投入力度,全面提升人口健康水平、文明素养和受教育程度,扩大人力资本存量规模,增厚人口质量型红利;健全双轨制教育体系,深化职业教育改革,补足技术型人才缺口,提供工业结构转型升级对专业技能型人才的大量需求。其三,统筹谋划全国人口分布、国土利用、经济布局和城镇化格局,在城乡一体化建设中释放新的人口红利,在公共资源配置与社会保障制度上充分保障农民工群体的合法权益,促进农村剩余劳动力与城镇融合发展,充分挖掘人力资本潜力,释放更多人口结构红利。

二、建立结构合理的制造业产业体系

一是推进制造业供给侧结构性改革,促进新旧动能转换。从增加"供给"来看,重点在于增加制造业优质供给、有效供给。为此,应将着力点放在提升制造业劳动生产率上,通过技术创新与技术扩散,加快实现从要素驱动到创新驱动的转换,推进制造业发展的结构优化和竞争力整体提升,推进整体经济的新旧动能转换。新旧动能转换的关键点和难点是供给体系质量效益的全面提高。一方面,要充分发挥市场的作用,充分发挥企业在技术创新、产品创新的能动性,促进传统制造业的提质升级,并且采用市场的手段、法治的手段,有序化解低水平落后过剩产能,积极引导过剩产品、低效企业平稳退出市场。另一方面,主动培育制造业发展新动能、新产业,充分推进信息化与工业化的融合发展,加强先进制造业与生产性服务业融合发展。

二是凸显战略新兴制造业的增长动能作用。顺应新一轮科技革命和产业变革,增强制造业核心竞争力、培育现代产业体系,大力推进战略新兴制造业,引领制造业走向中高端。高技术产业是国际竞争的核心产业和科技创新的主战场,是新时代我国经济发展新旧动能转换的关键所在。充分发挥市场的力量和技术的力量,积极培育各类融合发展的新业态和新模式,提升装备制造业和服务业融合水平,深化制造业服务业和互联网融合发展,促进现代物流和制造业高效融合,强化研发设计服务和制造业有机融合,推进消费服务重点领域和制造业创新融合,大力发展装备融资租赁业务。

三是推动高科技产业比重稳中有升。大力推进云计算、大数据、物联网、人工智能、5G 为代表的新一代数字与信息技术的基础研发和应用,抢占新一轮工业革命的战略制高点,提升数字技术与国民经济各个部门、各类社会发展领域以及生态环保领域的数字化、网络化、智能化水平,促进经济社会均衡、包容和可持续发展,为国家治理体系和治理能力现代化提供坚实的数字技术支撑。

三、建立区域经济和就业协调发展的现代化工业体系

一是畅通国内大循环,建立区域经济和就业协调发展的制造业体系。依

托强大国内市场,贯通生产、分配、流通、消费各环节,打破行业垄断和地方保护,加强区域经济一体化发展与协调发展,促进国民经济良性循环。破除妨碍生产要素市场化配置和商品服务流通的体制机制障碍,加强跨区域贸易、投资、合作,降低全社会交易成本。完善扩大内需的政策支撑体系,形成需求牵引供给、供给创造需求的更高水平动态平衡。

二是提高中西部地区制造业产能和就业的吸纳能力。促进产业在国内有序转移,优化区域产业链布局,支持老工业基地转型发展。打造区域经济和就业协调发展的制造业体系,大力发展中部地区优势制造业,提高中西部地区制造业承接、吸纳、创新和开放能力。基于市场的力量,有效地发挥政策协调的作用,优化制造业区域布局,推进制造业产业体系的区域协调,提高发达地区就业创造能力和欠发达地区就业吸纳能力。要充分依托中西部地区劳动力成本优势,有序引导东部地区劳动密集型产业向中西部地区转移。

三是促进国内市场一体化,促进国内贸易就业创造。国内区域间贸易是内需的重要组成部分,促进区域间贸易隐含就业创造需要继续破除阻碍,提高国内市场一体化程度,对我国实施"双循环"战略、加强国内大循环具有重要意义。未来我国需要通过地区产业升级来带动地区就业升级,在提高我国就业创造能力的同时注重提升就业创造的质量,既要充分发挥中西部地区劳动力成本优势,也要避免欠发达地区在产业链上的低端锁定,实现从劳动密集型向知识密集型和技术密集型转型、从价值链低端环节向价值链的中高端转型。

四是加强制造业集聚区的辐射能力,提升人力资源积累。扎实推进国家级高新技术产业开发区建设,完善考核评价和动态管理机制,充分发挥高新技术产业开发区在集聚高精尖人才、集聚高端产业、孵化创新项目等方面的积极作用,形成产业集群,发挥辐射效应,带动周边地区和产业发展。加大基础研发投入和人才培养力度,降低创新成本、提升创新能力。破除地区之间的制度性壁垒,加强创新要素和人力资源在地区之间的自由流动。

四、建立创新引领的工业技术体系

一是提升制造业研发投入强度,加强技术成果转化。政府要在创新政策激励上加大引导,打好关键核心技术攻坚战。通过创新政策,提升制造业研发投入强度,加强技术成果转化,提高制造业产品的市场竞争力。加强高技术产业引导基金的导向功能,加强引导基金的社会化募集、市场化运作,提高电子信息、生物医药、新能源和环保等一批创业投资基金的规模以及提高基金使用效率。引导、鼓励社会资本参与高技术产业创新发展,支持重点领域发展和重大工程实施,带动技术创新能力的不断提高。促进科技成果资本化、产业化、市场化,提高技术市场成交额,为技术创新注入新动能,让创新真正成为驱动经济发展源源不断的动力。

二是加强知识产权保护,提升"中国创新""中国创造"。加强知识产权和专利保护,大幅度提高科技成果转移转化成效。加快知识产权服务信息平台建设,完善知识产权保护政策法规,为市场主体创新活动提供良好的制度保障。推进知识产权、技术标准、商标品牌战略,支持企业建立内部知识产权制度,鼓励企业实施专利标准战略,鼓励企业打造中国品牌、世界品牌。全面加强知识产权司法保护,充分运用司法救济和制裁措施,完善知识产权诉讼程序,健全知识产权审判体制机制,有效遏制知识产权违法犯罪行为,全面提升知识产权司法保护水平,加快推进知识产权审判体系和审判能力现代化。切实提高知识产权维权援助公益服务水平,推动构建横纵协调、点面结合、社会共治的维权援助工作体系,促进维权援助服务均等可及,做好中小微企业维权援助工作,完善海外维权援助服务。

三是提升制造业人才培育、引进、使用和汇集水平。健全创新激励和保障机制,构建充分体现知识、技术等创新要素价值的收益分配机制,完善科研人员职务发明成果权益分享机制。加强创新型、应用型、技能型人才培养,实施知识更新工程、技能提升行动,壮大高水平工程师和高技能人才队伍。要加大基础研发投入和人才培养力度,完善科技评价机制,优化科技奖励项目,加快科研院所改革,扩大科研自主权。要加强科技型创新企业扶持,培育一流企业管理创新人才,发展世界级的一流创新企业。要持续加强与科技先进国家交流,不仅要吸引一流海外华人创新人才,更要吸引全球创新人才,充分利用全球创新资源,提高我国科技创新能力。通过广泛的人才培养和人才引进满足创新需求,促进制造业全方位提升与人才培养激励相容。

四是积极利用全球制造业创新资源,参与制造业全球技术标准指定。推动我国高技术企业深度参与国际竞争与分工,促进高技术产业从资本密集型向知识密集型升级,从高技术制造业向高技术服务业升级,从低附加值向高附加值升级,构建全球生产链、价值链、物流链,打造全球高技术全产业链。

五、建立开放共享的全球价值链支撑体系

一是构建以国内大循环为主体、国内国际双循环相互促进的新发展格局,建立开放共享的全球价值链支撑体系。优化产业链供应链发展环境,强化要素支撑。加强国际产业安全合作,形成具有更强创新力、更高附加值、更安全可靠的产业链供应链。

二是促进制造业外商投资和贸易自由便利化措施。促进制造业外商投资和贸易自由便利化,进一步拓展全球贸易网络,发展多元贸易伙伴关系。调整我国贸易网络重心由美国向欧盟地区倾斜,通过增加核心贸易伙伴数量来分散由于国际政治关系变化而引发的贸易不确定性;建立与其他发展

中国家的新型贸易伙伴关系,加强与"一带一路"沿线国家贸易往来,通过贸易促进中国和其他发展中国家的经济双赢,提升中国在全球经济中的影响力。深度融入"一带一路",结合沿线国家战略需求,共建跨境经济合作园、海外科技园、边境产业园等海外园区;充分利用国家对外发展援助、对外工程承包等合作机遇,推动各领域开展产能合作。

三是支持全球贸易体系一体化,推动发展中国家参与全球价值链。当前国际贸易规则正处于新一轮的重构期,随着中国国际影响力的提升,我国应积极参与国际贸易规则变革,支持全球贸易体系一体化,推动发展中国家全球价值链参与。在规则制定的过程中,要深刻理解和接纳基于全球价值链的全球贸易体系,致力于推动开放包容的多边贸易规则的发展。

四是提升制造业产能"走出去"的质量,优化布局。"十四五"期间,我国要不断提升制造业产能"走出去"的质量,发挥政府引导作用,通过政策手段鼓励企业创新,推动高技术产业发展,重塑我国在对外贸易中的竞争优势。更为重要的是,随着部分发达国家实施"制造业回流"以及人工智能的发展,未来国际贸易在高端制造业的博弈将会更加激烈,所以应高度重视制造业特别是高端制造业的发展,不断优化产业布局,提高制造业国际竞争力。

五是积极维护全球供应链稳定,提供全球公共产品。积极维护全球自由贸易秩序和供应链稳定,把我国对于贸易在经济发展、就业稳定方面的利益诉求与国际社会需要结合起来,打造维护全球供应秩序稳定的新平台和新抓手。把我国不断提高的制造业综合实力逐步转化为在规则制定中更加有力的话语权和影响力,积极参与全球供应链治理体系,积极提供全球公共产品,构建公平的国际规则环境。

六、建立资源节约、环境友好的制造业体系

一是促进制造业资源使用的集约化,大力推进循环经济。绿色发展、循环发展、低碳发展是推进生态文明建设的基本途径,正确处理制造业发展与资源、环境、生态保护的关系是未来制造业发展的重要方面,绿色制造是未来制造业高质量发展的重要内涵之一。促进绿色制造业发展要立足提高资源利用效率,实施能源、水资源、土地资源总量和强度双控制,将其纳入经济社会发展的综合评价体系,强化目标责任。大力推进循环经济,充分发挥技术力量和监管力量,推进资源再生利用产业化、规模化发展,提高大宗工业固体废弃物、废旧金属、废弃电器电子产品等综合利用水平,推进制造业与循环经济结合发展。充分发挥产业园区的典型示范作用,全面推行产业园区的循环生产方式。

二是打造制造业全生命周期环境友好体系,推进绿色制造。打造制造业全生命周期环境友好体系,推动绿色技术创新和管理,增强绿色精益制造能力,大幅度降低能耗、物耗和水耗水平。积极支持企业绿色发展,推动企业全生产流程绿色化、低碳化、环境友好化。不断增强企业绿色意识,支持企业实施绿色战略、绿色标准、绿色管理和绿色生产。建设绿色园区、绿色工厂,实现厂房集约化、原料无害化、生产洁净化、废物资源化、能源低碳化,对园区产值和增加值进行能源核算。充分利用财政和金融手段,积极支持绿色制造发展,加快制造业绿色改造升级,提高制造业资源利用效率。加强绿色认证,让绿色制造企业获得市场优势和竞争优势。充分利用信息技术强化产品全生命周期绿色管理,努力构建高效、清洁、低碳、循环的绿色制造体系。

三是厘清制造业的全球排放责任,积极应对气候变化。厘清制造业的全球排放责任,对重点能耗行业进行科学能耗规划,落实低碳发展战略的具体

实施路径。对能源密集型、资源密集型重点行业,建立鼓励企业开发和应用低碳生产技术,加大低碳技术和产品推广应用力度。不断完善碳排放权交易市场,建立全国碳市场,逐步拓宽碳市场纳入企业范围和数量,建立和完善企业排放报告管理办法、市场交易管理办法、核查机构管理办法等重要配套规定,推动重点单位完成碳排放数据的报送与第三方核查工作。积极参与并引领应对气候变化国际合作,推动"一带一路"绿色发展国际联盟等国际发展机制,帮助广大发展中国家建立更为绿色高效的制造业产业链,提高应对气候变化能力。

参考文献

一、专著类

1.《列宁全集》(第 32 卷),人民出版社,1985 年。

2.《毛泽东文集》(第 4 卷),人民出版社,1999 年。

3.《毛泽东选集》(第 6 卷),人民出版社,1991 年。

4.《毛泽东文集》(第 7 卷),人民出版社,1999 年。

5.《邓小平文选》(第 2 卷),人民出版社,1994 年。

6.《邓小平文选》(第 3 卷),人民出版社,1993 年。

7.《江泽民文选》(第 2 卷),人民出版社,2006 年。

8.《江泽民治中国特色社会主义》(专题摘编),中央文献出版社,2002 年。

9.《建国以来重要文献选编》(第 1 册),中央文献出版社,1992 年。

10.《建国以来重要文献选编》(第 4 册),中央文献出版社,1993 年。

11.《全面建设小康社会,开创中国特色的社会主义事业新局面》,人民出版社,2002 年。

12.《三中全会以来重要文献选编》（上），人民出版社,1982年。

13.《三中全会以来重要文献选编》（下），人民出版社,1982年。

14.《十二大以来重要文献选编》（上），人民出版社,1986年。

15.《十二大以来重要文献选编》（中），人民出版社,1986年。

16.《十三大以来重要文献选编》（上），人民出版社,1991年。

17.《十三大以来重要文献选编》（中），人民出版社,1993年。

18.《十四大以来重要文献选编》（上），人民出版社,1996年。

19.《十五大以来重要文献选编》（上），人民出版社,2000年。

20.《十五大以来重要文献选编》（中），人民出版社,2001年。

21.《十六大以来重要文献选编》（上），中央文献出版社,2005年。

22.《十八大以来重要文献选编》（上），中央文献出版社,2014年。

23.《十三届全国人大三次会议〈政府工作报告〉学习问答–2020》，中国言实出版社,2020年。

24.《新时期科学技术工作重要文献选编》，中央文献出版社,1995年。

25.《中华人民共和国国民经济和社会发展第六个五年计划(1981—1985)》（单行本），人民出版社,1983年。

26.《中华人民共和国国民经济和社会发展第七个五年计划(1986—1990)》（单行本），人民出版社,1986年。

27."中国宏观经济形势分析与预测"课题组、上海财经大学高等研究院:《中国宏观经济形势分析与预测年度报告(2020—2021)"双循环"新发展格局下的中国经济:挑战与机遇》，上海财经大学出版社,2021年。

28.陈慧琴:《技术引进与技术进步研究》，经济管理出版社,1997年。

29.陈佳贵、黄群慧、吕铁、李晓华等:《中国工业化进程报告》(1995—2010)，社会科学出版社,2012年。

30.陈佳贵:《中国工业化与工业现代化问题研究》，经济管理出版社,

2009 年。

31.崔民选、王军生、陈义和主编:《中国能源发展报告-2013》,社会科学文献出版社,2013 年。

32.当代中国的计划工作办公室编:《中华人民共和国国民经济和社会发展计划大事辑要(1949—1985)》,红旗出版社,1987 年。

33.邓力群、马洪、武衡主编:《当代中国经济》,中国社会科学出版社,1987 年。

34.高伯文:《中国共产党与中国特色工业化道路》,中央编译出版社,2008 年。

35.国家发展改革委宏观经济研究院产业经济与技术经济研究所:《工业化:中国产业发展与结构变迁 40 年》,人民出版社,2018 年。

36.国家可再生能源中心编著:《中国可再生能源产业发展报告 2013》,中国经济出版社,2014 年。

37.国家统计局编:《奋进的四十年:1949—1989》,中国统计出版社,1989 年。

38.国家统计局工业交通物资统计司编:《中国工业经济统计资料(1949—1984)》,中国统计出版社,1985 年。

39.国家统计局社会统计司:《中国劳动工资统计资料》(1949—1985),中国统计出版社,1987 年。

40.胡鞍钢、周绍杰、鄢一龙:《"十四五"大战略与 2035 远景》,东方出版社,2020 年。

41.胡代光等:《现代外国经济思潮评论讲座》,军事译文出版社,1985 年。

42.李先念:《在中央工作会议上的讲话》(1979.4.5),《李先念文选》(1935—1988),人民出版社,1989 年。

43.林毅夫、蔡芳、李周:《中国的奇迹 发展战略与经济改革》(增订版),格致出版社、上海三联出版社、上海人民出版社,2014 年。

44.王岳平:《中国产业结构调整和转型升级研究》,安徽人民出版社,2013年。

45.巫宝三:《中国国民所得》(上),中华书局,1947年。

46.武力:《中华人民共和国经济史》(增订版),中国时代经济出版社,2010年。

47.曾培炎主编:《新中国经济50年》,中国计划出版社,1999年。

48.中国电子信息产业发展研究院编著:《2013—2014年中国工业结构调整蓝皮书》,人民出版社,2014年。

49.中国对外经济贸易年鉴编纂委员会编:《中国对外经济贸易年鉴》(1984),中国对外经济贸易出版社,1984年。

50.中国社会科学院工业经济研究所编:《2018中国工业发展报告——改革开放40年》,经济管理出版社,2018年。

51.中国社会科学院工业经济研究所编:《2019中国工业发展报告——新中国工业70年》,经济管理出版社,2019年。

52.中国社会科学院工业经济研究所编:《中国工业发展报告(1999)——告别短缺经济的中国工业》,经济管理出版社,1999年。

53.中国社会科学院工业经济研究所编:《中国工业发展报告(2000)——中国的新世纪战略:从工业大国走向工业强国》,经济管理出版社,2000年。

54.中国社会科学院经济研究所编:《2018中国工业发展报告——改革开放40年》,经济管理出版社,2018年。

55.中国社会科学院世界经济与政治研究所编:《世界经济年鉴》(1981),中国社会科学出版社,1982年。

56.中华人民共和国商务部、国家统计局、国家外汇管理局编:《2020年度中国对外直接投资统计公报》,中国商务出版社,2021年。

57.中央工商行政管理局编:《中国资本主义工商业的社会主义改造》,人民出版社,1962年。

58.周传典:《从技术引进走向技术创新》,北京师范大学出版社,1998年。

59.周恩来:《周恩来经济文选》,人民出版社,1993年。

二、论文类

1.董志凯:《国营企业对我国工业化资金积累作出的贡献和牺牲》,《当代中国史研究》,1998年第1期。

2.冯其予:《全方位高水平对外开放获新进展》,《经济日报》,2022年8月25日。

3.干春晖、郑若谷:《改革开放以来产业结构演进与生产率增长研究》,《中国工业经济》,2009年第2期。

4.郭克莎:《所有制结构变动与工业增长质量》,《管理世界》,1998年第1期。

5.郭旭红、李楠:《试论中国共产党对社会主义工业化的认识与实践》,《毛泽东邓小平理论研究》,2021年第7期。

6.郭旭红、武力:《新中国产业结构演变述论(1949—2016)》,《中国经济史研究》,2018年第1期。

7.黄群慧:《"十四五"时期深化中国工业化进程的重大挑战与战略选择》,《中共中央党校(国家行政学院)学报》,2020年第2期。

8.黄群慧:《论新时期实体经济的发展》,《中国工业经济》,2017年第9期。

9.李嘉宝:《中国成全球知识产权引领者》,《人民日报海外版》,2018年12月8日。

10.李静海:《抓住机遇　推进基础研究高质量发展》,《中国科学院院刊》,2019年第5期。

11.林毅夫、刘明兴:《经济发展战略与中国的工业化》,《经济研究》,2004年第7期。

12.刘伟、张辉:《中国经济增长中的产业结构变迁和技术进步》,《经济研究》,2008 年第 11 期。

13.刘文革:《世界节能环保产业发展动态与思考》,《中国能源报》,2011 年 11 月 7 日。

14.苗圩:《入世十年我国工业和通信业发展状况及问题》,《行政管理改革》,2012 年第 3 期。

15.史作廷:《需求驱动下的产业爆发》,《中国投资》,2018 年第 15 期。

16.武力、温瑞:《1949 年以来的中国工业化的"轻"、"重"之辩》,《经济研究》,2006 年第 9 期。

17.张林秀、易红梅、罗仁福等:《中等收入陷阱的人力资本根源:中国案例》,《中国人民大学学报》,2014 年第 3 期。

18.张其仔、李颖:《中国产业升级机会的甄别》,《中国工业经济》,2013 年第 5 期。

19.张兴华:《2017 年我国科技进步贡献率达 57.5%》,《光明日报》,2018 年 1 月 10 日。

20.钟山:《开放的中国与世界共赢——写在〈中国与世界贸易组织〉白皮书发表之际》,《人民日报》,2018 年 7 月 2 日。